I0384873

www.ingramcontent.com/pod-product-compliance
Lightning Source LLC
Chambersburg PA
CBHW070650120526
44590CB00013BA/897
9781912699018

خدای خوب و زیبا

ISBN 978-1-912699-01-8
90000
9 781912 699018

خدای خوب و زیبا

عاشق خدا شدن،
خدایی که عیسی می‌شناخت

جیمز براین اسمیت

مترجم: رامین بسطامی
ویراستاری: نادر فرد
نمونه‌خوانی: ش. رجب‌زاده
طرح جلد: اندی ساوتون

انتشارات پارس ۲۰۲۳

کلیهٔ حقوق برای ناشر محفوظ است

شابک: ۸-۱-۰-۹۱۲۶۹۹-۱-۹۷۸

The Good
And
Beautiful God

James Bryan Smith

Originally published by InterVarsity Press as The Good and Beautiful God by James Bryan Smith. ©2009
Translated and printed by permission of InterVarsity Press, P.O. Box 1400, Downers Grove, IL 60515, USA. www.ivpress.com.

Persian translation © 2018 Pars Publications

Reprint: 2023

Translated into Persian by: Ramin Bastami
Edited by: Nader Fard
Proof Reading: S. Rajabzadeh
Cover Andy Southan

Persian Translation Published by:
Multimedia Theological Training Limited
P. O. Box 66099, London, W4 9FE, UK

publications@parstheology.com
www.parsonlineshop.com

ISBN 978-1-912699-01-8

وقتی از عیسی پرسیدند بزرگترین حکم شریعت کدام است، او از کتاب تثنیه چنین نقل‌قول فرمود: «خداوندْ خـدای خود را با تمامی دل و بـا تمامی جان و با تمامی فکر خود محبت نما. این نخستین و بزرگترین حکم است» (متی ۲۲:۳۷-۳۸). به دیگر سخن، مهمترین کار بشر همانا محبت کردن خداست.

فهرست مطالب

پیش‌گفتار ۹
چگونه از خواندن این کتاب بیشترین منفعت را ببریم؟.............. ۱۷

فصل اول: به دنبال چه هستید؟.. ۱۹
فصل دوم: خدا نیکوست ۴۱
فصل سوم: خدا قابل اعتماد است.. ۶۳
فصل چهارم: خدا سخاوتمند است.. ۸۵
فصل پنجم: خدا محبت است ۱۰۷
فصل ششم: خدا قدوس است.. ۱۳۳
فصل هفتم: خدا فداکار است ۱۵۹
فصل هشتم: خدا تبدیل می‌کند.. ۱۷۷
فصل نهم: چگونه خیارشور درست کنیم ۲۰۳
راهنمای بحث در گروه‌های کوچک ۲۳۱

پیش گفتار

وقتی از عیسی پرسیدند بزرگترین حکم شریعت کدام است، او از کتاب تثنیه چنین نقل‌قول فرمود: «خداوندْ خدای خود را با تمامی دل و با تمامی جان و با تمامی فکر خود محبت نما. این نخستین و بزرگترین حکم است» (متی ۲۲:۳۷-۳۸). به دیگر سخن، مهمترین کار بشر همانا محبت کردن خداست.

آیا حلقه‌های تشخیص احساس (Mood Rings) را به یاد دارید؟ سال‌ها پیش این انگشترها رایج بودند. رنگ هر انگشتر بنا به احساس و خلق‌وخوی کسی که آن را در انگشت داشت، تغییر می‌کرد. (البته تغییر به‌خاطر دمای بدن صورت می‌گرفت، اما فروشندگان سعی می‌کردند به مردم بقبولانند که تغییرِ احساس در کار است. آنها بدین طریق پول هنگفتی به جیب زدند، از جمله کمی از پول مرا!) حال تجسم کنید کسی انگشتری بسازد که نشان دهد شخصی که آن را به انگشت دارد چقدر دوستدار خداست ! چه می‌شد اگر همهٔ مردم چنین انگشتری به انگشت داشتند؟ اگر آبی پررنگ نشانگر فقدان محبت نسبت به خدا بود و آبی کمرنگ نشانهٔ محبت زیاد نسبت به خدا، شاید اکثر مردم، و حتی عدهٔ زیادی از مسیحیان، انگشترشان آبی پررنگ می‌بود. اگر خدا به من رحم نمی‌کرد من هم جزو این گروه می‌بودم.

چندین مربی عالی

در فیلم فورست گامپ (Forest Gump)، هنرپیشهٔ اصلی، یعنی فورست، مرد معمولی و ساده‌ای است که زندگی‌اش ویژگی خاصی ندارد جز اینکه خود او قلب پاکی دارد. این شخص گمنام و ساده‌لوح طی زندگی

به اشخاصی صاحب نام و مهم برمی‌خورد. فورست تماشاچی بی‌طرفی است که تصادفاً به درون لحظات مهم تاریخی (سخنرانی معروف مارتین لوتر کینگ: «من رؤیایی دارم») و به حضور شخصیتهای برجستهٔ تاریخ (چندین رئیس‌جمهور آمریکا، هنرپیشگان، مخترعان) راه می‌یابد. وقتی به زندگی گذشته‌ام نگاه می‌کنم، خود را شبیه فورست می‌بینم. من از خانواده‌ای متدیست هستم که فقط عید پاک به کلیسا می‌رفت. پیش از سال‌های آخر دبیرستان من هنوز پیرو مسیح نبودم؛ ورزش را بیش از هر چیز دوست داشتم، بعد دخترهای زیبا و در آخر هم عیسی را. به‌لحاظ تحصیلات و درس، در حد متوسط قرار داشتم. در میان ششصد فارغ‌التحصیل درست نفر سیصدم بودم. رزومه‌ام هم چندان هم درخشان نبود.

در سال اول تحصیل در دانشگاهی دولتی، در ایامی که سرگرم ورزش و به‌دنبال دخترهای زیبا بودم، عیسی در فهرست الویت‌های من به‌تدریج جای بالاتری پیدا کرد. در نیمهٔ دوم سال تحصیلی، او مقام اول را در قلب من کسب کرد؛ پس تصمیم گرفتم تحصیلاتم را در دانشگاهی مسیحی ادامه دهم. بنابراین، دانشگاهی در ویچیتای کانزاس (Wichita, Kansas) به نام «دانشگاه دوستان» (Friend University) را انتخاب کردم (به خودم گفتم لابد در آنجا با من رفتاری دوستانه خواهند داشت). من دانشجویی متوسط بودم در دانشکده‌ای کوچک در شهری دورافتاده، بدون اینکه بدانم آیندهٔ من چه خواهد شد. تنها چیزی که می‌دانستم این بود که روز به روز تشنگی من برای شناخت خدا بیشتر و بیشتر می‌شد.

من نمی‌دانستم ریچارد فاستر کیست و اینکه او نویسندهٔ یکی از مهم‌ترین کتاب‌های مسیحی در قرن اخیر، یعنی کتاب «انضباط روحانی» (Celebration of Discipline) است. تنها شناختم از او این بود که روزهای سه‌شنبه و پنج‌شنبه از ساعت ۱۰:۳۰ تا ساعت ۱۲ ظهر در کلاس او شرکت می‌کردم. او با همهٔ کسانی که می‌شناختم فرق داشت. او بسیار باهوش و در عین حال شوخ‌طبع بود. دوست داشت بخندد، و خدا را به‌گونه‌ای خاص می‌شناخت. من تابه‌حال کسی را ندیده بودم که مانند او

خدا را بشناسد. گویی با خدا دوست بود. او به من روش‌هایی آموخت که بتوانم خدا را مثل او بشناسم.

پس از سال‌ها، دوستی به من گفت که ریچارد دعا می‌کرده که دانشجویی پیدا شود که او بتواند تجربهٔ زندگی و حکمتش را روی او سرمایه‌گذاری کند، و وقتی مرا دیده، فهمیده که آن شخص من هستم. به گفتهٔ او من کسی بودم که خدا برگزیده بود تا زیر دست او آموزش ببینم و تربیت شوم، درست مانند تیموتائوس که زیر دست پولس تعلیم یافت. آنچه من تا آن موقع می‌دانستم این بود که علاوه بر تکالیف درسی، ریچارد کتاب‌هایی توصیه می‌کرد تا آنها را نیز بخوانم، با من دعا می‌کرد، وقتی با همسرش بیرون می‌رفتند اجازه می‌داد من از بچه‌هاشان مراقبت کنم، و مرا با خود به سفرهای تعلیمی می‌برد. در این فرصتهای شخصی بود که من از او تعلیم گرفتم.

در سال آخر دانشکده، در حالی که من می‌کوشیدم برای دورهٔ بالاتر دانشگاهی پیدا کنم، ریچارد مرا با هنری نوئن (Henri Nouwen) نویسندهٔ روحانی نامدار آشنا کرد. به پیشنهاد هنری درخواست خود را به دانشگاه الاهیات یل (Yale Divinity School) فرستادم، و پذیرش گرفتم. پس از اتمام تحصیل به شبانی کلیسایی محلی پرداختم. سپس با «مِگِن» یعنی زیباترین و واقع‌بین‌ترین دختری که در عمرم دیده بودم، ازدواج کردم (متشکرم، ای عیسای مسیح). من چیزهایی دربارهٔ ادارهٔ کلیسا آموختم و به‌زودی دریافتم که شبانی به‌راستی کار سختی است. یکی از وظایف اصلی شبان شاگردسازی است. البته صدها نیاز مبرم دیگر، مشکلات و مسئولیت‌ها نیز وجود دارند که می‌توانند به‌راحتی ما را از مسیر خارج کنند. خوشبختانه دوستی دیرینهٔ من با ریچارد یاری‌ام داد تا در زندگی روحانی خود متمرکز و پابرجا بمانم.

چند سال بعد، در «دانشکدهٔ دوستان»، درکنار ریچارد مشغول تدریس الاهیات شدم. وقتی به‌عنوان استاد در دانشکده تدریس می‌کردم بار دیگر تجربه‌ای همچون احساس «فورست» به من دست داد: مردی به نام ریچ مولینز (Rich Mullins)، خوانندهٔ معروف مسیحی که سرودهای معروفی

از قبیـــل «خدای مهیـــب» (Awesome God) و «گام به گام» (Step by Step) را ساخته، در یکی از کلاس‌هایی که تدریس می‌کردم ثبت‌نام کرد. حضور ریچ در کلاس من در مورد شناخت خدا، مانند حضور اینشتین در کلاس ریاضیات بود، و من احســـاس حقارت می‌کردم. ولی ما با هم دوســـت شدیم، و او در بالاخانهٔ منزل ما بیش از دو سال زندگی کرد. از طریق ریچ من با برنان مَنینگ (Brannan Manning) آشنا شدم. برنان نیز مربی و دوست من شـــد، و می‌توانم به جرأت بگویم که او بیش از هرکسی محبت خدا را به من آموخت.

در سال ۱۹۸۷ ریچارد فاستر از من دعوت کرد تا در ایجاد و راه‌اندازی موسسهٔ خدمت احیای روحانی مسیحی به‌نام Renovaré به او کمک کنم. به من گفت یک روز به هنگام خوردن ماکارونی نام این موسسه را برگزیده اســـت. هیچ‌کس نمی‌توانســـت این نام را تلفظ کند و یا بفهمد معنی‌اش چیست. ما به مدت بیست ســـال به اتفاق مردان و زنان فوق‌العاده‌ای در سراسر آمریکا سفر می‌کردیم و ســـمینارهایی برپا می‌نمودیم تا به مردم بیاموزیـــم چگونه می‌توانند زندگی عمیق‌تر و متعادل‌تری با خدا داشـــته باشند. برخی فکر می‌کردند ما طرفداران «نیو ایج»[1] هستیم، چراکه موسسهٔ ما نام مضحکی داشـــت و ریچارد نیز واژگانـــی همچون تأمل و عدالت اجتماعی را به‌کار می‌برد که با فرهنگ رایج مسیحی تناسبی نداشت. چه کیفی دارد عیسی را این‌گونه خدمت کردن!

از طریق ریچارد و Renovaré من با دالاس ویلارد (Dallas Willard)، استاد فلســـفه در دانشگاه کالیفرنیای جنوبی، آشنا شدم. کسی را بااستعدادتر از دالاس ندیده‌ام. در ســـال ۱۹۹۴ دالاس از من دعوت کرد تا همراه او در دانشـــگاه الاهیات فولر تدریس کنم. دعوتش را پذیرفتم و در کنار او به مدت ده ســـال به تدریس پرداختم. این کلاس هر تابســـتان به مدت دو هفته و روزی هشت ساعت برگزار می‌شد. من استادیار خوشبختی بودم،

---

۱. مکتب New Age در نیمه دوم قرن بیستم در غرب دامنه‌دار شد و مدعای اصلی آن توجه به معنویت و متافیزیک سنتی شرق و غرب و سپس برانگیختن آن به کمک خود شخص است. م.

چراکه نود درصد کلاس را دالاس درس می‌داد! این بدان معنا بود که من می‌توانستم بنشینم و در طول ده روز، روزانه هفت ساعت یعنی در مجموع هفتاد ساعت به او گوش بدهم؛ و این تا ده سال ادامه داشت، یعنی اینکه من تعالیم دالاس را دربارهٔ خدا، پادشاهی خدا، کتاب‌مقدس، انضباط روحانی و به‌طور کلی زندگی که در بیش از هفتصد ساعت تدریس کرده، شنیده‌ام.

برخی از بهترین استادان، زندگی خود را صرف آموزش فرد گمنام و نالایقی چون من کرده‌اند، و من از این بابت سعادتمندم. فکر می‌کنم مسیحیت از اول چنین عمل کرده است. عیسی دوازده فرد بی‌نام و نشان را برگزید و آنها را سه سال با خود به همراه برد و زندگی‌اش را صرف تربیت‌شان کرد چراکه به آنها ایمان داشت. تأثیر تمام این افراد – ریچارد، هنری، ریچی، برنان و دالاس – بر من چنان نیرومند است که فکر می‌کنم هر فکر و ایده‌ای که دارم از فکر و ایدهٔ آنها نشأت گرفته. اثر انگشتان این اشخاص در سراسر کتابی که اینک در دست دارید دیده می‌شود. من همهٔ کتب این افراد را مطالعه کرده‌ام، به موعظه‌ها، سخنرانی‌ها و سرودهای‌شان گوش داده‌ام، ولی به جرأت می‌توانم بگویم که تماس شخصی با یکایک ایشان بیش از هرچیز بر من تأثیر گذاشته است. پیاده‌روی‌های طولانی با ریچارد، مکاتبات با هنری، گفتگوهای شبانه با ریچی مولینز، گفتگوهای طولانیِ سر شام با برنان و برنامه‌های بستنی‌خوری با دالاس (او بستنی وانیلی دوست داشت. چه کسی بستنی وانیلی ساده می‌خورد؟) همگی عمیقاً در وجود من تأثیرگذار بوده‌اند.

این کتاب چگونه به‌وجود آمد

این کتاب نتیجهٔ بیست و پنج سال یادگیری از این افراد سرشناس است. ایدهٔ نگارش این کتاب به‌ویژه کمی پس از همکاری با دالاس آغاز شد. او دائم دربارهٔ نیاز به «برنامه‌ای آموزشی جهت شبیه مسیح شدن» برای افراد و کلیساها سخن می‌گفت. پیش‌نویس چنین برنامهٔ آموزشی‌ای را می‌توان در فصل نهم کتاب شگفت‌انگیز وی به نام **دسیسهٔ الاهی**

(The Divine Conspiracy) یافـــت. هنگامـــی کـــه او این فصـــل کتابش را می‌نوشـــت، من با این سؤالم حوصله‌اش را سر می‌بردم: «دالاس، آیا این واقعاً عملی اســـت؟» او پاسخ می‌داد: «بله، البته.» سپس می‌پرسیدم: «پس چرا آن را به اجرا نمی‌گذاری؟» می‌گفت: «چون تو باید این کار را بکنی.»

در سال ۱۹۹۸ من تهیهٔ برنامهٔ آموزشی را شروع کردم آن‌هم بر اساس پیش‌نویس سادهٔ دالاس در مورد زندگی‌ای که عیسی می‌خواهد ما داشته باشـــیم. در سال ۲۰۰۳ من از هیئت رهبران کلیسایی که در آن عضو بودم (Chapel Hill United Methodist Church, Wichita, Kansas) اجازه خواســـتم با برخی از اعضای کلیســـا این دوره را امتحان کنیم. با خشـــنودی موافقت کردند، و من در ســـال اول طی سی هفته این دوره را به بیست و پنج نفر آموزش دادم. در اواسط این دوره به‌تدریج پی بردم که حق با دالاس بود. تبدیل شدن و خصوصیات اخلاقیِ مسیح را یافتن، امری امکان‌پذیر است.

از آن زمـــان به بعد من به هفتاد و پنج تن دیگر آموزش داده‌ام و نتایج همیشـــه همان بوده است: تغییر اساســـی زندگی. در کلیسا همسران نزد من می‌آمدند و می‌گفتند: «با شـــوهرم چه کرده‌ای؟ او انسان دیگری شده است! او بیش از پیش صبور شده و به خانواده رسیدگی می‌کند. نمی‌دانم چه می‌گذرد، ولی من حتماً ســـال دیگر در این کلاس شـــرکت خواهم کرد.» از این گذشته، شاگردان دبیرستانی و دانشجویان نیز از این دروس اســـتفاده کرده‌اند. هرگاه از من می‌پرسند: «این دروس برای چه گروهی نوشته شده؟» می‌گویم: «برای هرکس که آرزو دارد زندگی‌اش تغییر کند، چه پیر و چه جوان، چه مســـیحی نوپا و چه مسیحی بالغ، چه مرد و چه زن، فرقی نمی‌کند.»

نخستین کتابِ این سری

کتابی که در دســـت دارید نخستین کتاب از سری کتب شاگردسازی اســـت. این کتاب به همراه دو کتاب دیگر «برنامهٔ آموزشـــی شبیه مسیح شـــدن» را تشـــکیل می‌دهند. هدف این کتاب، معرفیِ خدایی است که عیسی او را آشکار ساخت.

هر فصل تشـــکیل شده از معرفی عقاید نادرست، و نیز عقاید درست که روایات عیســـی نامیده می‌شود. و نیز در هر فصل بخشی به نام تربیت نَفْس[1] وجود دارد که در آن تمریناتی ارائه می‌شود تا با انجام آن، روایت[2] عیسی عمیق‌تر در فکر و تن و روح ما نفوذ کند. هدف این تمرینات این نیســـت که خواننده را مذهبی‌تر ســـازد یا اینکه خدا را شگفت‌زده کند. تمرینات بدین منظور داده شـــده که شما را یاری دهد تا همچون عیسی دنیا را ببینید و درک کنید. در آخر هر فصل صفحه‌ای است که نکات مهم آن فصل را مشخص می‌کند. در سراسر هر فصل پرسش‌هایی هست که می‌توان از آنها جهت تأملات شخصی یا بحث در گروه استفاده کرد.

این کتاب ***خدای خـــوب و زیبا*** نام دارد، زیـــرا تمرکز آن بر صفات خداســـت و اینکه ما چگونه می‌توانیم با خدا صمیمی باشیم. کتاب دوم در این ســـریِ شاگردســـازی ***زندگی خوب و زیبا*** نام دارد که خواننده را با پادشاهی خدا آشـــنا می‌کند و با سیرت باطنی ما سروکار دارد، به‌ویژه با گناهانی که خرابی به بار می‌آورند، مانند خشـــم، شهوت، دروغگویی، نگرانی، قضاوت کردن دیگران و غیره. این کتاب دوم با پیروی از موعظهٔ بالای کوه مســـیح به روایاتـــی که در پَسِ این رفتارهـــای گناه‌آلود نهفته است توجه خواهد کرد (برای مثال، چه روایاتی در پَسِ عصبانیت نهفته است؟) و روایات عیسی دربارهٔ زندگی در پادشاهی خدا را جایگزین آن روایات خواهد نمود. هر فصل این کتاب نیز تمرینی دارد که به خواننده کمک می‌کند تا بتواند روایات مناسب را در زندگی خود پیاده کند.

کتاب ســـوم از این ســـری، ***جامعهٔ خوب و زیبا*** نام دارد. هدف این کتاب آن اســـت که به ما بیاموزد چگونه هر روز همچون شاگردان عیسی

---

1. Soul Training Exercise

۲. در این کتاب واژگان «داســـتان» و «روایت» بســـیار به‌کار رفته اســـت. طبق تعریف، روایتْ نحوهٔ بیان داســـتان اســـت و آن‌هم به‌طور گزینشـــی. مثلاً راوی ترتیب وقایع داستان را تغییر می‌دهد و عناصر آن را چنان کنار هم می‌آورد که برای بیان منظور خود مناســـب باشد. این نوع بیان گزینشـــی در کتاب‌مقدس و مخصوصاً در بازگویی داســـتان‌های عهدعتیق و نبوت‌ها در عهدجدید مشهود است. و.

در جامعه زندگی کنیم، و از خود بپرسیم: «چگونه می‌توانم رؤیای پادشاهی عیسی را در خانوادهٔ خود به تحقق رسانم؟ زندگی من با خدا چه تأثیری بر رفتار من در محل کارم خواهد گذاشت؟ به‌عنوان پیرو مسیح چه تغییری می‌توانم در دنیایی که در آن زندگی می‌کنم به‌وجود آورم؟ دوست داشتن دشمنانم و برکت طلبیدن برای کسانی که مرا نفرین می‌کنند در زندگی روزانهٔ من چه مفهومی دارد؟» نهایتاً آنچه مهم است «ایمانی است که از راه محبت عمل می‌کند» (غلاطیان ۶:۵)، در خانه، در محل کار، در جامعهٔ ما و در دنیای ما.

اما همهٔ این چیزها با شناخت خدایی که عیسی می‌شناخت و محبت کردن خدا با تار و پود وجودمان آغاز می‌شود. این کتاب سرچشمه و بنیاد دو کتاب دیگر، و یا به سخنی، سرچشمه و بنیاد زندگی مسیحی است. شاید این تنها کتابی باشد که شما از این سری مطالعه می‌کنید. اگر چنین است، دعا می‌کنم که محبت شما نسبت به خدا زندگی‌تان را منور سازد.

چگونه از خواندن این کتاب بیشترین منفعت را ببریم؟

این کتاب بدین منظور نوشته شده که در جمعی کوچک مانند گروه خانگی، کلاس آموزشی در کلیسا، یا در گروه دوستانی که در جایی مثل رستوران گرد هم می‌آیند از آن استفاده کنند. مطالعهٔ این کتاب در گروه و انجام دادن تکالیف آن به‌صورت دسته‌جمعی، تأثیر آن را چند برابر می‌کند. اگر این کتاب را تنهایی بخوانید، از پیشنهادهای زیر فقط چهارتای اول به کارتان خواهد آمد. صرف‌نظر از اینکه چگونه آن را به‌کار می‌برید، مطمئنم که خدا می‌تواند و می‌خواهد کاری نیکو در شما به انجام رساند.

۱. تهیه کنید. دفترچه‌ای با صفحات خالی برای خود فراهم آورید.

از این دفترچه برای پاسخ به سؤالاتی که در گوشه و کنار هر فصل به‌طور پراکنده نوشته شده است، و نیز برای تأمل بر تجربهٔ تربیت نَفْس که در آخر هر فصل یافت می‌شود، استفاده خواهید کرد.

۲. مطالعه کنید. هر فصل را از آغاز تا پایان، در یک نشست بخوانید.

این کتاب را با عجله نخوانید و از مطالعهٔ یک فصل در آخرین لحظه هم پرهیز کنید. از همان اوایل هفته مطالعه را شروع کنید تا فرصت کافی برای هضم مطالب آن داشته باشید.

۳. انجام دهید. تمرینات هفتگی را به‌طور کامل انجام دهید.

به‌کارگیری و تعهد به انجام تمرینات مربوط به فصلی که تازه خوانده‌اید، کمک می‌کند تا مطالبی که می‌آموزید در شما تأثیر ژرفی ایجاد کند و به‌تدریج منجر به‌شکل‌گیری خصوصیات روحانی و شفای درون‌تان شود. انجام دادن برخی از تمرینات نیاز به وقت بیشتری دارد.

قبل از جلسات گروهی، حتماً وقت کافی برای انجام تمرینات اختصاص دهید. باید وقت کافی نه فقط برای انجام تمرینات، بلکه برای نوشتن تأملات خود داشته باشید.

۴. تأمل کنید. وقت لازم و کافی برای تکمیل تأملاتی که نوشته‌اید اختصاص دهید.

در دفترچۀ خود به پرسش‌هایی که در گوشه و کنار و نیز در پایان هر فصل مطرح شده، پاسخ دهید. این کار به روشن شدنِ ذهن‌تان کمک خواهد کرد و به آنچه خدا به شما می‌آموزد، شکل خواهد داد. همچنین برای قسمتهای بعدی نیز به شما کمک خواهد کرد.

۵. گفتگو کنید. با آمادگی برای گفت و شنود، در گردهمایی‌ها شرکت کنید.

در اینجا به شما فرصت داده می‌شود تا تجربیات و بصیرت دیگران را شنیده، از آنها پند بگیرید. اگر شرکت‌کنندگان از قبل برای انجام تمرینات در دفترچه‌های خود وقت کافی صرف کنند، گفت و شنودهایی که در گروه انجام می‌شود به مراتب تأثیرگذارتر خواهد شد. افراد چکیده‌ای از افکارشان را با دیگران در میان خواهند گذاشت، و وقت گروهی ارزشمندتر خواهد شد. به خاطر بسپارید که بسیار مهم است که دو برابر آنچه می‌گویید، بشنوید! در عین حال، برای صحبت و در میان گذاشتن نظرات‌تان نیز آماده باشید. دیگر اعضای گروه از تجربیات و نظرات شما خواهند آموخت.

۶. تشویق کنید. در خارج از وقت گروهی نیز با یکدیگر در تماس باشید.

یکی از مزایای مهم تکنولوژی، سهولت در تماس برقرار کردن با دیگران است. در طول هفته، در فرصت میان دو جلسه، حداقل به دو نفر از افراد گروه تلفن کنید، و ایمیل یا پیامک تشویق‌آمیز برای آنها بفرستید. بگذارید بدانند که به‌یادشان هستید و از آنها بپرسید که در چه مواردی به دعا نیاز دارند. این کار روابط‌تان را مستحکم‌تر می‌کند و به‌طور کلی به تجربۀ شما عمق بیشتری می‌بخشد. عامل مهم و کلیدی برای موفقیت در این تجربه، بنای روابطی محکم و استوار است.

فصل اول

به دنبال چه هستید؟

آیا می‌خواهید از آرامشی دائمی برخوردار باشید؟ آیا دوست دارید قلبی لبریز از محبت داشته باشید؟ آیا در پی چنان ایمانی هستید که به مدد آن، همه چیز، حتی شکست‌ها و خسارات را در پرتو حاکمیت خدا و برای خیریت خود ببینید؟ آیا جویای آن امیدی هستید که حتی در شرایط دلسردکننده هم با شکیبایی تاب می‌آورد؟

اگر اینها بیانگر زندگی‌ای است که شما عمیقاً مشتاق آن هستید، این کتاب برای شماست.

بسیاری از مردم می‌خواهند تغییر کنند و به این پرسش‌ها پاسخ مثبت می‌دهند، اما بیشترشان باور نمی‌کنند که این تغییرات امکان‌پذیرند. آنها پس از سال‌ها تلاش و تجربهٔ شکست، به‌رغم میلی شدید به تغییر و اطمینان از غیرعملی بودنِ‌شان، زندگی آرام و نومید مسیحی را می‌گذرانند. بنابراین، هر هفته روی نیمکت کلیسا می‌نشینند و در حالی که بی‌صدا آه می‌کشند، خود را تسلیم سرنوشت می‌کنند.

من خودم آن‌گونه فکر می‌کردم. بارها تلاش کردم تغییر کنم. بارها دعا کردم و با استغاثه به خدا التماس کردم تا مرا تغییر دهد، اما فایده‌ای نداشت. می‌خواستم شخصی باشم که عیسی در موعظهٔ بالای کوه توصیف می‌کرد؛ کسی که به دشمنانش محبت می‌کند و هرگز برای چیزی نگران نمی‌شود. اما وقتی به قلبم نگاه می‌کردم، متوجه می‌شدم که من نه تنها دشمنان بلکه حتی بعضی از دوستانم را نیز محبت نمی‌کنم، و در مورد همه چیز هم نگران هستم.

تغییر وقتی در من صورت گرفت که به کمک دو مربی مجرب آموختم که دگرگونی واقعی تنها از طریق تربیت باطن امکان‌پذیر است. کسی تابه‌حال نتوانسته است مانند ریچارد فاستر نحوهٔ عمل انضباط روحانی، و مانند دالاس ویلارد چگونگی تعامل/ رفتار ما نسبت به پادشاهی خدا را چنین روشن درک و بیان کند! آرزو و اشتیاق من در زندگی یافتن پاسخ این پرسش بوده است که: ما چگونه شبیه مسیح می‌شویم؟

من به این باور رسیده‌ام که مشکل این نیست که ما نمی‌خواهیم تغییر کنیم و یا اینکه برای عوض شدن تلاش نمی‌کنیم. بلکه، مشکل این است که ما برای عوض شدن، تربیت نمی‌شویم. هرگز کسی الگویی معتبر و موثق برای دگرگون شدن و تبدیل یافتن، به ما نیاموخته است.

تجربهٔ تلاش شخصی خود را برای تغییر (و شاید شکست در آن)، توصیف کنید. آیا ممکن است مشکل اصلی نه عدم تلاش، بلکه عدم برخورداری از تربیت صحیح بوده باشد؟ توضیح دهید.

آرامش و شادی در فرودگاه

کریگ (Craig) یکی از کسانی است که در آزمایشی که با هدف ارائهٔ طرحی آموزشی برای شبیه مسیح شدن ترتیب داده شده بود، شرکت کرد. او بعد از شرکت و فعالیت در گروه شاگردی، کم‌کم متوجه شروع برخی تغییرات واقعی در نحوهٔ رفتارش با خانواده، دوستان و همکارانش شد. کریگ آرشیتکت و طراح باغ‌وحش است و بنا به اقتضای شغلش، زیاد سفر می‌کند. یک روز، وقتی به اتفاق یکی از همکارانش از آلمان به آمریکا برمی‌گشت، در فرودگاه آتلانتا گیر افتاد و متوجه شد که پرواز برگشت‌شان، چند ساعت به تأخیر افتاده است. آن چند ساعت سپری شد و چند ساعت دیگر هم گذشت و سرانجام اعلام شد که پروازشان لغو شده است. این بدان معنی بود که چاره‌ای جز گذراندن آن شب در آتلانتا نداشتند.

در سالن اصلی فرودگاه، خون مسافران به جوش آمده بود. همگی مجبور شدند در صفی طولانی بایستند و بلیت خود را از نو رزرو کنند. کریگ و همکارش در حینی که در صف ایستاده بودند، می‌دیدند که چطور مسافران با عصبانیت و تندی با خانم جوانی که سعی می‌کرد کمک‌شان کند، صحبت می‌کردند. وقتی نوبت به کریگ رسید، با لبخند به خانم جوان نگاه کرد و گفت: «قول می‌دهم که اذیت‌تان نکنم.» چهرهٔ خانم جوان آرام شد و گفت: «متشکرم.» سپس با روحیه‌ای خوشایند و دلپذیر با هم صحبت کردند و او برای هردوی آنها بلیت برگشت رزرو کرد. وقتی از سالن اصلی بیرون می‌رفتند، علی‌رغم آن همه ناراحتی، کریگ لبخندی بر چهره داشت. همکار کریگ که او را زیر نظر گرفته بود، گفت: «کریگ، خیلی وقته که تو رو می‌شناسم. اگه آنچه امروز به سرمان آمد، سال پیش اتفاق افتاده بود، تو از عصبانیت خود را می‌باختی و به‌شدت به خانمی که پشت گیشه ایستاده بود، می‌توپیدی.»

کریگ جواب داد: «می‌دونی چیه، تو راست می‌گی. اما من عوض شده‌ام. من می‌دونم کی هستم، و می‌دونم کجا هستم. مسیح در من مسکن گرفته و اکنون در پادشاهی خدایی زندگی می‌کنم که منو دوست داره و به فکر من هست. درسته که مستأصل و درمانده شده‌ام، اما هنوز آرامش دارم. فردا به خانه می‌رسیم. کاری از دست‌مان برنمی‌آید. عصبانیت دردی را مداوا نمی‌کند. پس بهتره از وضعی که ناخواسته پیش آمده، لذت ببریم.»

دوستش با تعجب سری تکان داد و گفت: «نمی‌دونم چی خوردی یا نوشیدی، اما واقعاً عوض شده‌ای.»

آنچه کریگ در طول سال گذشته انجام داده بود و در موردش فکر کرده بود، منجر به تغییر او شده بود. کریگ به‌خاطر اشتیاقی که به عوض شدن داشت در یک گروه تربیت شاگرد ثبت‌نام کرده بود تا در زندگی‌اش تغییری به‌وجود بیاید. اما او تنها نبود. اشتیاقی که او به انجام فعالیت‌ها داشت و تغییراتی که در نتیجهٔ آن تجربه کرد، تنها به‌خاطر کار روح‌القدس در او به وقوع پیوست.

روایتی نادرست: ما به‌وسیلهٔ قدرت اراده تغییر می‌کنیم

وقتی مردم تصمیم می‌گیرند چیزی را در خود تغییر دهند، "قدرت اراده" را بسیج کرده، شروع به تغییر بعضی از رفتارهای‌شان می‌کنند. این کار تقریباً همیشه با شکست مواجه می‌شود. قریب به ۹۵ درصد از تصمیماتی که در شروع سال جدید می‌گیریم، پیش از پایان ماه اول، نقش بر آب می‌شوند. اغلب مردم وقتی در عملی کردن تصمیمات‌شان شکست می‌خورند، خیال می‌کنند که این شکست نتیجهٔ این است که آنها به اندازهٔ کافی قدرت اراده ندارند. فکر می‌کنند ضعیف هستند و در مورد شکست‌شان احساس بدی می‌کنند.

این بسیار تأسف‌آور است، چراکه دلیل شکست آنها این نبوده که ارادهٔ قوی نداشته‌اند. در واقع، اراده به خودی خود قدرتی ندارد. اراده، ظرفیت انسان در تصمیم‌گیری است. مثلاً از خودمان می‌پرسیم، پیراهن قرمز بپوشم یا آبی؟ بالاخره تصمیم می‌گیریم که پیراهن آبی بپوشیم، و این تصمیم از ارادهٔ ما ناشی می‌شود. اراده در عمل کاری انجام نمی‌دهد. اگر من می‌توانستم درون بدن شما را ببینم تا اراده‌تان را در آن پیدا کنم، هرگز پیدایش نمی‌کردم. اراده نزدیک کیسهٔ صفرای شما نیست! اراده، عضوی از بدن یا عضله نیست که رشد کند یا تحلیل برود.

اراده بیشتر شبیه حیوانی باربر است که صرفاً در مقابل ضربات سوار خود واکنش نشان می‌دهد. اسب خودش تصمیم نمی‌گیرد کجا برود، بلکه تنها در مسیری که سوارش به او می‌گوید، حرکت می‌کند. اراده هم چنین عمل می‌کند. اما اراده، به‌جای یک سوار، سواران بسیار دارد. سه عامل نفوذ و تأثیر عمده بر اراده، عبارتند از: فکر، بدن و شرایط اجتماعی. ابتدا، آنچه در فکر خود بدان می‌اندیشیم، احساسی را ایجاد می‌کند که منتهی به تصمیم و عمل می‌شود. دوم، بدن عبارت است از کارکردهای پیچیدهٔ درونیِ انگیزه‌ها که بر ارادهٔ ما تأثیر می‌گذارد. سیستم بدنی ما، عمدتاً بدون دخالت ما کار می‌کند، اما زمانی که بدن ما نیاز خاصی (مثل خوراک یا آب) دارد، از طریق حواس (گرسنگی یا تشنگی)، نیاز خود را

به فکر ما اعلام می‌کند و به مغز هشدار می‌دهد که پیامی به اراده بفرستد: همین حالا غذا بخور. و بالاخره، ارادهٔ ما تحت تأثیر ساختار و اوضاع اجتماعی نیز قرار دارد. ما به‌شدت از اطرافیان‌مان تأثیر می‌پذیریم که اصطلاحاً آن را «فشار همسالان» (Peer Pressure) می‌نامند.

اراده به خودی خود نه قوی است و نه ضعیف. اراده مثل اسب، تنها یک وظیفه دارد و آن این است که دستورهای سوار خود (فکر، که تحت‌تأثیر بدن و محیط اجتماعی قرار دارد) را انجام دهد. بنابراین، تغییر یا عدم تغییر به هیچ وجه در گرو اراده نیست. تغییر زمانی اتفاق می‌افتد که عوامل تأثیرگذار مذکور تغییر کنند. اما خبر خوش این است که ما می‌توانیم این عوامل تأثیرگذار را مهار کنیم و تغییر دهیم. هنگامی که فکرهای تازه، عادات و شیوه‌های تازه و اوضاع و زمینه‌های تازه‌ای را اختیار کنیم، تغییر به وقوع می‌پیوندد.

روایت عیسی: ما به‌طور غیرمستقیم تغییر می‌کنیم

عیسی می‌دانست مردم چگونه تغییر می‌کنند و به همین‌خاطر بود که تعالیمش را در غالب داستان بیان می‌کرد. او با استفاده از روایت و داستان، شناخت و برداشت خود را از خدا و جهان تشریح می‌کرد: «پادشاهی خدا همچون دانهٔ خردل است.» «مردی دو پسر داشت ...» اگر ما روایت عیسی دربارهٔ خدا را بپذیریم، خدا را به‌درستی خواهیم شناخت، و کارها و اعمال درست در پی آن خواهد آمد. اما خلاف این نیز صادق است. ما نه با بسیج قوهٔ ارادهٔ خود، بلکه با تغییر طرز فکرمان تغییر می‌کنیم، و این تغییر، رفتار و محیط اجتماعی‌مان را نیز در بر می‌گیرد. ما به‌طور غیرمستقم تغییر می‌کنیم. ما آنچه را که می‌توانیم انجام می‌دهیم تا قادر شویم آنچه را که مستقیماً نمی‌توانیم انجام دهیم، به عمل آوریم. ما از طریق فرآیندی غیرمستقیم تغییر می‌کنیم.

پِیتون مَنینگ (Payton Manning) این فرآیند غیرمستقیم را به‌کار گرفت. او در «سوپر بال ۶۱» باعث شد تیمش برنده شود. در شب مسابقه، باران می‌بارید و توپ لغزنده شده بود. بارها توپ از دست رِکس گروسمَن

(Rex Grossman)، بازیکن تیم بازنده، به زمین افتاد. اما از دست پِیتون مَنینگ بازیکن تیم برنده، توپی به زمین نیفتاد. چند هفته بعد از مسابقه، خبرنگاری متوجه شد که در سال گذشته، هر هفته پِیتون از بازیگر میانه (کسی که توپ را برایش پرتاب می‌کرد) (Jeff Saturday)، خواسته بود که توپ را خیس به سمت او پرتاب کند. علی‌رغم اینکه تیم آنها نیمی از مسابقات را در سالن‌های سرپوشیده برگزار می‌کردند، اما پیتون به‌طور مرتب گرفتن توپ خیس را تمرین کرده بود تا اگر باران بارید، آمادگی گرفتن توپ را داشته باشد. مَنینگ آنچه را که می‌توانست انجام داد (تمرین مداوم برای گرفتن توپ خیس) تا بتواند از عهدهٔ انجام آنچه بدون آمادگی و تمرین نمی‌توانست انجام دهد، برآید (بازی خوب در هوای بارانی).

ما تنها با گفتن اینکه «من می‌خواهم تغییر کنم»، تغییر نمی‌کنیم. باید بررسی کنیم و ببینیم که افکار ما چگونه است (چه روایت‌هایی را باور داریم) و رفتارمان چگونه است (انضباط‌های روحانی) و با چه کسانی در ارتباط هستیم (زمینهٔ اجتماعی). اگر آن چیزها را تغییر دهیم - که قابل تغییرند - آنگاه تغییر به‌طور طبیعی در ما به وقوع می‌پیوندد. برای همین بود که عیسی گفت "یوغ" او سبک است. اگر ما هم به چیزهایی که او فکر می‌کرد، بیندیشیم، و کارهایی را که او انجام می‌داد، انجام دهیم و اوقات‌مان را با کسانی که با آنها هم‌فکر و هم‌عقیده‌ایم، بگذرانیم، شبیه عیسی خواهیم شد و این تغییر دشوار نخواهد بود. اگر کسی بعد از مسابقهٔ فوتبال آمریکایی از پِیتون مَنینگ می‌پرسید: «آیا گرفتن آن توپ خیس در هوا برایت کار سختی بود؟» به احتمال زیاد این پاسخ را می‌شنید که «نه، چون وقتی کسی مرا تماشا نمی‌کند، به‌طور مرتب آن را تمرین می‌کنم.» این بهترین نمونه از فرآیند تغییر غیرمستقیم است.

من معتقدم که شیوه‌ای معتبر و مطمئن برای تغییر قلب ما وجود دارد. شیوه‌ای که نه پیچیده است و نه دشوار، و به قوهٔ ارادهٔ ما نیز متکی نیست. بگذارید با مثلث تبدیل شروع کنیم. این مثلث شامل چهار عنصر است:

۱) تغییر داستان‌ها و باورهایی که در سر داریم، ۲) به‌کارگیری و انجام تمرینات و فعالیت‌های تازه ۳) گفتگو و تبادل افکار با کسانی که در همین مسیر هستند، ۴) هدایت از روح‌القدس در همهٔ این عوامل.

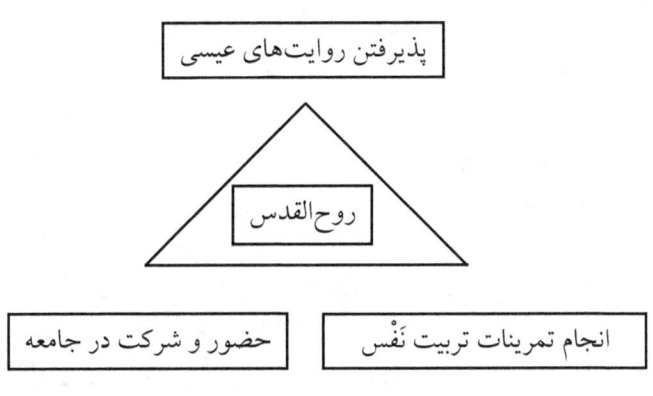

شکل ۱. چهار جزء تبدیل

قدم اول: تغییر دادن روایات خود

ما موجوداتی هستیم که با داستان‌هایمان زندگی می‌کنیم. از همان اوان کودکی، والدین ما داستان‌هایی را برایمان تعریف کرده‌اند که به ما کمک کرده چرایی و چگونگی زندگی را تفسیر کنیم. ما به‌طور طبیعی به‌سوی داستان‌ها کشیده می‌شویم و باید آنها را تا انتها دنبال کنیم چراکه داستان‌ها برایمان هیجان‌آورند. عیسی عمدتاً تعالیمش را به‌شکل داستان بیان می‌کرد. شاید یکی از دلایل آن این باشد که داستان‌ها در خاطر می‌مانند. ما شاید نتوانیم بیشتر (یا هیچ‌یک از) «خوشابه‌حال‌ها» را به خاطر بسپاریم، اما همگی داستان پسر گمشده را به خاطر داریم.

وقتی تجربه‌ای مهم را پشت سر می‌گذاریم - تجربه‌ای که ما را شکل می‌دهد - آن تجربه را به‌صورت داستان درمی‌آوریم. به‌عنوان مثال، یکی از تجربیات چشمگیر دوران کودکی شما شاید جشن تولدی باشد که

در آن هدیه‌ای گرفتید که آرزوی گرفتنش را داشتید. ممکن است تمام جزئیات آن روز را به خاطر نیاورید، اما آن را به‌شکل روایت به‌یاد دارید، مثلاً این که چه کسی در آن جشن حاضر بود، چه حرفهایی زده شد، چه احساسی داشتید و این که کیک تولدتان چه شکلی بود.

روایت، «کارکرد محوریِ ... فکر انسان است.» ما همه‌چیز را به‌صورت داستان درمی‌آوریم تا بتوانیم زندگی را معنی کنیم. ما «به‌شکل روایتی خواب می‌بینیم، خیال‌پردازی می‌کنیم، به خاطر می‌سپاریم، انتظار می‌کشیم، امید می‌بندیم، دلسرد می‌شویم، باور می‌کنیم، شک می‌کنیم، نقشه می‌ریزیم، تجدید نظر می‌کنیم، انتقاد می‌کنیم، تشویق می‌کنیم، غیبت می‌کنیم، می‌آموزیم، و به‌وسیلهٔ روایت کینه می‌ورزیم و محبت می‌کنیم.» در واقع، ما نمی‌توانیم از روایت‌ها دوری بگزینیم. ما موجوداتی داستان‌محوریم. داستان‌های ما به ما کمک می‌کنند تا در جهان پیرامون خود حرکت کنیم، درست را از نادرست تشخیص دهیم و اتفاق‌ها را معنا کنیم («پس نتیجهٔ اخلاقی‌ای که از این داستان می‌گیریم این است که ...»).

روایت‌ها انواع و اقسام دارند: روایت‌های خانوادگی داستان‌هایی هستند که آنها را از خویشاوندان نزدیک‌مان می‌آموزیم. والدین ما از راه داستان‌ها، جهان‌بینی و نظام اخلاقی خود را برای ما بازگو می‌کنند. پرسش‌هایی کلیدی همچون «من که هستم؟ چرا به این دنیا آمده‌ام؟ آیا ارزشمندم؟» از همان ابتدا از طریق روایت‌ها پاسخ داده می‌شوند. روایت‌های فرهنگی روایت‌هایی هستند که آنها را بسته به مکان رشد و بلوغ‌مان در جهان، می‌آموزیم. ما ارزش‌ها را در غالب داستان‌ها و تصاویر از فرهنگی که در آن بزرگ می‌شویم، می‌آموزیم (مثلاً امور مهم، و یا اینکه چه کسی موفق است). به‌عنوان مثال، به امریکایی‌ها از راه داستان‌های مربوط به پیشینان (انقلاب، مهاجران اولیه)، ارزش "فردگراییِ مبتنی بر قدرت و طاقت"، آموزش داده می‌شود. روایت‌های دینی داستان‌هایی هستند که آنها را از منبر کلیسا، کلاس‌ها و کتب دینی می‌آموزیم تا به ما در فهم اینکه خدا کیست، از ما چه می‌خواهد و اینکه چگونه باید زندگی

کنیم، کمک کنند. و بالاخره، روایت‌های عیسی، داستان‌ها و تصاویری هستند که عیسی برای کشف و پرده‌برداری از شخصیت خدا به ما ارائه می‌دهد.

ما به‌وسیلهٔ داستان‌های‌مان شکل گرفته‌ایم. در واقع، وقتی داستان‌ها در ما نهادینه شوند، صرف‌نظر از اینکه دقیق یا مفیدند، اکثر رفتارهای ما را رقم می‌زنند. وقتی این داستان‌ها در افکار ما بایگانی شدند، بیشترشان بدون اینکه آنها را ارزیابی کنیم و به چالش بکشیم، تا وقت مرگ همان‌جا باقی می‌مانند. و نکتهٔ اصلی در اینجاست که این روایت‌ها زندگی ما را اداره می‌کنند (و اغلب آن را ویران می‌سازند). برای همین بسیار حیاتی و سرنوشت‌ساز است که روایت‌های درست را برگزینیم.

در حینی که قسمت مربوط به روایت‌ها را می‌خوانید، آیا متوجه چیزهایی می‌شوید که موجب شکل‌گیری طرز فکر شما نسبت به جهان شده است؟

وقتی روایت‌ها را در فکرمان "یافتیم"، می‌توانیم آنها را با روایت‌های عیسی بسنجیم. چون عیسی پسر ازلی و ابدی خداست، و کسی خدا یا ماهیت و معنای زندگی را بهتر از او نمی‌شناسد. روایت‌های عیسی، روایت‌هایی راستین‌اند. او خودش راستی است. بنابراین، راه‌حل این است که روایت‌های عیسی را برای خود بپذیریم.

عیسی، پدرِ خود را بر ما آشکار کرد. عهدجدید خدایی را مکشوف می‌کند که مملو از نیکویی، قدرت، محبت و زیبایی است. شناخت خدای عیسی در واقع شناخت واقعیِ خدای حقیقی است.

برای تغییر کردن، ابتدا باید فکرمان را تغییر دهیم. اولین جمله‌ای که عیسی در نخستین موعظهٔ خود گفت، این بود که «توبه کنید [metanoia] زیرا پادشاهی خدا نزدیک است.» فعل Metanoia به تغییر فکر اشاره می‌کند. عیسی می‌دانست که تبدیل در ذهن آغاز می‌شود. پولس رسول

نیز در نامهٔ خود به همین موضوع اشـــاره می‌کند: «و دیگر همشکل این عصر مشـــوید، بلکه با نو شـــدن ذهن خود دگرگون شـــوید. آنگاه قادر به تشـــخیص ارادهٔ خدا خواهید بود، ارادهٔ نیکو، پســـندیده و کامل او» (رومیان ۱۲:۲).

ممکن است روایت‌های خانوادگی، فرهنگی و حتی دینی ما ریشه در پادشاهی این دنیا داشته باشند. ما به‌عنوان پیروان مسیح خوانده شده‌ایم که «به آنچه در بالاســـت بیندیشیم» (کولسیان ۳:۲). و بیش از هر چیز دیگر، خوانده شـــده‌ایم که همان طرز فکری را داشته باشیم که عیسی داشت: «همان طرز فکر را داشـــته باشید که مسیح عیسی داشت» (فیلیپیان ۲:۵). از طریق پذیرفتن و اقتباسِ روایت‌های عیســـی اســـت که می‌توانیم فکر مسیح را داشته باشیم. وقتی روایت‌های درست را جایگزین کردیم، تغییر شـــروع خواهد شد. اما به‌دست آوردن اطلاعات و ایده‌های درست، تازه آغاز راه است.

قدم دوم: انجام تمریناتی برای تربیت نَفْس

هنگامی که روایت‌های صحیح را فهمیدیم و پذیرفتیم، باید از طریق انجام تمرینات ویژه‌ای به منظور واقعیت بخشیدن به این روایات، کاری کنیم تا آنها نه تنها در فکر، بلکه در جان و تن ما نیز عمیقاً ریشه بدوانند. شـــما می‌توانید این تمرینات را، "انضباط‌های روحانی" بخوانید، اما من شخصاً ترجیح می‌دهم آنها را "تربیت نَفْس" بنامم. این بدان دلیل است که انضباط‌های روحانی در واقع به هیچ وجه روحانی نیســـتند. تصور اینکه این انضباط‌ها "روحانی" هســـتند، باعث می‌شود مردم آنها را به‌صورت فعالیت‌هایی منفـــرد انجام دهند که هدفی جز "روحانی"تر کردن‌شـــان ندارد، که اصلاً معنای آن نیز مشخص نیست. این فعالیت‌ها بدون هدف، و اغلب برای به‌دست آوردن خشـــنودی خدا یا دیگران انجام می‌شوند. انضباط‌های روحانی، حکمت هســـتند نه پارســـایی. بـــه هرتقدیر، آنها تمریناتی حکیمانه هستند برای تربیت و تبدیل قلب‌های ما.

آیا شما در زندگی خود تمرینات روحانی (مثل دعا کردن، مطالعهٔ کتاب‌مقدس، و یا به خلــوت رفتن) را انجام داده‌اید؟ اگر انجام داده‌اید، قصدتان از این کار چه بوده؟ آیا نتیجه‌ای از آن گرفته‌اید؟

ورزشـــکاران از ضرورت و اهمیت تربیت بدن آگاهنـــد. آنها می‌دوند، ماهیچه‌های خود را با وزنه‌برداشـــتن تقویت می‌کنند و همیشه در حال تمرینند تا بتوانند به‌طور طبیعی و به آســانی در مســابقات شرکت کنند. پولس در نامه‌های خود، زندگی مســیحی ما را با تمرینات ورزشکاران مقایسه می‌کند (۱قرنتیان ۹:۲۵؛ ۱تیموتائوس ۴:۷و۸؛ ۲تیموتائوس ۲:۵). به همین ترتیب، وقتی مـــا انضباط‌های روحانی را به‌کار می‌گیریم و آنها را به‌عنوان تمریناتی برای تربیت نَفْس انجام می‌دهیم، در واقع با این کار نحوهٔ زندگی‌مان را تغییر می‌دهیم.

انضباط‌های روحانی باید تأثیری درمان‌کننده داشـــته باشند. افرادی که تحت تن‌درمانی قرار می‌گیرند، خود را وقف تمریناتی مثل کشـــیدن عضلات و برداشـــتن وزنه می‌کنند تا توانایی‌شـــان را افزونی بخشـــند. تمریناتِ تربیت نَفْس را نیز باید به همین‌گونه انجام داد. ما این تمرینات را (حتـــی اگر دردناک نیز باشـــد) انجام می‌دهیم چـــون می‌خواهیم در کارکردمان پیشـــرفت کنیم. این تمرینات بخشی اساسی از فرآیند تبدیل افکار، احساسات و انگیزه‌های ما هستند.

قدم سوم: حضور و شرکت در جامعه

ما انســـان‌ها برای زندگی جمعی ساخته شده‌ایم. همان‌طور که تثلیث ابدی (پدر، پسر و روح‌القدس) در جمع و با هم سلوک دارند، همچنین ما نیز که به شباهت خدا خلق شده‌ایم باید در جمع زندگی کنیم و یکدیگر را دوست بداریم. اما متأســـفانه ما اغلب، شکل‌گیری روحانی را تلاشی فردی می‌بینیم. شـــاید فکر می‌کنیم رشد روحانی امری است شخصی و انفرادی تا فعالیتی مشترک و گروهی.

تجربهٔ شما از مشارکت‌ها و اجتماعات مسیحی چه بوده است؟

شکل‌گیری روحانی در بطن جمع به‌گونه‌ای اساسی و عمیق روی می‌دهد. شرکت در گروه باعث می‌شود دیگران بر ما تأثیر گذاشته، به ما انگیزه ببخشند و ما را تشویق کنند (عبرانیان ۱۰:۲۴). بهترین راه استفاده از این کتاب برای ایجاد تغییر کامل و ماندگار این است که آن را با دیگران بخوانیم. البته شما می‌توانید این کتاب را تنهایی بخوانید و تمریناتش را نیز چنانکه دوست دارید انجام دهید، اما تحقیقات من در این مورد نشان می‌دهد که خواندن این کتاب به‌طور انفرادی کمترین میزان تغییر را به بار می‌آورد.

قدم چهارم: کار روح‌القدس

روح‌القدس عضوی از تثلیث است که اغلب کمترین توجه به او مبذول می‌شود. ما به خدای پدر دعا می‌کنیم، و هرگاه در اناجیل دربارهٔ عیسی می‌خوانیم، می‌توانیم او را در سیمایی بشری مجسم کنیم. اما اغلب، روح‌القدس را در کانون توجه خود قرار نمی‌دهیم.

من بر این باورم که روح‌القدس از این بابت آزرده نیست.

هدف همیشگی روح‌القدس این است که توجه ما را نه به‌سوی خود، بلکه به‌سوی پدر و پسر معطوف کند. با این حال، همهٔ آنچه در زندگی مسیحی ما بر ما واقع می‌شود، کار روح‌القدس است. وقتی از زندگی خود ناراضی هستیم، این روح‌القدس است که با ملایمت ما را به سمت مسیح سوق می‌دهد. روح‌القدس وقایع زندگی ما را با هدفی واحد طوری سازماندهی می‌کند که ما را شاگرد مسیح سازد. روح‌القدس با ظرافت خاص و بی‌هیاهو در زندگی ما عمل می‌کند به‌طوری که اغلب متوجه عملکرد او نمی‌شویم. تغییرات هنگامی به‌وقوع می‌پیوندند که روح‌القدس در کار باشد.

روح‌القدس و روایات: عیسی به شاگردان خود گفت که بعد از ترک آنها و صعودش به آسمان، خدای پدر روح‌القدس را خواهد فرستاد تا

آنها را هدایت کنـد: «اما آن مدافع، یعنی روح‌القدس، که پدر او را به نام من می‌فرستد، او همه چیز را به شـما خواهد آموخت و هرآنچه من به شما گفتم، به یادتان خواهد آورد» (یوحنا ۲۶:۱۴). روح‌القدس آن معلم نامرئی اسـت که ما را به‌سوی عیسـی هدایت می‌کند و کلام او را به یاد ما می‌آورد. بدین معنا، روح‌القدس کسـی اسـت که ما را مدد می‌کند تا روایت‌های خود را با روایت‌های عیسـی عوض کنیم. او ما را در مسیر دور شـدن از روایت‌های اشـتباه و جایگزین کردن آنها با روایت‌های راسـتین رهبری می‌کند: «اما چون روح راسـتی آید، شـما را به تمامی حقیقت راهبری خواهد کرد» (یوحنا ۱۳:۱۶).

حتی ایمان آوردن ما به عیسای مسـیح نیز متکی به کار روح‌القدس اسـت: «هیچ‌کس جز به‌واسـطۀ روح‌القدس نمی‌توانـد بگویـد "عیسی خداوند است"» (۱قرنتیان ۳:۱۲). تصمیم ما برای پیـروی از عیسـی و پذیرفتن او به‌عنوان خداوند و نجات‌دهنده تنها به‌خاطر اینکه روح‌القدس ما را بـه این حقیقت هدایت کرده، ممکن شـده اسـت. وقتی روایتی نادرست، مانند «خدا داوری است غضبناک که مترصد مجازات ماست» را با روایت عیسی مبنی بر این که خدا "اَبّا"یی است با محبت، جایگزین می‌کنیم، این نیز کار روح‌القدس است.

پولس می‌گوید: «چرا که شـما روح بندگی را نیافته‌اید تا باز ترسان باشید، بلکه روح پسرخواندگی را یافته‌اید که به‌واسطۀ آن ندا درمی‌دهیم: "اَبّا، پدر." و روحْ خود با روح ما شهادت می‌دهد که ما فرزندان خداییم» (رومیان ۱۵:۸و۱۶). من عبارت «روحْ خود با روحِ ما شـهادت می‌دهد» را بسیار دوست دارم. روح‌القدس با شهادت دادنْ به راستی، روایت‌های نادرسـت ما را تغییر می‌دهد. دو رابطۀ بسـیار مهم، رابطۀ ما با عیسـی به‌عنوان خداوند (در یونانـی kyrios)، و رابطۀ ما با خدا به‌عنوان پدر (اَبّا در زبان آرامی که عیسی به آن سخن می‌گفت، یعنی "بابا") است. ما فقط به‌واسـطۀ کار روح‌القدس که این روایت‌های راستین را به ما می‌بخشد، می‌توانیم عیسی را به‌عنوان خداوند خود و خدا را به‌عنوان "بابا"ی خود بشناسیم.

روح‌القـــدس و تربیت نَفْس: وقتی ما خود را وقف تمرینات روحانی می‌کنیـــم، روح‌القدس می‌آید و در کنار ما، در درون ما و گرداگرد ما قرار می‌گیرد. اگر به‌خاطر کار روح‌القـــدس نبود، هیچ‌یک از تمرینات تربیت نَفْس، نتیجه‌ای نمی‌داشـــت. وقتی کتاب‌مقدس را بازمی‌کنیم و به آرامی شروع به خواندن و شنیدن کلام خدا می‌کنیم، روح‌القدس است که افکار مـــا را منوّر می‌کند و کلامی مســـتقیم از خدا به ما می‌بخشـــد. حتی دعا نیز که ما اغلب فکر می‌کنیم خودمان آغازگر آن هســـتیم از روح‌القدس ناشی می‌شود: «و روح نیز در ضعف ما به یاری‌مان می‌آید، زیرا نمی‌دانیم چگونه باید دعا کنیم. اما روح با ناله‌هایی بیان‌ناشـــدنی، برای ما شفاعت می‌کند» (رومیـــان ۸:۲۶). وقتی دعا می‌کنیم، به تنهایـــی دعا نمی‌کنیم. روح‌القدس با ظرافت ما را به دعا برمی‌انگیزد و پیش از ما و با ما و برای ما دعا می‌کند.

وقتی سکوت می‌کنیم و یا به خلوت می‌رویم، وقتی به انجام خدمتی مشغول می‌شویم و یا زندگی ســـاده و بی‌آلایش را در پی می‌گیریم، این روح‌القدس اســـت که ما را یاری می‌دهد و تشـــویق می‌کند. وقتی موقع انجـــام تمرینات در دفترچه‌مان در حین دعا و تأمل چیز تازه‌ای کشـــف می‌کنیم یا نسبت به آن هشیار می‌شویم، باز هم این روح‌القدس است که در گوش ما واقعیت‌هایی را که موجب تبدیل ما می‌شـــود، نجوا می‌کند. شـــناختن صدای روح‌القدس چندان هم ساده نیســـت، اما هرچه بیشتر به‌واســـطۀ انجام تمرینات تربیت نَفْس، خود را به خدا تســـلیم می‌کنیم، توانایی شـــنیدن‌مان افزایش می‌یابد. با این حـــال، اگر به‌خاطر حضور و کار روح‌القدس نبود، انجام تمامی این تمرینات و فعالیت‌ها ثمری به بار نمی‌آوَرد.

روح‌القـــدس و جامعۀ ایمانی: روح‌القدس همچون رهبر ارکســـتر، زندگی مشـــارکتیِ دعا و پرستش و شکرگزاری ما را سازماندهی و تنظیم می‌کند. اما برخلاف رهبری انسانی، روح‌القدس به هر یک از ما عطایا و فیضی برای استفاده به جهت منفعت همگان ارزانی می‌دارد (نگاه کنید به ۱قرنتیان باب ۱۲). وقتی به موعظه‌ای گوش می‌دهیم که قلب‌مان را لمس

می‌کند، روح‌القدس است که نه تنها به واعظ الهام می‌بخشد، بلکه دل ما را نیز نرم و گوش‌مان را باز می‌کند.

در کتاب اعمال رسولان، در حالی که جامعهٔ مسیحی اولیه زندگی جمعی و شراکت در خدمت به عیسی را می‌آموزد، حضور روح‌القدس را در همهٔ داستان‌ها می‌بینیم. یکی از داستان‌های مورد علاقهٔ من، اعمال باب ۱۳ آیات ۲ و ۳ است، یعنی زمانی که روح‌القدس جمع شاگردان را برانگیخت تا برنابا و پولس را برای خدمت بفرستند: «هنگامی که ایشان در عبادت خداوند و روزه به‌سر می‌بردند، روح‌القدس گفت: "برنابا و سولس را برای من جدا سازید، به جهت کاری که ایشان را بدان فرا خوانده‌ام." آنگاه، پس از روزه و دعا، دست بر آن دو نهاده، ایشان را روانهٔ سفر کردند.» اگر به متن توجه کنید، متوجه می‌شوید که آنها با هم (در جمع) در عبادت و روزه به‌سر می‌بردند (در انضباط‌های روحانی مشغول بودند)، که روح‌القدس با ایشان صحبت کرد. روح‌القدس می‌توانست به‌طور مستقیم با هر یک از آنها صحبت کند، اما در عوض، تصمیم گرفت که با جمع آنها سخن بگوید. آنگاه آنها بر برنابا و پولس دست نهاده، ایشان را روانهٔ سفر کردند.

به نظر شما، تأثیر متقابل روح‌القدس با سه جزء دیگر تغییر چیست؟

وقتی ما در رفاقت و مشارکت مسیحی با هم جمع می‌شویم، باز هم روح‌القدس به‌شکلی نامحسوس با این قصد که محبت ما به عیسی و خدا را عمق بیشتری ببخشد، فعال است. زمانی که جمعی را در خواندن این مطالب هدایت می‌کردم، احساس کردم که روح‌القدس مرا برمی‌انگیزد تا مکث کنم و پانزده دقیقهٔ باقیمانده را صرف دعا در گروه‌های کوچک سه نفره کنیم. افراد را تشویق کردم به اینکه دربارهٔ مواردی که می‌خواهند برای‌شان دعا شود، کمی توضیح دهند و بعد چند دقیقه به دعا برای موضوعات مشخص بپردازند. دیری نگذشت که به اطراف نگاه کردم و

دیدم که افراد گریه می‌کنند. پانــزده هفته بود که ما با هم بودیم، اما فقط زمانی که قلب خود را برای یکدیگر بازکردیم و اجازه دادیم روح‌القدس ما را هدایت کند، تبدیل به جمعی واقعی و صمیمی شدیم.

تغییر و تحول: ثمرۀ روح‌القدس

آنچــه کریگ در فــرودگاه آتلانتا از خود نشــان داد چیزی نبود جز ثمرۀ روح‌القدس. پولس رســول فهرستی از سجایایی را که در نتیجۀ کار روح‌القدس وارد قلب ما می‌شــود، ارائه می‌کند: «اما ثمرۀ روح، محبت، شادی، آرامش، صبر، مهربانی، نیکویی، وفاداری، فروتنی و خویشتنداری اســت» (غلاطیان ۵:۲۲و۲۳). ما نمی‌توانیم با دندان‌ساییدن صبر به‌دست آوریم یا با بســیج کردن اراده‌مان، مهربان شویم. ما نمی‌توانیم با تلاش و تقلای خود سخاوتمند شویم. این "ثمره"، کار روح‌القدس است. درست مثــل میوۀ درخت، این ثمره هم به‌طور طبیعی از درون به بیرون نشــو و نما می‌یابد.

وقتی روح‌القــدس روایت‌های ما را به قدر کافــی تغییر داد، کم‌کم به‌گونه‌ای متفاوت فکر می‌کنیم. در نتیجه شروع می‌کنیم به ایمان داشتن و اعتماد کردن به خدای نیکو و پرمحبتی که نیرومند و قدرتمند اســت. شروع می‌کنیم به دیدن اینکه چگونه عیسی زندگی کاملی را که ما از پَسِ آن برنمی‌آییم، زندگی کرد، و با تقدیم آن به خدا از جانب ما، ما را از لزوم کسب محبت و خشنودی خدا آزاد کرد. و در حینی که به انجام تمرینات تربیــت نَفْس می‌پردازیم - مخصوصاً وقتی ایــن تمرینات را در جمعی مســیحی انجام می‌دهیم - اعتماد ما به اینکه خدا در ما و در میان ما عمل می‌کنــد، افزایش می‌یابد. این تغییری درونی در ما پدید می‌آورد که ثمرۀ آن در رفتارهای بیرونی ما نمایانگر می‌شود.

حال، وقتی با تأخیر زمان پرواز در فرودگاه مواجه می‌شویم، می‌توانیم نفسی عمیق بکشیم و به‌یاد آوریم کِه هستیم. مثل کریگ، ما هم می‌توانیم در این آزمایش‌ها، با محبت و خوشی و آرامش و صبر و مهربانی، تحمل کنیم.

بیایید و ببینید

من شرح داستانی را که در آن عیسی برای اولین بار دو تن از شاگردان خود را می‌بیند، بسیار دوست دارم. آن دو در واقع شاگردان یحیای تعمیددهنده بودند، اما یحیی تشویق‌شان می‌کند از پی عیسی بروند. وقتی عیسی متوجه می‌شود که آنها از پی‌اش می‌آیند، می‌ایستد و از آنها می‌پرسد: «"چه می‌خواهید؟" گفتند: "رَبّی (یعنی ای استاد)، کجا منزل داری؟" پاسخ داد: "بیایید و ببینید." پس رفتند و دیدند کجا منزل دارد و آن روز را با او به‌سر بردند» (یوحنا ۱:۳۸و۳۹).

عیسی به سادگی می‌پرسد که چه می‌خواهند. این سؤال بسیار مهمی است که باید به دفعات از خود بپرسیم. شما واقعاً چه می‌خواهید؟ آنچه ما واقعاً مشتاقش هستیم و بیش از هر چیز دیگر بدان علاقه‌مندیم، تعیین می‌کند که زندگی‌مان را چگونه برنامه‌ریزی می‌کنیم.

به پاسخ عجیب و غیرمنطقی آن دو به پرسش سادهٔ عیسی توجه کنید: «رَبّی، کجا منزل داری؟.» با این‌حال، عیسی از قلب آنها خبر دارد. آنها از پی او می‌روند زیرا مشتاقند زندگی خوب و زیبایی داشته باشند و امیدوارند که عیسی آنها را بدان هدایت کند. عیسی به آنها پاسخی ساده و در عین حال بسیار عمیق می‌دهد: «بیایید و ببینید.» او به هر دو سؤال آنها پاسخ می‌دهد، هم به اینکه کجا منزل دارد، و هم به آنچه آنها بیش از هر چیز در جستجویش بودند. عیسی می‌داند که اگر آنها از پی او بروند، به آنچه حقیقتاً در زندگی می‌جویند، خواهند رسید.

عیسی تو را خوانده تا یکی از شاگردان او باشی. من این را می‌دانم چون شما این کتاب را می‌خوانید. روح‌القدس شما را از راه اشتیاق‌تان به داشتن زندگی عمیق‌تر، ایمان اصیل‌تر و امیدی مطمئن‌تر به خدایی که عیسی او را می‌شناسد، تا بدینجا رسانده است. عیسی شما را دعوت کرده تا یکی از شاگردان او بشوید. این به‌خاطر توانایی یا مهارت شما نیست، بلکه به این خاطر است که او می‌داند اگر شما بیاموزید مثل او فکر و عمل کنید، آنگاه می‌توانید زندگی شگفت‌انگیزی داشته باشید. شاید کوه‌ها را

جابه‌جا نکنید و روی آب راه نروید، اما مطمئنم کم‌کم می‌توانید بیاموزید که چگونه صبور و مهربان باشید، چگونه کسانی را که به شما آسیب رسانده‌اند، ببخشید و چگونه برای دشمنان‌تان دعا و طلب برکت کنید. این هم درست به اندازهٔ راه رفتن بر آب، اعجاب‌آور و معجزه‌آساست.

باشد که عاشق آن خدایی شوید که عیسی می‌شناسد.

پرورش روح

خواب

امروزه، دشمن شمارهٔ یک شکل‌گیری روحانیِ شخص مسیحی، خستگی است. ما هم از نظر مالی و هم از نظر جسمی، فراتر از توانمان صرف می‌کنیم. در نتیجه، نسبت به خواب (استراحت) که یکی از اساسی‌ترین فعالیت‌ها (یا ضدفعالیت‌های) زندگی بشری است، بی‌توجهیم. بنا بر تحقیقات بی‌شمار، یک فرد عادی برای حفظ سلامت خود نیاز به ۸ ساعت خواب در طول شبانه‌روز دارد. این گویای آن است که خدا ما انسان‌ها را طوری طراحی کرده که یک‌سوم از زندگی‌مان را در خواب بگذرانیم. این فکر بسیار حیرت‌انگیز است. ما ساخته شده‌ایم که قسمت بزرگی از زندگی‌مان را بی‌کار در انفعال بگذرانیم. اگر در این امر قصور ورزیم، به سلامت خود آسیب رسانده، انرژی‌مان را از دست خواهیم داد و ثمربخشی‌مان کاهش خواهد یافت. فقدان و کمبود خواب ما، اغلب به دیگران هم صدمه می‌زند. تعداد کسانی که به‌وسیلهٔ رانندگان خواب‌آلوده کشته می‌شوند، از تعداد کسانی که به‌وسیلهٔ رانندگان مست کشته می‌شوند، بیشتر است.

دکتر سیانگ-یانگ تَن (Siang-Yang Tan) در کتاب بی‌نظیر خود تحت عنوان "استراحت" (Rest)، یکی از گفته‌های آرچ هارت (Arch Hart) را نقل‌قول کرده، می‌نویسد: «امروزه ما بیش از هر وقت دیگری در تاریخ نیاز به استراحت داریم.» دکتر تَن در ادامه، در کتاب خود نشان می‌دهد که چگونه در سال ۱۸۵۰ یک فرد متوسط آمریکایی شبی ۹٫۵ ساعت می‌خوابید. امروزه، یک فرد متوسط آمریکایی کمتر از ۷ ساعت در شب می‌خوابد. میزان خواب ما از میزان خواب لازم کمتر شده و در نتیجه در سطوح متعددی رنج می‌بریم. بنا بر نظرسنجی "بنیاد خواب ملی"، ۴۹ درصد بزرگسالان آمریکایی مشکلاتی در رابطه با خواب دارند و از

هر شش نفر یک نفر از بی‌خوابی مزمن رنج می‌برد. دوستی دارم که دکتر است. او به من می‌گفت که اکثر نسخه‌های مکرری که برای مریضان خود می‌نویسد، در رابطه با مشکلات مربوط به خواب آنها است.

بر خلاف این، "انجمن ملی سلامت فکر" پژوهشی انجام داد که طی آن به شرکت‌کنندگان اجازه داده شد هر شب «تا جایی که می‌توانند، بخوابند.» به‌طور متوسط، هر یک از آنها شبی ۸٫۵ ساعت خوابیدند. کسانی که در این تحقیق شرکت کردند، می‌گفتند که خوشحال‌ترند، کمتر احساس خستگی می‌کنند و از خلاقیت، انرژی و ثمردهی بیشتری برخوردارند. خدا ما را ساخته تا ناظران بدن، فکر و جان خود باشیم. باید با مراقبت از بدن‌هایمان شروع کنیم و از قرار معلوم برای این کار باید شبی هفت تا هشت ساعت بخوابیم. غفلت در این کار منجر به خستگی و در نتیجه ضعف و قصور در عرصه‌های دیگر زندگی خواهد شد.

اما اینها با شکل‌گیری روحانی مسیحی چه ارتباطی دارند؟ انسان صرفاً روحی نیست که در بدن مسکن گزیده باشد. روح و بدن ما با هم و متحدند. اگر بدن ما سختی بکشد، روحمان نیز سختی خواهد کشید. ما نمی‌توانیم در تلاش برای رشد روحانی، بدنمان را نادیده بگیریم. در حقیقت، نادیده گرفتن و کم‌اهمیت شمردن بدن، مانع رشد روحانی شده، آن را به تأخیر می‌اندازد. هر چه در زندگی انجام می‌دهیم، من‌جمله تمریناتی برای شکل‌گیری روحانی، همه را در بدنمان و با بدنمان انجام می‌دهیم. اگر بدن ما به اندازهٔ کافی استراحت نکند، قوایمان تحلیل می‌رود و توانایی دعا، خواندن کتاب‌مقدس، خلوت گزیدن و یا حفظ کردن آیات هم به حداقل می‌رسد.

موضوع اصلی این فصل در واقع نشان دادن این امر است که چگونه شکل‌گیری روحانی ترکیبی است از آنچه ما می‌کنیم و آنچه خدا انجام می‌دهد. ما باید خودمان دست به عمل بزنیم اما با اتکا به خدایی که ملزومات تغییر را فراهم می‌کند. به‌قول معروف «از ما حرکت، از خدا برکت.» خواب، نمونه‌ای خوب از ترکیب انضباط و فیض است. شما نمی‌توانید کاری کنید که خوابتان ببرد. و نمی‌توانید بدنتان را مجبور

کنید بخوابد. خواب در واقع چیزی نیست جز تسلیم شدن و اعلام و ابراز اعتماد. با خوابیدن ما می‌پذیریم که خدا نیستیم (چرا که او هرگز نمی‌خوابد)، و این خبر خوشی است. ما نمی‌توانیم خودمان را خواب کنیم اما می‌توانیم شرایط لازم برای خوابیدن را فراهم کنیم.

چنانکه پیشتر تأکید کردم، انضباط‌های روحانی ما را مستحق گرفتن چیزی از خدا نمی‌کنند بلکه تمرینات حکیمانه‌ای هستند که خدا طی آن ما را تعلیم می‌دهد، تربیت می‌کند و شفا می‌بخشد. با این تمرین شروع کنید و طی مدتی که روی مطالب این کتاب کار می‌کنید (و امیدوارم تا آخر عمرتان این کار را انجام دهید)، به تمرین ادامه دهید. در زندگی هیچ‌وقت به نقطه‌ای نمی‌رسید که دیگر به خواب کافی نیاز نداشته باشید.

انضباط خواب

حداقل یک روز در این هفته آن‌قدر بخوابید که دیگر بیش از آن خوابتان نبرد. روزی را انتخاب کنید که بتوانید تا دیروقت بخوابید. هدف‌تان این باشد که بخوابید یا در بستر بمانید تا وقتی که بتوانید بگویید، کاملاً استراحت کرده‌ام و خستگی از تنم بیرون آمده و دیگر نیاز ندارم که حتی یک دقیقه دیگر بخوابم یا در بستر بمانم. شاید برای این کار لازم باشد با اعضای خانواده که به کمک شما نیاز دارند، هماهنگی کنید.

اگر قادر به انجام این تمرین نیستید، تمرین دیگری را امتحان کنید: هدف‌تان این باشد که حداقل در سه شب از این هفته، هفت ساعت بخوابید. ممکن است برای رسیدن به این هدف لازم باشد زودتر از معمول به بستر بروید. نکات زیر رهنمودهایی است که به شما در خواب رفتن کمک می‌کنند:

۱. هر شب سر ساعت مشخص بخوابید.

۲. سعی کنید که درست قبل از خواب، به فعالیت‌های تنش‌زا (مثل تماشا کردن تلویزیون یا کار با کامپیوتر) نپردازید.

۳. از ابتدای شب از مصرف مواد محرک (کافئین، یا غذاهای پرادویه و تند) پرهیز کنید.

۴. خودتان را مجبور به خوابیدن نکنید. اگر احساس خواب‌آلودگی نمی‌کنید، کتاب بخوانید، روی یکی از مزامیر تفکر کنید، به موسیقی ملایم گوش دهید، یا اینکه بلند شوید و از پنجره به بیرون چشم بدوزید تا وقتی که خوابتان بگیرد و آن وقت به بستر برگردید. تا زمانی که بدن شما آمادهٔ خواب نباشد، لولیدن و غلت زدن به خواب رفتن‌تان کمک نخواهد کرد.

۵. اگر وسط شب بیدار شدید، از جا بلند نشوید، در بستر بمانید و به بدن‌تان مهلت دهید تا دوباره به خواب برگردد.

حتی با رعایت این نکات، باز هم ممکن است برای داشتن خواب کافی دچار مشکل شوید. اگر چنین بود، شاید بد نباشد با دکترتان مشورت کنید و ببینید که آیا این موضوع دلیل پزشکی دارد یا نه. همچنین می‌توانید برای گرفتن سایر مشورت‌ها، پیش متخصص خواب بروید یا شاید هم بتوانید به مشاور مراجعه کنید تا ببینید که آیا مشکل احساسی خاصی است که مانع خوابیدن شما می‌شود یا نه.

برای تأمل

صرف‌نظر از اینکه این مطالب را با دیگران می‌خوانید یا در تنهایی، پرسش‌های زیر به شما در تأمل و تفکر در مورد تجربه‌تان کمک خواهند کرد. در هر حال، شاید ایدهٔ بدی نباشد که در دفترچه‌تان به این پرسش‌ها پاسخ دهید. اگر با گروهی جمع می‌شوید، دفترچهٔ یادداشت را همراه خود ببرید تا به شما در به یاد آوردن تجارب‌تان کمک کند و بتوانید آنها را با دیگران در میان بگذارید.

۱. آیا توانستید در طول این هفته، برخی از تمرینات مربوطه را انجام دهید؟ اگر توانستید، توضیح دهید که چه کردید و در مورد آن چه احساسی داشتید؟

۲. با انجام این تمرینات، چه چیز تازه‌ای در رابطه با خدا یا خودتان یاد گرفتید؟ توضیح دهید.

فصل دوم

خدا نیکوست

به یاد دارم روزی را که برای اولین بار دعوت شده بودم تا در کلیسایی موعظه کنم. طی پرستش برای اولین بار دیدم که رهبر پرستش چیزی را با فریاد اعلام می‌کند و جماعت در جواب، با صدای بلند پاسخ می‌دهند. شبان کلیسا که احساس کرد ممکن است این روش برای من تازگی داشته باشد، بعد از معرفی من به جماعت گفت: «برای اینکه میهمان‌مان را آماده کنیم تا ببیند ما در این کلیسا چگونه پرستش می‌کنیم، بیایید یکی از شعارهای هفتگی‌مان را با هم و به‌طور متناوب اعلام کنیم. سپس به او نیز فرصت دهیم این روش را امتحان کند تا قلبش برای موعظه حاضر شود.»

سپس مکثی کرد و بعد با صدای بلند گفت: «خدا نیکوست!» و جماعت در پاسخ فریاد زدند: «همیشه!» و بعد باز فریاد زد: «همیشه ...» و جماعت با فریادی بلندتر جملهٔ او را تمام کرده، گفتند: «خدا نیکوست!» سپس گفت: «حالا جیم ما را هدایت می‌کند.» آنگاه به میکروفون اشاره کرد و من که اصلاً عادت نداشتم فریاد بزنم یا اینکه کسی سرم فریاد بزند، مثل موش با صدای آرام گفتم: «خدا نیکوست.» جماعت برای تحریک و تشویق من، با فریادی بلند پاسخ دادند: «همیشه!» نمی‌دانم با روح‌القدس پر شدم و یا اینکه آدرنالینم ترشح کرد و یا در نتیجهٔ هر دوی آنها، فریاد زدم: «همیشه!» و جماعت هوار کشیدند: «خدا نیکوست!»

در آن روزها برایم آسان بود فریاد بزنم «خدا نیکوست!» چرا که تا آن موقع در زندگی چیزی جز موفقیت و برکت تجربه نکرده بودم. اصلاً برایم مشکل نبود به کسی بگویم ایمان دارم که خدا به‌راستی و تماماً نیکوست. برای این گفته شواهد زیادی در زندگی داشتم: خانواده‌ای

مهربان، سلامتی، همسری خوب و زیبا، پسری سالم و جوان، شغلی عالی. دوازده سال پیش از آن به مسیح ایمان آورده بودم و از همان لحظه به بعد خدا به‌وضوح در زندگی‌ام عمل کرده بود. آن روز یکشنبه، فریاد زدن و گفتن اینکه خدا نیکوست، برایم بسیار آسان و طبیعی بود. اما اینها همه در شرف تغییر بود.

«گناه از کیست؟»

خبری که شنیدیم بسیار تکان‌دهنده و غیرمنتظره بود. دکترها به من و همسرم گفتند که دختر ۸ ماههٔ ما که هنوز در رَحِم همسرم بود، اختلال کروموزومی داشت و به احتمال زیاد حین تولد می‌مرد. ما با پریشانی و چشمانی پر از اشک به خانه بازگشتیم. دکترها به‌قدری خشک و بی‌احساس این خبر بد را به ما دادند که می‌خواستم محکم یقهٔ آنها را بگیرم و بگویم: «ببخشید، شما دارید دربارهٔ دختر ما حرف می‌زنید نه یک اختلال پزشکی!» تا آن لحظه، هرگز چیز بدی در زندگی‌ام اتفاق نیفتاده بود. اما حالا با یکی از بدترین مشکلات زندگی مواجه بودم، یعنی برخورد با مرگ فرزندی که منتظر تولدش بودم. چگونه انسان می‌تواند از شنیدن چنین خبری جان به در برد؟ چگونه شما می‌توانید از مرحلهٔ رنگ زدن دیوار اتاق نوزادتان وارد مرحلهٔ برنامه‌ریزی برای کفن و دفن او شوید؟ چگونه شخص مسیحی که به نیکویی خدا ایمان دارد به موضوعی چنین اسفناک و اندوهگین واکنش نشان می‌دهد؟

بعد از مدتی بالاخره معلوم شد که دکترها در تشخیص‌شان اشتباه کرده بودند. دختر ما اختلال کروموزومی داشت اما نه از آن نوع که به مرگ فوری او بینجامد. مادلن (Madeline) (اتفاقاً مادلن به معنی "قلعهٔ محکم و مستحکم" است) کوچک ما بعد از تولد زنده ماند اما وزنش خیلی کم بود، نارسایی قلبی داشت، ناشنوا بود و نمی‌توانست غذا بخورد. در آن وقت پزشکان متخصص به ما گفتند که او بیشتر از یکی دو سال عمر نخواهد کرد. در طول آن مدت، مثل این بود که یک نفر مرتب به شکم من و همسرم لگد می‌زد. انگار مشکلات‌مان تمامی نداشت. یک روز،

کشیشـی که سال‌ها او را می‌شـناختم، برای اینکه به من دلداری بدهد، من را برای ناهار دعوت کرد. وقتی داشـتم سالاد می‌خوردم، ناگهان از من سـؤال کرد: «جیم، گناه از کی بود؟ تو یا خانمت؟» گفتم: «ببخشید، منظورتان چیست؟» گفت: «خوب، بالاخره یکی یا هر دوی شما حتماً در مقطعی گناه کرده‌اید که چنین نتیجه‌ای به بار آورده.»

با خودم شروع کردم به فکر کردن دربارهٔ چیزهای بدی که در زندگی انجـام داده بودم، و گیج بـودم از اینکه کدام‌یک از آنهـا خدا را آن‌قدر عصبانی کرده که چنین بچهٔ بیماری به ما داده است. از خودم می‌پرسیدم: آیا ممکن است حق با این کشیش باشد؟ به‌یاد گناهان زیاد و نسبتاً بزرگی که مرتکب شـده بودم افتادم، اما هیچ چیـز غیرقانونی و یا غیراخلاقی آن‌چنانی به یادم نیامد که مستحق این باشد که یک بچه قصاصش را پس بدهد. بعد با خودم فکر کردم: شـاید همسـرم گناهی کرده! آن کشیش گفت که یکی یا هر دوی ما! شـاید همسـرم کار بـدی کرده. یعنی چه کار کرده؟ بعدازظهر آن روز، فکرم مغشـوش بود و پر از افکاری آمیخته از پشـیمانی، غصه، عصبانیت و شک و سـوءظن. هرچه بیشتر در این مسـیر فکر می‌کردم، مثل این بود که انگار تولد مادلن نتیجهٔ تأسـف‌بار و غم‌انگیز معادلهٔ علت و معلولی اسـت. یا خدا داشت حساب‌هایش را تصفیه می‌کرد و یا اینکه دلیلی در پَس کارهایش داشت. و زیر سؤال بردن یا قضاوت دربارهٔ صحت و درسـتی کارهـای خدا، مثل این بود که گناه دیگری هم به لیست گناهان قبلی‌مان اضافه می‌شد.

آیا هرگز تجربه‌ای داشـته‌اید که باعث شـده باشد نسبت به نیکویی خدا شک کنید؟ اگر پاسخ‌تان مثبت است، توضیح دهید که ماجرا چه بوده و شما در آن وقت چه احساسی داشتید.

مادلـن فقط دو سـال زندگی کـرد، و بالاخره بـدن کوچکش از مبارزه بازایسـتاد. در آن دو سـال، و حتی تا یک سـال بعد از مرگ او،

مـــردم حرف‌های بد، توهین‌آمیز و جاهلانهٔ زیادی به ما می‌زدند. شـــب قبل از خاکســـپاری مادلن، زنی به همسرم گفت: «عیب نداره عزیزم، باز هم بچه‌دار می‌شـــی.» بیش از هر چیـــز از اظهارنظرهای الاهیاتی مردمی که می‌خواســـتند توضیح بدهند قصد خدا از همـــهٔ اینها چه بوده، اذیت می‌شدم. بسیاری می‌گفتند: «مطمئنم که خدا دلیلی برای این کار داشته.» یکی می‌گفت: «فکر می‌کنم خدا می‌خواســـته مادلن را به بهشـــت ببره تا اینکه اینجا نگـــه داره.» دیگری می‌گفت: «بعضـــی وقتها بچه‌ها این‌قدر خوبند که حق‌شون نیســـت توی این دنیا باشـــند.» خدایی که آنها از او صبحت می‌کردند، خیلی بدجنس و کوچک بود. انگار آنها می‌خواستند یا مجبور بودند باور کنند که در پَس همهٔ اینها طرحی الاهی وجود دارد، اما این طرح، خدایی را به تصویر می‌کشید که بیشتر به فکر خودش بود تا به فکر من. حرف‌های این مسیحیان، من را بیشتر به این باور سوق می‌داد که خدا، بی‌رحم و سنگدل، دمدمی‌مزاج و خودخواه است.

در یادداشـــت‌های جـــورج فاکـــس (George Fox)، بنیانگذار نهضت کوِیکر (Quaker)، می‌خوانیم که روزی کنار نهر آبی نشسته بود و احساس کرد روح‌القدس این کلمات را در گوشـــش زمزمـــه می‌کند: «تنها و تنها عیســـی است که می‌تواند دربارهٔ وضعیت و شـــرایط تو اظهار نظر کند.» من ایمان دارم که نه تنها عیســـی می‌توانـــد دربارهٔ وضعیت ما اظهار نظر و صحبت کنـــد، بلکه او این کار را می‌کنـــد. "وضعیت" من واضح بود. من –و همســـرم– پیروان وفادار (البته ناکامل) عیسی بودیم و با یکی از دردناکترین تجارب بشـــری، یعنی خاکسپاری دخترمان، روبه‌رو بودیم. من آموخته‌ام که وقتی موقع آن می‌شود که دربارهٔ خدا روایت درستی را انتخاب کنم، از خودم بپرسم: آیا این نحوهٔ برداشت از خدا، با آن خدایی که عیسی او را مکشوف کرد، سازگار است؟ عیسی دربارهٔ وضعیتی که ما از آن می‌گذشتیم، چه نظری داشت؟ آیا او هم مثل آن کشیشی که دوست من بود، به این نتیجه می‌رســـید که آنچه بر سر دخترمان آمد، پیامد گناه ما بود؟

به نظر شـــما چرا نویســـنده اعتقاد دارد که بسیار مهم است که ایمان ما به خدا باید با ایمان عیســـی به خدا، سازگار باشد؟ آیا با او موافقید؟

روایتی قدیمی: خدای غضبناک

آن کشیشی که از من پرسید «گناه از چه کسی بود؟»، به روایتی اعتقاد داشت که هزاران سال است در اطراف ما وجود دارد. تقریباً همهٔ مذاهب باستانی بر این روایت بنا شده‌اند که می‌گوید ما باید کاری انجام دهیم تا برکات خدایان شامل حال‌مان شود، وگرنه، اگر خدایان را به خشم آوریم، بی‌شک مورد تنبیه قرار خواهیم گرفت. این روایت را می‌توانیم این‌طور هم خلاصه کنیم: «خدا داوری اســـت غضبناک. اگر کارهای خوب انجام دهید، برکت‌تان می‌دهد ولی اگر گناه کنید، مجازات‌تان خواهد کرد.»

این روایت، نه تنها در بســـیاری از مذاهب بدوی یافت می‌شد، بلکه به نظر می‌رســـد که در عهدعتیق نیز وجود داشت. در خروج ۲۰:۵، این هشـــدار را در مورد بت‌ها می‌خوانیم: «در برابر آنها سَجده مکن و آنها را عبادت منما؛ زیرا من، یهوه خدای تو، خدایی غیورم که جزای تقصیرات پدران را به فرزندان و پشـــت ســـوم و چهارم آنها که مـــرا نفرت کنند، می‌رســـانم.» در زمان عیسی، معلمین یهود این را به مردم تعلیم می‌دادند و این روایتی غالب در میان همنشـــینان عیســـی بود. عالِم کتاب‌مقدس، ریموند براون (Reymond Brown) چنین می‌نویسد: «معلمین یهود از خدایی حرف می‌زدند که مردم را "از روی محبتش تنبیه می‌کرد". منظور این بود که اگر کسی تأدیب خدا را با آغوشـــی باز می‌پذیرفت و تحمل می‌کرد، عمری طولانی و پاداشی بزرگ نصیبش می‌شد.»

علی‌رغم اینکه این روایت ریشـــه در یهودیت باســـتان دارد، اما در میان مســـیحیان امروزی نیز پذیرفته شده است. کمی پس از فاجعهٔ یازده سپتامبر، دو تن از محبوب‌ترین شخصیت‌های تلویزیونی مسیحی اعلام کردند که خدا ایـــالات متحده، مخصوصاً نیویـــورک را برای گناهانش

تنبیه کرده اسـت. گویا خدای عیسی به‌قدری از همجنس‌بازان، رقاصان برهنه، قماربازان و فروشـندگان مواد مخدر بیزار شده که در دل دسته‌ای از غیرمسیحیان انداخته که از طرف او، هواپیماهای‌شان را به ساختمان‌ها بزنند.

«خدا داوری اسـت غضبناک. اگر کارهای خـوب انجام دهید، برکت‌تـان می‌دهد ولی اگر گناه کنید، تنبیه‌تان خواهد کرد.» آیا با این گفته موافقید؟ دلیل موافقت یا عدم موافقت‌تان با آن چیست؟

مسیحیان بسـیاری این روایت را باور دارند. در واقع این رایج‌ترین روایت دربارهٔ خدا در میان مسـیحیان اسـت. بنا بر تحقیقی که توسط دانشـگاه بِیلور انجام شده، اکثر مسیحیان سنتی دربارهٔ خدا این‌طور فکر می‌کنند. قریب به ۳۷ درصد از مسـیحیان اعتقاد دارند که خدا «هم اهل قضاوت و هم بسـیار درگیر در امور انسانی است.» درست مثل داوری الاهـی، خدا ما را از نزدیک زیر نظر دارد و مترصد اسـت که ما را حتی برای تخلفات جزئی‌مان، مجازات کند.

آیا تا به‌حال بـا خودتان فکر کرده‌اید که بـرای یک گناه خاصی که مرتکب شده‌اید، خدا کِی و چگونه تنبیه‌تان خواهد کرد؟ یا آیا تا به حال برای‌تان چیز بدی اتفاق افتاده و با شـگفتی فکر کرده‌اید که چه کار بدی مرتکب شـده‌اید که مسـتحق چنین مجازاتی باشد؟ لطفاً توضیح دهید.

باید اعتراف کنم که خود من سال‌ها این روایت را باور داشتم. هر وقت کار خیلـی خوبی انجام می‌دادم، مثلاً برای مدتی طولانی دعا می‌کردم یا یک روزم را صرف خدمات اجتماعی می‌کردم، با خودم می‌گفتم: خدا در ازای کارهای خوبم چه برکتی به من خواهد داد؟ برعکس، هر وقت کار

بدی می‌کردم، مثلاً به دوستم دروغ می‌گفتم یا از کلیسا درمی‌رفتم تا گُلف بازی کنم، یواشکی پیش خودم فکر می‌کردم که خدا کِی و چطور من را تنبیه خواهد کرد. اما وقتی با بیماری مادرزادی دخترم و اوضاع مربوط به آن مواجه شـــدم، ناگزیر بودم با این روایت مقابله کنم. به‌طور قطع مادلن کوچولوی ما گناه نکرده بود و مســـبب این بیماری نبـــود. و تازه من یا همســـرم چه گناهی کرده بودیم که باعث شده بود خدا در ازای آن، یک بچهٔ کوچک را مجبور کند این‌طور عذاب بکشد؟ وضعیتی که از آن عبور می‌کردیم، باعث شـــد به‌طور عمیق و جدی تفکر و نگرشی را که دربارهٔ خدا داشتم، بررســـی کنم. به همین‌خاطر، مستقیم سراغ بهترین کسی که دربارهٔ خدا داستان می‌گفت، رفتم و تمام توجهم را متوجه عیسی کردم.

روایت عیسی

عیسی با شهامتِ تمام اعلام می‌کرد که پدر آسمانی‌اش نیکوست، و هیچ‌کس به خوبی او نیست: «تنها یکی هست که نیکوست» (متی ۱۷:۱۹). او در داســـتان‌هایش خدایی را توصیف می‌کند که به نظر تماماً نیکوست و همیشـــه در پی خوبی ماســـت، حتی اگر نتوانیم آن را درک کنیم. پس این روایتی که می‌گوید خدا افراد بد را تنبیه می‌کند، چه می‌شـــود؟ در دو واقعهٔ مختلف، این سؤال از عیسی پرسیده شد. اولین مورد، هنگامی بود که از او خواستند تا در مورد دو حادثهٔ وحشتناک، که یکی مسببش ظلم و سنگدلی انسانی و دیگری سانحه‌ای طبیعی بود، توضیح دهد.

در همان زمان، شماری از حاضران، از جلیلیانی با عیسی سخن گفتند که پیلاتُس خونشـــان را با خون قربانی‌هایشان درهم آمیخته بود. عیسی در پاســـخ گفت: «آیا چون آن جلیلیان به چنین روز دچار شـــدند، گمان می‌کنید از بقیهٔ اهالی جلیل گناهکارتر بودند؟ به شـــما می‌گویم که چنین نیست. بلکه اگر توبه نکنید، شـــما نیز جملگی هلاک خواهید شد. و آیا گمان می‌کنید آن هجده تن که برج ســـیلوآم بر آنها افتاد و مردند، از دیگر ساکنان اورشلیم خطاکارتر بودند؟ به شما می‌گویم که چنین نیست. بلکه اگر توبه نکنید، شما نیز جملگی هلاک خواهید شد.» (لوقا ۱۳:۱-۵)

در این پرسـش، طنین این روایت که "خدا، خدایی است تنبیه‌کننده"، به گوش می‌رسد. آیا آنها رنج کشیدند چون از دیگران گناهکارتر بودند؟ عیسی صریحاً می‌گوید نه. او این طرز فکر را رد می‌کند. اگر کوچکترین همبستگی و ارتباطی بین گناه و تنبیه می‌بود، او می‌توانست به آسانی پاسخ مثبت بدهد. او از این مصیبت نه برای شرح مجازات مردم به‌دست خدا، بلکه برای یادآوری این نکته استفاده می‌کند که عاقبتی بدتر از مرگ، پیش روی آنها است.

«استاد، گناه از کیست؟»

دومین مقابلهٔ عیسـی با این روایت که «خـدا گناهکاران را مجازات می‌کند» با ماجرایی که بر ما گذشت، بسیار شباهت دارد. عیسی با کوری مادرزاد روبه‌رو شــد و شاگردانش از او پرسیدند: «"استاد، گناه از کیست که این مرد کور به دنیا آمده اســت؟" از خودش یا از والدینش؟» عیسـی پاسخ داد: "نه از خودش، و نه از والدینش؛ بلکه چنین شد تا کارهای خدا در او نمایان شود"» (یوحنا ۹:۲و۳).

معلمین یهود در زمان عیسـی تعلیم می‌دادند که بیماری، نتیجهٔ گناه والدین و یا خودِ شخصی است که از آن عذاب می‌کشد. چون کوری این مرد مادرزادی بود، آنها فرض کرده بودند که این کوری نتیجهٔ گناه والدینش بوده است. اما بعضی از معلمین یهود این تعلیم را نیز می‌دادند که حتی طفل هم می‌تواند در رَحِم مادرش گناه کند، پس شــاید هم تقصیر خود آن مرد بوده که کور به دنیا آمده اســت. بعضی از اقوام باستانی که به تناسخ اعتقاد داشــتند، می‌گفتند که امراض مادرزادی نتیجهٔ گناهی است که شخص در زندگی گذشته‌اش مرتکب شده است. آنها بر این باور بودند که علت کوری این است که شخص در زندگی گذشتهٔ خود مادرش را کشته است.

آیا هرگز پیش آمده که در برخورد با بیماری و یا رنج انســانی، از خود بپرسید او چه کرده که مستحق چنین چیزی شده؟ چرا چنین طرز فکری این‌قدر رایج است؟

عیسی چگونه به پرسش آنها پاسـخ داد؟ آیا او آن قسمت از خروج ۵:۲۰ را تأییـد کرد و گفت که کوری آن مـرد نتیجهٔ گناه والدین او بوده است؟ آیا او از موضع معلمین یهود پشـتیبانی کرد که شاید این مرد در رَحِمِ مادرش گناهی مرتکب شده است؟ یا اینکه او از روایت‌های معمول یهود پا فراتر گذاشـت و گفت که مرد کور حتماً در زندگی قبلی‌اش کار بدی انجام داده است؟

به عیسـی فرصتی داده شـد تا روایتی غالب و حاکم را تأیید کند اما او از این کار سـر باز زد. جملهٔ عیسـی مبنی بر «نـه از خودش و نه از والدینش» در پاسـخ به این پرسـش که «گناه از کیست که این مرد کور به دنیا آمده اسـت؟ از خودش یا از والدینـش؟» در نظر اول عجیب و غیرعادی به‌نظر می‌رسد چرا که من کسـی را نمی‌شناسم که هرگز گناه نکرده باشـد. اما منظور عیسـی از این جمله این نبود، بلکه می‌خواست به روشـنی بگوید که رابطه‌ای میان گناه شخص و ضعف‌های او وجود ندارد. او می‌توانسـت بگوید: «بله، این تقصیر والدین او بوده است. آنها به دنبال خدایان دیگر رفتند، و پدر من سـزای عمل آنها را به فرزندشان رسانده اسـت.» یا حتی می‌توانست بگوید: «این بیماری تقصیر خود آن مرد اسـت. او وقتی در رَحِمِ مادرش بود، افکار بدی در سر داشت، برای همین هم خدا او را کور کرد.» اجازه بدهید دوباره تأکید کنم و بگویم که: عیسی اصلاً چنین چیزی نگفت.

از این گذشـته، عیسی کوری آن مرد را شـفا داد. حقایقی عمیق در شفا نهفته اسـت. اگر عیسی باور داشت که کوری مرد، مجازاتی درست و منصفانـه برای گناهان او (یا گناهان والدینـش) بود، از آنجا می‌رفت. عدالت ایجاب می‌کرد که مرد کور باشد. اما در عوض، عیسی مرد کور را شفا می‌دهد و بدین‌ترتیب قدرت خدا را آشکار می‌سازد. عالِم عهدجدید، مِریل تِنی (Merrill Tenny)، از این چنین نتیجه می‌گیرد:

> «عیسی هر دو گزینه‌ای را که شاگردان در پرسش خود مطرح می‌کردنـد، رد کرد. او به فلاکت آن مرد نه به‌عنوان مجازات

گناهان او یا والدینش، بلکه به‌عنوان فرصتی برای انجام کار خدا نگاه کرد. عیسی کوری او را مجازات و یا اقبالی غیرمنطقی به حساب نیاورد، بلکه آن را چالشی جهت تجلی قدرت شفابخش خدا در زندگی آن مرد دید.»

باران بر سر پارسایان نیز می‌بارد

عیسی به روشنی این تصور نادرست را که «هرچه بر سرمان می‌آید، حق‌مان است»، منسوخ کرد. بنا بر تعالیم عیسی، خدا کسی نیست که مشغول حسابرسی دفترچۀ بانکی ابدی ما باشد. در جایی دیگر، عیسی از عبارتی معروف استفاده می‌کند تا نشان دهد که خدا با همۀ مردم یک‌جور عمل می‌کند: «زیرا او آفتاب خود را بر بدان و نیکان می‌تاباند و باران خود را بر پارسایان و بدکاران می‌باراند» (متی ۴۵:۵).

عیسی در اینجا حقیقتی بدیهی را بازگو می‌کند: همان‌طور که آفتاب و باران بدون تمایز بر مقدسان و گناهکاران می‌تابد و می‌بارد، به همان ترتیب هم خدا بدون در نظر گرفتن اعمال و رفتار مردم، به آنها برکت می‌دهد. چیزهای خیلی بد و وحشتناک بر سر آدم‌های خیلی خوب می‌آید. چیزهای خیلی خوب و عالی برای آدم‌های بسیار بد رخ می‌دهد. ما نمی‌توانیم به دور و برمان نگاه کنیم و پرونده تشکیل بدهیم و بگوییم که گناهکاران مجازات می‌شوند و نیکوکاران برکت می‌گیرند. واقعیت‌های زندگی این را به ما نشان نمی‌دهند.

هیچ عدالتی در این دنیا نیست

می‌دانم چرا روایتی که می‌گوید «خدا، خدایی است که مجازات می‌کند و یا برکت می‌دهد»، این‌قدر رایج و پرطرفدار است. ما کنترل کردن را دوست داریم. این روایت به ما امکان می‌دهد تا در این تصور باطل زندگی کنیم که می‌توانیم دنیا را کنترل کنیم؛ خیال پوچی که در این دنیای پرهرج و مرج، بسیار زیبا و جذاب به نظر می‌رسد. اما این هم نوعی خرافه است. ما در عمق وجودمان می‌دانیم که خرافات خیلی

احمقانه و غیرمنطقی هســتند، اما این امر مانع نمی‌شــود که آنها را باور نکنیم و در برابرشان واکنش نشان ندهیم.

اعتقــاد به اینکه خدا ما را مجازات می‌کنــد و برکت می‌دهد، نه تنها اعتقادی اســت خرافی، بلکــه هیچ مدرکی هم برای اثبــات آن نداریم. آگوستین اهل هیپو (Augustine of Hippo) که در قرن چهارم میلادی زندگی می‌کرد، در این باره چنین می‌نویسد:

> مــا نمی‌دانیم چــرا داوری خدا، به فقر شــخص خوب و یا ثروتمندی شــخص بد می‌انجامد ... یا نمی‌دانیم چرا فردی شــریر از ســلامتی کامل برخوردار اســت در حالی که فرد خداتــرس به‌خاطر بیمــاری جان می‌بــازد ... حتی این هم قانونی متداوم و یکنواخت نیست ... نیکوکاران نیز کامیاب و بدکاران بدفرجام می‌شوند ... بنابراین، اگرچه نمی‌دانیم بنا بر چه قضاوتی، خدای مملو از فضیلت و حکمت و عدالت، که در او ذره‌ای ناتوانی یا بی‌عدالتی یا ناســنجیدگی نیست، این امور را مقرر می‌سازد یا مجاز می‌شمارد، اما علی‌رغم این‌همه، به ســودمان اســت که بیاموزیم، به کامیابی و بدفرجامی، که پارسا و شریر از آن نصیب می‌برند، چندان اهمیت ندهیم.

من از صداقت آگوســتین که می‌گوید، مــا نمی‌دانیم چرا خدا اجازه می‌دهد این چیزها اتفاق بیفتد، خیلی خوشــم می‌آید. او همچنین اشاره می‌کند کــه چیزهای خوب نیز بــرای آدم‌های خوب اتفــاق می‌افتد و چیزهای بد هم برای آدم‌های بد اتفاق می‌افتد.

مثلاً نازایــی را در نظر بگیرید. من زوج‌های خیلی خوب و وفاداری را می‌شناســم که نمی‌توانند بچه‌دار بشــوند و این باعث درد و خجالت آنها می‌شــود. همین امروز در روزنامهٔ محلی خواندم که چطور مادری دختر کوچکش را به خودفروشــی واداشته تا از این راه برای مواد مخدر خودش پول به‌دست بیاورد. چرا به چنین زنی برکت مادری عطا شده، اما به دوســتان من نه؟ پس آیا می‌توانیم نتیجه بگیریم که خوبان همیشه

رنج می‌کشند و بدان هرگز زحمت نمی‌بینند؟ البته که نه. شریران نیز رنج می‌کشند و پارسایان نیز کامیاب می‌شوند. بدیهی است که با هیچ نظامی نمی‌توانیم اینها را تفسیر کنیم و یا توضیح دهیم که چرا چنین است.

بعضی از پیامدهای خوبی را که مخصوص انسان‌های خوب است (از نظر شخصیت، خلق‌وخو، شهرت) نام ببرید.

خوبی‌ای که تنها خوبان از آن برخوردارند

البته آگوستین هنوز بر این باور است که خدا صاحب «والاترین فضیلت ... و حکمت ... و عدالت است،» و اینکه در او ذره‌ای ضعف، ناسنجیدگی و بی‌عدالتی نیست. و در خاتمه می‌گوید که "مفید" نیست که وقت‌مان را صرف نگرانی برای این کنیم که چرا چیزهای خوب یا بد اتفاق می‌افتد. اینها ارزش نگرانی ندارد چراکه قادر به درک آن نیستیم؛ و مهمتر اینکه مانع می‌شود تا بر چیزهای خوب و درست تمرکز کنیم. آگوستین در خاتمه می‌گوید: «در عوض باید جویای چیزهای خوبی که ویژهٔ خوبان است باشیم و از چیزهای بدی که ویژهٔ بدان است، فاصلهٔ بسیار بگیریم.»

باید تمام حواس‌مان متوجه «چیزهای خوبی باشد که ویژهٔ خوبان است.» اما این عبارت به چه معناست؟ این در واقع اشاره دارد به برکاتی که تنها به کسانی که برای نیکوکاری جد و جهد می‌کنند، بخشیده می‌شود. به یک معنا، این تنها عدالتی است که می‌توانیم روی آن حساب کنیم.

به‌عنوان مثال، الآن که این را می‌نویسم، در برزیل مشغول کار با دو کشیش هستم. این دو کشیش سال‌ها مردمان ریو دو ژانیرو و کَمپیناس را محبت و خدمت کرده، پیام انجیل را به آنها رسانده‌اند. با اینکه من تسلط زیادی به زبان پرتغالی ندارم و نمی‌توانم بفهمم مردم به آنها چه می‌گویند، اما در طول روز می‌دیدم که چطور مردان و زنانی که طی سال‌ها از خدمت آنها برکت گرفته بودند، دسته‌دسته جلو می‌آمدند و آنها

را بغل کرده، تشکر می‌کردند. و می‌دیدم که چطور چهرهٔ کشیش ادواردو (Eduardo) و کشیش ریکاردو (Ricardo) از خوشی می‌درخشید.

چنین چیزی برای آنها که بدی می‌کنند، ناشناخته است. کسانی که خودخواه و بدخواه و بدطینتند هرگز احساس آن دو کشیش را تجربه نخواهند کرد. این تجربه ویژهٔ کسانی است که خوبی می‌کنند.

آگوستین می‌گوید که ما باید «از چیزهای بدی که ویژهٔ شریران است، فاصلهٔ بسیار بگیریم.» آنها که خودخواه، بدخواه و بدطینتند، از نزدیک با احساس تقصیر، تنهایی، و تنفر از خود سروکار دارند. آنها خوب می‌دانند که چه حسی دارد وقتی تاریکی تمام وجودشان را در بر می‌گیرد. البته این مشکل را کاملاً حل نمی‌کند ولی حداقل به ما وعده می‌دهد که آنها که خدا را دوست دارند و خدمت می‌کنند، و درستکار و وفادارند، نوعی شادی و آرامش را تجربه خواهند کرد که شریران از آن بی‌خبرند.

علی‌رغم همهٔ اینها، خدا عادل است

در این دنیا هرگز نخواهیم فهمید که چرا برای ما چنین اتفاقاتی می‌افتد. اما اگر صادق و بی‌غرض باشیم، باید بپذیریم که در این زندگی نیز کمی عدالت وجود دارد. آخرین گفتار حکیمانه‌ای که آگوستین دربارهٔ رنج به ما عرضه می‌کند این است که می‌گوید روزی خواهیم فهمید:

> وقتی به روز داوری برسیم، نه تنها تمامی حکم‌ها و داوری‌هایی که صادر می‌شوند کاملاً به‌جا و منصفانه به نظر خواهند آمد، بلکه همهٔ حکم‌ها و داوری‌های دیگری که خدا از ابتدا صادر کرده است نیز کاملاً حق و عادلانه به نظر خواهند آمد. در آنجا این نیز روشن خواهد شد که داوری‌های خدا چقدر عادلانه بوده که سبب شده بسیاری از داوری‌هایش، یا بهتر است بگوییم همهٔ داوری‌هایش، از درک و فهم انسان فراتر رود. کسانی که ایمان دارند از درک این داوری‌های پنهانی عاجز نخواهند ماند.

اگر آگوستین شبان من بود، می‌گفت: «ما دلیل این چیزها را الآن و در این دنیا نمی‌فهمیم چرا که مافوق فهم ماست. ولی من ایمان دارم که یک روز دلیلش برای‌مان روشـــن خواهد شد. روزی تو کاملاً خواهی فهمید که چرا خدا اجازه داد دخترت با نقـــص مادرزادی به دنیا بیاید و به این زودی بمیرد. همین‌طور مطمئنم که وقتی دلیل‌شان را فهمیدی، آن وقت متوجه خواهی شد که خدا نه فقط عادل، بلکه نیکو هم بوده است.»

آیا این موضوع که خـــدا در کل زندگی حرف آخر را می‌زند، موجب آسودگی خاطر شما می‌شود؟ آیا به شما امید می‌بخشد؟ یا اینکه شما را مستأصل می‌کند؟ چرا؟

حتی وقتی من نمی‌توانم ایمان داشته باشم، عیسی ایمان دارد

در اینجـــا می‌خواهم واضح بگویم که نه فقط روایت‌های عیســـی به مـــن کمک کرده، بلکه خود او نیز در تمام دوران اندوه و شـــک‌های من در کنارم بوده و تسلی‌ام داده است. عیســـی نه تنها رنج‌های ما را تفسیر می‌کند، بلکه او خود نیز آنها را تجربه کرده است. عیسی وقتی بر صلیب بود، و احســـاس می‌کرد پدرش او را وانهاده، بدتریـــن نوع بیگانگی و جدایی را تحمل کرد. هنگامی که خبر وضعیت بد دخترم به ما داده شد، من هم احساس می‌کردم خدا ما را وانهاده. عیسی ما را درک می‌کند.

پولس در نامه به غلاطیان، این روایت تکان‌دهنده را نوشت: «با مسیح بر صلیب شده‌ام، و دیگر من نیستم که زندگی می‌کنم، بلکه مسیح است که در من زندگی می‌کند؛ و این زندگی که اکنون در جسم می‌کنم، با ایمان به پسر خداست که مرا محبت کرد و جان خود را به‌خاطر من داد» (غلاطیان ۲:۲۰).

در برخی از ترجمه‌های کتاب‌مقدس، در این آیه، بعد از عبارت "ایمان به پسر خدا"، علامت زیرنویس می‌گذارند و در پایین صفحه می‌نویسند که «این عبارت را می‌توان به‌صورت "ایمانِ پســـر خدا" نیز خواند»، چرا

که به نظر می‌رسد این ترجمه‌ای دقیق‌تر از این قسمت است و مترجمین کتاب‌مقدس می‌خواهند صادق و امانتدار باشند. پس چرا بیشتر ترجمه‌ها این قسمت را چنین ننوشته‌اند؟ فکر می‌کنم دلیلش این است که ما بیشتر مواظبیم که بر ایمان خودمان به عیسی تأکید کنیم و زیاد به ایمان خودِ عیسی در قبال ما فکر نمی‌کنیم.

عیسی گفت پدرش خوب و نیکوست. او این ایده را نیز رد کرد که خدا بر مبنای کارهای خوب یا بد ما، به ما پاداش یا مجازات علنی می‌دهد. باران بر سر پارسایان و شریران می‌بارد. گاهی دعا می‌کنیم باران ببارد (برای محصولاتی که کاشته‌ایم) و گاهی نیز دعا می‌کنیم، باران نبارد (چون می‌خواهیم به گردش برویم). باران بر سر پارسایان و شریران، چه بخواهند و چه نخواهند، خواهد بارید. وقتی عیسی بر صلیب بود، با رنج و طردشدگی و جدایی مواجه شد و مردم با تمسخر این را که خدا واقعاً با او بود، زیر سؤال بردند. در آن وقت، عیسی ایمان داشت و امروز هم او برای ما ایمان دارد. حتی زمان‌هایی که ما نمی‌توانیم ایمان داشته باشیم، او ایمان دارد. حتی وقتی ما نمی‌توانیم دعا کنیم، او دعا می‌کند. ما در ایمان او شریک هستیم.

من نیز همصدا با پولس اعلام می‌کنم که با مسیح بر صلیب شده‌ام. این راز را درک نمی‌کنم اما می‌دانم که عیسی بیش از خودم به من نزدیک است. مسیح در من زندگی می‌کند و من با ایمان او زندگی می‌کنم. تنها نیستم. این چیزی است ورای تغییر دادن روایت‌هایی که تا کنون باور داشته‌ام. این همان اجازه دادن به عیسی است تا در من، از طریق من و برای من زندگی کند. محبت خدای پدر، رهایی و نجاتی که عیسی می‌بخشد، و رفاقت و شراکتی که با روح‌القدس دارم بر هیچ‌یک از اعمال من پایه‌ریزی نشده است. ایمان به خدای نیکو حتی در زمان‌های ناخوشایند و جان‌فرسا، هدیهٔ روح‌القدس است.

دلیلی برای امید

چند سال بعد از مرگ مادلن، روزی در خلوت در دعا بودم. یاد وقایع چند سال گذشته افتادم: دردی را که بعد از شنیدن خبرهای بد

دکترها احساس کرده بودم، شب‌های زیادی را که بی‌خواب روی زمین بیمارستان گذرانده بودم، و روز بارانی و تاریکی را که جسد کوچکش را به خاک سپردیم. ناگهان بدون اینکه فکر کنم، به خدا گفتم: «شاید بهتر بود مادلن اصلاً هیچ‌وقت به دنیا نمی‌آمد.»

در آنجا بود که به‌طور بسیار روشن و واضح پاسخ خدا را شنیدم. درست در همان لحظه، صدای دختر کوچکی به فکرم وارد شد، صدایی که تا به حال هرگز نشنیده بودم اما فوراً تشخیص دادم که صدای مادلن است. گفت: «بابا، تو نباید هیچ‌وقت چنین حرفی بزنی. اگر من به دنیا نیامده بودم، امروز اینجا نبودم. من اینجا در آسمان خیلی خوشحالم و یک روز تو و مامان و جِیکوب می‌آیید و منو می‌بینید و ما تا ابد با هم زندگی می‌کنیم. به‌خاطر من چیزهای خیلی خوبی اتفاق افتاده که شاید تو امروز نتوانی آنها را ببینی ولی یک روز خواهی فهمید.»

بی‌درنگ از افکار ناپسندم توبه کردم و با گریه بر زمین افتادم. از شنیدن این کلمات بسیار شکرگزار بودم. روایتی دیگر به فکرم رسید، یعنی داستان مربوط به وعدهٔ آسمان. کم‌کم متوجه می‌شدم که چطور افراد می‌توانند با مصیبت‌ها مواجه شوند و باز بگویند: «خدا نسبت به من نیکوست»، یا این را که چطور ایوب می‌توانست بگوید: «حتی اگر مرا بکُشد، بر او امید خواهم داشت» (ایوب ۱۵:۱۳). بله، کم‌کم می‌فهمیدم که چطور عیسی در باغ جتسیمانی، در حالی که در رنجی جانکاه بود، می‌توانست پدرش را "بابا" بخواند.

دو سال بعد از مرگ مادلن، همسرم مِگِن باردار شد. ما هشت ماه در اضطراب بسیار و آمیخته با ایمانی اندک به‌سر بردیم. وقتی بالاخره زمان آخرین سونوگرافی رسید، از نگرانی مثل این بود که قلب‌مان داشت از سینه‌مان بیرون می‌آمد. تکنیسین که از داستان زندگی ما بی‌خبر بود، مرتب چیزهایی را به زبان می‌آورد، که ما بی‌اندازه دوست داشتیم بشنویم: «دست‌های بچه کاملاً سالمه ... قلبش کاملاً سالمه ... بچهٔ شما از همه نظر سالمه. آیا می‌خواهید بدانید جنسیت بچه چیه؟» ما گفتیم: «یک دختر کوچولوِ.» و هر دو لبخند زدیم. پرسید: «اسمش را می‌خواهید چی بگذارید؟»

هر دو با هم جواب دادیم: «امید» (Hope).

در این دنیا برای شما زحمت خواهد بود

امروز که این را می‌نویسم، ده سال از مرگ مادلن گذشته است. در رابطه با ماهیت خدا، خیلی چیزها برایم روشن‌تر شده است. نیکویی خدا بستگی به اراده و تصمیم من ندارد. من انسانی هستم با فهم و دانشی محدود، و هر چه در زندگی ایمانی‌ام بیشتر رشد می‌کنم و بالغ می‌شوم، بیشتر می‌بینم که چقدر کم می‌فهمم. شهادت عیسی برایم کافی است. تجربیات و سرخوردگی‌های من از خدا، بیشتر نمایانگر من و توقعات من است تا نمایانگر خدا. عیسی هیچ‌وقت وعده نداد که زندگی ما عاری از کشمکش‌ها خواهد بود. در واقع، او درست خلاف این را گفت: «در دنیا برای شما زحمت خواهد بود؛ اما دلْ قوی دارید، زیرا من بر دنیا غالب آمده‌ام» (یوحنا ۱۶:۳۳).

باید بدانیم که در زندگی، درد و عذاب، رنج و از دست دادن را تجربه خواهیم کرد چرا که اینها جزئی از زندگی بشری است و می‌تواند برای رشد ما مفید باشد. همان‌طور که یعقوب می‌گوید: «ای برادران من، هرگاه با آزمایش‌های گوناگون روبه‌رو می‌شوید، آن را کمال شادی بینگارید! زیرا می‌دانید گذشتن ایمان شما از بوتهٔ آزمایش‌ها، پایداری به بار می‌آورد. اما بگذارید پایداری کار خود را به کمال رساند تا بالغ و کامل شوید و چیزی کم نداشته باشید» (یعقوب ۱:۲-۴).

من بیشتر از طریق سختی‌ها و آزمایش‌ها رشد کرده‌ام تا از طریق موفقیت‌ها. به دنبال آزمایش‌ها نیستم، و این‌قدر در پادشاهی خدا عمیق نشده‌ام که مثل یعقوب، آزمایش‌ها را "کمال شادی" بینگارم، اما به‌تدریج می‌آموزم که در بطن آزمایش‌ها به خدا اعتماد کنم.

تردیدی نیست که طی سال‌های گذشته، سختی‌ها و آزمایش‌های زیادی را پشت سر گذاشته‌ام. دوباره برای موعظه به آن کلیسا دعوت نشده‌ام، اما لازم ندارم که فقط از پشت منبر کلیسا اعلام کنم که خدا نیکوست. اکنون بدون ذره‌ای شک و تردید می‌دانم که بیماری مادرزادی

دخترم، به‌خاطر مجازات گناهان من، همسرم و یا خود دخترم نبود. همین‌طور می‌دانم که خدا عادل است. و به امیدی که در آسمان داریم محکم چسبیده‌ام، جایی که ناراستی‌ها راست خواهد شد و شناخت من به کمال خواهد رسید. من به همهٔ اینها به‌خاطر ایمانِ پسر خدا که مرا محبت نمود و خود را برای من داد، ایمان دارم. در هر جا و وضعیتی که باشم، می‌توانم با یقین کامل بگویم «خدا همیشه نیکوست، و همیشه خدا نیکوست!»

پرورش روح

سکوت و توجه به جهان آفرینش

چه کارهایی می‌توانند ما را یاری دهند تا بتوانیم نیکویی خدا را بفهمیم و تجربه کنیم؟ چه تمریناتی می‌توانند ما را یاری دهند تا متوجه خدایی شویم که عیسی می‌شناخت؟ برای شروع، دو تمرین هست که ما را در این مورد یاری می‌رسانند: اولین تمرین، کم کردن سرعت است، یعنی اینکه آرام بگیریم و در سکوت بیاموزیم که در همین لحظۀ کنونی، حضور داشته باشیم. تمرین دوم، مستلزم این است که به زیبایی‌های اطراف‌مان توجه کنیم.

سکوت

دنیای ما، پرسروصدا و شتاب‌زده است، و تعداد کمی از ما خود را از این وضع کنار می‌کشیم تا آرام بگیریم و قرار بگیریم. خدای نیکو، فقط وقتی ما ساکتیم می‌تواند به ما دسترسی داشته باشد. از مزمور ۱۰:۴۶ می‌توانیم چنین نتیجه بگیریم که ما باید "بازایستیم" تا بدانیم که خدا "نیکو"ست. شما را تشویق می‌کنم که در این هفته، سعی کنید هر روز پنج دقیقه را در سکوت بگذرانید. یک فنجان نوشیدنی گرم و خوشمزه بردارید و مبلی راحت پیدا کنید و فقط به‌آرامی آنجا بنشینید. همین! کار خیلی سختی نیست ولی مزایای زیادی دارد.

در طول روز، از وقت‌های خالی استفاده کنید، مانند استراحت بین دو فعالیت.

کمی زودتر بلند شوید و یا کمی زودتر برای قرار بعدی‌تان، حرکت کنید تا وقتی رسیدید، وقت اضافی داشته باشید تا جای ساکت و آرامی پیدا کنید و بتوانید با خودتان باشید.

برخی متوجه می‌شوند که در ساعت سکوت، افکار مختلف از سرشان می‌گذرد. این طبیعی است. فکر شما عادت دارد در حل مسائل به شما کمک کند و عادت ندارد آرام بگیرد. دو رهنمود زیر به شما در آرام کردن افکاری که بی‌اختیار از سرتان می‌گذرند و مانع انضباط سکوت می‌شوند، کمک می‌کنند:

یک دفترچهٔ کوچک همراه داشته باشید تا اگر چیزی به فکرتان آمد (مثل تلفن زدن به فلانی و شستن فلان لباس)، فوراً آن را یادداشت کنید. این کار باعث می‌شود فکرتان آرام بگیرد.

شاید با یکی دو دقیقه خواندن کتاب‌مقدس، تمرکزتان بیشتر شود و آسان‌تر بتوانید وارد سکوت پنج دقیقه‌ای شوید.

ممکن است انجام این تمرین در ابتدا سخت به نظر برسد، ولی با کمی کوشش می‌توانید هر روز به آسانی آن را انجام بدهید. شکی ندارم که بعد از مدتی کوتاه، اهمیت این تمرین در زندگی روزانهٔ شما بیشتر می‌شود. این تمرین به شما کمک می‌کند تا آرام‌تر حرکت کنید، بازایستید و در جایی که هستید، حاضر باشید و بیشتر بتوانید بر خدا که در میان شماست، متمرکز شوید. شاید این تمرین منجر به این شود که به‌طور مرتب اوقاتی را برای "استراحت" اختصاص دهید تا بهتر نُت‌های (فعالیت‌های) زندگی تبدیل به موسیقی خوش‌صدا شود.

توجه به جهان آفرینش

در طول تاریخ الاهی‌دان‌های برجسته به جهان آفرینش و زیبایی‌های آن به‌عنوان اولین نشانهٔ نیکویی خدا استناد کرده‌اند. پولس نیز همین را در بخش آغازین نامهٔ خود به رومیان می‌گوید. جهان آفرینش، به‌واسطهٔ رنگ‌های خیره‌کننده و رایحه‌های سرمست‌کننده‌اش، از نیکویی و جلال خدا صحبت می‌کند. طلوع و غروب آفتاب مناظری زیبا و باشکوهند که روزی دو بار تجسم می‌یابند ولی به‌ندرت مورد توجه کسانی قرار می‌گیرند که مدام مشغولند. خدا می‌توانست جهانی زشت بیافریند؛ او مجبور به آفرینش جهانی نبود که با زیبایی، نفس را در سینهٔ بیننده

حبس می‌کند. زیبایی رابطهٔ بسیار نزدیکی با نظم دارد. اگر فقط برای لحظه‌ای به یک گل مینا چشم بدوزیم، عظمت فکر خدا برای‌مان آشکار می‌شود.

مورین کُنروی (Maureen Conroy) در کتاب خود به‌نام تجربه کردن محبت شگرف خدا (Experiencing God's Tremendous Love) به ما توصیه می‌کند تا برای تجربه کردن نیکویی و محبت خدا، «عمیقاً خود را در جهان خلقت غرق کنیم.» او طرفدار این تمرین تجربی است: بروید بیرون، راه بروید و به‌دقت به مناظر، صداها و رنگ‌های طبیعت توجه کنید. اگر می‌توانید به پارک یا محلی که طبیعتی بکر دارد، بروید. دفترچه‌ای برای نوشتن همراه خود ببرید و طوری رفتار کنید که انگار مأموریت دارید منطقهٔ کوچکی را به‌دقت مورد بررسی و تحلیل قرار دهید و از هرچه می‌بینید، یادداشت بردارید. تصور کنید می‌خواهید هرچه را که می‌بینید برای کسی که هرگز نتوانسته در هوای آزاد به دامن طبیعت برود و زیبایی‌های جهان آفرینش را ببیند، شرح دهید. رنگ پرندگان، تقارن برگ‌ها و آوای باد را ملاحظه کنید. در حالی که جزئیات اثر هنری را به‌دقت مورد بررسی قرار می‌دهید، به خدا همچون هنرمندی برجسته و به خودتان به‌عنوان هنرآموز بنگرید.

برای تأمل

صرف‌نظر از اینکه این مطالب را با دیگران می‌خوانید یا در تنهایی، پرسش‌های زیر به شما در تأمل و تفکر در مورد تجربه‌تان کمک خواهند کرد. در هر حال، شاید ایدهٔ بدی نباشد که در دفترچه‌تان به این پرسش‌ها پاسخ دهید. اگر با گروهی جمع می‌شوید، دفترچهٔ یادداشت را همراه خود ببرید تا به شما در به یاد آوردن تجارب‌تان کمک کند و بتوانید آنها را با دیگران در میان بگذارید.

۱. آیا توانستید در طول این هفته، برخی از تمرینات مربوطه را انجام دهید؟ اگر توانستید، توضیح دهید که چه کردید و در مورد آن چه احساسی داشتید؟

۲. آیا با انجام این تمرینات، چیز تازه‌ای در رابطه با خدا یا خودتان آموختید؟ توضیح دهید.

۳. آیا برای‌تان مشکل بود که روزی پنج دقیقه را به سکوت اختصاص دهید؟

۴. در توجه دقیق‌تر به جهان مخلوق اطراف، چه چیزی بیش از همه برای‌تان چشمگیر بود؟

فصل سوم

خدا قابل اعتماد است

وقتی پسرم جیکوب شش ساله بود، روزی او را با خود به یک پارک تفریحی بردم. آن روز آنجا خیلی خلوت بود برای همین بدون اینکه معطل بشویم، از یک بازی مشغول بازی دیگری می‌شدیم. بالاخره رسیدیم به یکی از این ماشین‌های بازی که من تا به حال سوار آن نشده بودم ولی به نظر خیلی جالب می‌آمد. روی یکی از صندلی‌ها نشستیم و پسر نوجوانی کمربندهای‌مان را بست. چیزی نگذشت که ماشین حرکت کرد و با سرعتی فزاینده، و با حرکاتی ناگهانی و تند ما را می‌چرخاند و در هوا به بالا و پایین و این طرف و آن طرف می‌کشاند. من از ترس اینکه نکند جیکوب از روی صندلی به بیرون پرت شود، محکم به او چسبیده بودم. در تمام نود ثانیهٔ بازی، با انگشتانی که از زور فشار سفید شده و دندان‌هایی که از ترس قفل شده بود، مرتب دعا می‌کردم. اما وقتی به جیکوب نگاه کردم، دیدم که با خوشحالی تمام، می‌خندد و از بازی لذت می‌برد.

وقتی پیاده شدیم، جیکوب گفت: «خیلی با حال بود، بیا یک بار دیگه سوار بشیم!» ولی من گفتم نه. (البته می‌خواستم بگم، «دیگه هرگز سوار چنین چیزی نمی‌شیم! من بدترین پدر دنیام! خواهش می‌کنم منو ببخش.») بعد رفتیم و روی یکی از نیمکت‌های پارک نشستیم و من از جیکوب پرسیدم: «جیکوب اصلاً نمی‌ترسیدی؟ این بازی خیلی خطرناک بود. چرا سوار این ماشین شدی؟» او با صداقتی کودکانه جواب داد: «آخه تو هم سوار شدی، بابا.» درست یا غلط، این پسر کوچک به من اعتماد کرده بود. اما به‌وضوح، من درخور چنین اعتمادی نبوده و نیستم. من جیکوب را خیلی دوست دارم و حاضرم هر کاری برایش

انجام بدهم، و هیچ‌وقت عمداً او را جایی نمی‌برم که به او آسیبی برسد. اما من انسانی فانی، محدود و ضعیفم. با این همه، به نظر جیکوب چنین می‌آمد که اگر با من باشد، کاملاً در امن و امان خواهد بود.

میزان اعتماد شـما بـه خدا تا چه اندازه اسـت؟ آیا برای شما چیزهایی اتفاق افتاده که باعث شـود به قابل اعتماد بودن خدا شک کنید؟

این ماجرا اهمیت و ضـرورت درک قابل اعتماد بودنِ خدا را به من نشان داد. خدایی که عیسی مکشوف می‌کند، هرگز کاری نمی‌کند که به ما آسیب برساند. او مقاصد بد و بدخواهانه ندارد. او به تمامی نیکوست. و این حقیقت کـه خدا همچنین دانای مطلق و قادر مطلق نیز هسـت، نیکویی او را بهتر می‌سازد. حتی در مواقعی که امور زندگی ناخوشایند و جان‌فرسا به نظر می‌آیند، من می‌توانم به خدا اعتماد کنم. اگر خدا نیکوی مطلق نباشـد، چه اهمیتی دارد که قادر مطلق و دانای مطلق باشد. اگر او نیکوی مطلق نباشد، من هرگز نمی‌توانم به او محبت و اعتماد کنم.

روایتی نادرست

اما همه باور ندارند که خدا قابل اعتماد اسـت. یک روز بعدازظهر، مرد جوانی به من تلفن کـرد و از صدایش چنین به نظر می‌آمد که انگار نمی‌توانـد نفس بکشـد. اول فکر کردم شـاید شـاهد و یا درگیر تصادفی جان‌خراش بوده اسـت. با او خیلی آشـنا نبـودم؛ چند ماه قبل از آن، در کنفرانسـی سخنرانی مرا شنیده بود و به نظرش تعالیم من با اعتقادات او منافات داشـت (روایت‌های ما با هم در تضـاد بودند). به من زنگ زده بود چون نمی‌توانست ماشـینش را روشن کند. ماشین مشکلی نداشت؛ مشکل خود او بود.

«دکتر اسمیت (Smith)، می‌خواستم بدونم که آیا آنچه شما دربارهٔ خدا گفتید صحت دارد یا نه.»

«به‌طور مشخص، به کدام حرف من اشاره می‌کنید؟»

«شما گفتید که خدا به تمامی خوب و مهربان و قابل اعتماد است و همیشه در پی خوبی ماست. هر چه گفتید، من نوشتم. آیا شما مطمئنید که می‌توان به خدا اعتماد کرد؟»

«بله، مطمئنم. چرا این سؤال را می‌کنی؟»

«در چند روز گذشته، من نتوانسته‌ام رانندگی کنم.»

پرسیدم: «چرا؟»

«چون می‌ترسم فکری بد یا زننده و شهوت‌آمیز به ذهنم خطور کند و ناگهان یک لحظه بعد از آن با ماشین تصادف کنم و بمیرم. مطمئن هستم که خدا مستقیم من را راهی جهنم خواهد کرد چون دیگه وقت ندارم توبه کنم.»

بعد از مدتی صحبت کردن و کمی کندوکاو، فهیمدم که این جوان در دوران رشد چه داستان‌هایی در مورد خدا شنیده بود. به من گفت که از همان بچگی، از شبان خود، مردی که نمایندهٔ خدا بود و از طرف خدا حرف می‌زد، شنیده بود که هر هفته به مردم التماس می‌کرد تا دیر نشده، دست از گناه بردارند. و حتی اگر گناهی هم می‌کنند، باید مطمئن شوند که هرچه زودتر تا دیر نشده، از آن توبه کنند. خدا به قدری از گناه نفرت دارد که هر کسی را، حتی اگر ایماندار تعمیدگرفته هم باشد، به‌خاطر ارتکاب یک گناه، به مجازات ابدی خواهد رساند. چیزی نمانده بود که این روایت مربوط به ماهیت خدا که از ابتدای کودکی تمامی فکر این مرد جوان را پر کرده بود، زندگی او را نابود کند.

از او خواستم تا داستانش را برایم بگوید. خدای روایت‌های او، سزاوار اعتماد نبود. برای اعتماد به یک نفر باید مطمئن بود که او بهترین را برای شما می‌خواهد، شما را از هر گزندی محافظت می‌کند و قابل اطمینان است. این در مورد خدایی که به آن مرد جوان معرفی شده بود، صادق نبود. این خدا به‌جای اینکه به او شهامت و اطمینان بدهد، او را از راندن ماشینش ترسانده بود. طی گفتگو دربارهٔ این روایت، او متوجه شد که روایتی که پذیرفته بود در مورد خدا حقیقت نداشت.

روایت‌های مرکزی عیسی

آن جوان را تشویق کردم تا روایتی را که از خدا داشت، با شناخت عیسی از خدا مقایسه کند. عیسی گفت: «پدرم همه چیز را به من سپرده است. هیچ‌کس نمی‌داند پسر کیست جز پدر، و هیچ‌کس نمی‌داند پدر کیست جز پسر، و آنها که پسر بخواهد او را بر ایشان آشکار سازد» (لوقا ۲۲:۱۰). عیسی به‌وسیلهٔ واژهٔ سادهٔ "اَبّا"، اطلاعات بسیاری دربارهٔ پدر آسمانی‌اش در اختیار ما گذاشته است.

خدا به‌عنوان اَبّا. عیسی در باغ جتسیمانی، در آخرین ساعات زندگی خود پیش از صلیب، با استفاده از عنوانی منحصربه‌فرد، خدا را "اَبّا" خطاب کرد. این واژه بسیار مهم و کلیدی است، چون استفادهٔ این عنوان توسط عیسی، نمایانگر چیزی مهم در مورد ماهیت خدایی بود که او می‌شناخت. بهترین ترجمهٔ اَبّا به زبان روزمره، "بابا" است. واژه‌ای که بیانگر صمیمیت و نزدیکی است ولی صمیمیتی که در آن اطاعت نیز وجود دارد. همین که عیسی خدا را بابا خطاب می‌کند، به ما نشان می‌دهد که برای او، خدا آن دوردست‌ها نبود، بلکه از نزدیک در زندگی او دخیل بود. این واژه به خودی خود بیانگر نیکویی خدا نیست، اما چنانکه دانشمند عهدجدید، دی. مول (C. F. D. Moule) می‌نویسد، «این واژهٔ صمیمانه، نه بیانگر نوعی خودمانی بودنِ سطحی، بلکه عمیق‌ترین و پراعتمادترین احترام است.»

عیسی زمانی خدا را بابا خطاب می‌کند که با سخت‌ترین ساعت زندگی خود روبه‌روست. او این‌طور دعا می‌کند: «اَبّا، پدر، همه چیز برای تو ممکن است. این جام را از من دور کن، اما نه به خواست من بلکه به ارادهٔ تو» (مرقس ۳۶:۱۴). در اینجا عیسی با شکنجه و مرگ روبه‌روست. در انجیل لوقا به ما گفته شده که او در چنان رنجی جانکاه بود که عرقش همچون قطرات خون بر زمین می‌چکید (لوقا ۴۴:۲۲). با این حال دعا می‌کند: «نه به خواست من بلکه به ارادهٔ تو.» او چطور می‌توانست در چنین ساعات سختی، با خدا این‌طور صحبت کند؟ تنها پاسخی که می‌توان پذیرفت این است که او به پدرش اعتماد داشت.

عیسی به ما می‌گوید خدا پدری نیکو و مهربان است و اینکه او به قدری نیکوست که ما می‌توانیم در هر شرایطی اطاعتش کنیم. ولی بعضی‌ها ممکن است سؤال کنند، پس چرا عیسی اصلاً شک کرد؟ او که خودش هم خدا بود! درست است، عیسی خدا بود ولی او در عین حال کاملاً انسان هم بود. تجسم (انسان شدن) یعنی محدود شدن. چون او به‌طور کامل انسان بود، تمامی آنچه ما انسان‌ها تجربه می‌کنیم، من‌جمله ترس و شک را تجربه کرد. اما دقت کنید، عیسی حتی در میان شک و در لحظه‌ای که عمیق‌ترین رنج‌ها را متحمل می‌شد، به پدر آسمانی‌اش اعتماد داشت.

خدا به‌عنوان پدر. عیسی نه فقط خدا را اَبّا، بلکه پدر نیز خطاب می‌کرد. پدر بودن خدا سبب شده برخی سؤالاتی از این قبیل بکنند: «آیا این بدان معناست که خدا مرد است؟ پس آنهایی که پدر زمینی‌شان بد بوده، یا با آنها بدرفتاری کرده و یا اصلاً در زندگی‌شان حاضر نبوده، چه؟ کسی که به‌خاطر تجربیات بد گذشته‌اش، برایش سخت است خدا را پدر خطاب کند، چه کند؟ اصلاً چطور خدا می‌توانست پدر عیسی باشد؟ آیا عیسی مادر هم داشت؟»

روزی در محلی دربارهٔ دعا تعلیم می‌دادم. در آخر، جلسه را با دعایی تمام کردم که این‌طور شروع می‌شد: «ای پدر عزیز آسمانی ...» بعد از جلسه، خانمی با چشمانی پر از اشک پیشم آمد و گفت: «درس‌هایی که امروز دربارهٔ دعا دادید، خیلی خوب بود اما وقتی در شروع دعا خدا را "پدر" صدا زدید، یکهو انگار همه چیز خراب شد. من پدر خیلی بدی داشتم و نمی‌توانم به خدا به‌عنوان پدرم فکر کنم.» با اینکه دلم برای این زن سوخت، اما راه‌حل، به‌کار نبردن واژهٔ پدر نیست. مشکل این است که ما با پیش‌فرضی که خودمان از معنی و مفهوم پدر داریم، شروع می‌کنیم و بعد همان را به خدا هم نسبت می‌دهیم.

اما این راهِ درستی نیست. وقتی عیسی خدا را به‌عنوان پدر خود معرفی می‌کند، باید به او اجازه دهیم که خودش معنی پدر بودن را مشخص کند. گفتهٔ کارل بارت (Karl Barth) در این مورد بسیار سودمند است: «این‌طور

نیست که ابتدا مفهوم پدریِ بشری وجود داشته و بعد به اصطلاح مفهوم پدریِ الاهی به‌وجود آمده باشد، درست برعکس؛ مفهوم درست پدری در خدا وجود دارد و از این مفهوم پدریِ خداست که هرچه ما انسان‌ها از مفهوم پدری می‌دانیم، استنتاج می‌شود.»

به کسی که می‌گوید: «برای من سخت است خدا را "پدر" خطاب کنم چون پدر جسمانی خودم، پدر خیلی خوبی نبوده است»، چه پاسخی می‌دهید؟

منظور بارت از این گفته چیست؟ پیش از آفرینش جهان، تثلیث وجود داشته است. پیش از اینکه خدا انسان را «به‌صورت خود و شبیه خود ... مرد و زن ...» بسازد، خدا به‌صورت پدر، پسر و روح‌القدس وجود داشته است. عیسی رابطهٔ میان خدا و خودش را به‌صورت رابطهٔ پدر و پسر تعریف می‌کند. رابطهٔ آن دو قبل از اینکه هیچ مردی صاحب فرزند شود، وجود داشته است. خدا به‌عنوان پدر و عیسی به‌عنوان پسر وجود داشتند، پیش از آنکه هیچ پدر و پسری (یا دختری) بشری وجود داشته باشند.

بنابراین، مفهوم پدری را ابتدا خدا و عیسی مشخص می‌کنند نه آدم و فرزندانش. این کاربرد فوق‌العاده زیادی دارد و برای ما موجب شفای بسیار است. بسیاری، درست مثل خانمی که پیشتر به او اشاره کردم، به‌طور عمیقی از پدر خود جریحه‌دار شده‌اند، به همین‌خاطر برایشان بسیار سخت است که خدا را همچون پدر تصور کنند. در چنین شرایطی، پاسخ صحیح این نیست که از واژهٔ پدر صرف‌نظر کنیم، بلکه باید اجازه دهیم عیسی معنی آن را مشخص کند. هرچند عیسی چندین مَثَل بیان کرد که در آنها صحبت از پدر بود (به ویژه، مَثَل پسر گمشده)، اما فکر می‌کنم برای درک پدر بودن خدا بهتر است نگاهی به دعای عیسی خطاب به خدا بیفکنیم.

ای پدر ما

عیسی ماهیت خدایی را که به او دعا می‌کند، در محتوای دعای خود آشکار می‌سازد. شاید به‌خاطر اینکه زندگی دعایی عیسی بسیار پرشور و حرارت بود، شاگردانش از او خواستند تا دعا کردن را به آنها بیاموزد. عیسی در پاسخ به این درخواست، دعایی را به آنها آموخت که برای خیلی‌ها بسیار آشناست:

> «پس شما این‌گونه دعا کنید:
> ای پدر ما که در آسمانی،
> نام تو مقدّس باد.
> پادشاهی تو بیاید.
> ارادهٔ تو، چنانکه در آسمان انجام می‌شود،
> بر زمین نیز به انجام رسد.
> نان روزانهٔ ما را امروز به ما عطا فرما.
> و قرض‌های ما را ببخش،
> چنانکه ما نیز قرضداران خود را می‌بخشیم.
> و ما را در آزمایش میاور،
> بلکه از آن شریر رهایی‌مان ده» (متی ۶:۹-۱۳).

او به ما می‌گوید، دعای‌مان را درست مثل خود او، با "پدر" خطاب کردنِ خدا شروع کنیم. اما توجه کنید که: پدر بودنِ خدا از راه دعای عیسی مشخص می‌شود. ما از این دعا چه می‌آموزیم؟

اول، می‌آموزیم که خدا نزدیک و حاضر است: «ای پدر ما که در آسمانی.» در کیهان‌شناسی یهود، آسمان به مکانی در دوردست‌ها اشاره نمی‌کرد؛ بلکه منظور از آسمان، فضا و محیط اطراف بود، یعنی همان هوایی که آنها تنفس می‌کردند (آیا به یاد دارید که در هنگام تعمید عیسی، "آسمان" گشوده شد؟ این "آسمان" جای خیلی دوری نبود!) لُب مطلب اینکه، خدا حاضر است.

دوم، می‌آموزیم که خدا مقدّس اســـت: «نام تو مقدّس باد.» تقدس به پاکی و طهارت مربوط می‌شود. عیسی به ما تعلیم می‌دهد که دربارهٔ خدا هیـــچ چیز بدی وجود ندارد. خدا نه می‌تواند گناه کند و نه در شـــرارت سهیم شود. در یک کلمه، خدا پاک و طاهر است.

ســـوم، همین‌طور می‌آموزیم که خدا پادشـــاهی است که در آسمان ســـلطنت می‌کند: «پادشـــاهی تو بیاید. ارادهٔ تو، چنانکه در آسمان انجام می‌شود، بر زمین نیز به انجام رسد.» پادشاهان بر دیگران قدرت دارند، و خدا "شاه شاهان" است. به‌طور خلاصه، خدا توانمند است.

تا اینجا چیزی گفته نشـــده که ما را به این ایمان برســـاند که خدا در پی نیکویی و خوبی ماســـت. انسان‌ها به خدایان بسیاری اعتقاد داشته‌اند که در بین آنها حاضرند، مقدس و توانمدند، اما لزوماً دلســـوز نیســـتند. در درخواســـت‌های بعدی است که ما به طبیعتِ مهربان و دلسوز خدای عیسی پی می‌بریم.

چهارم، می‌آموزیم که خدا کســـی اســـت که ما را دوست دارد: «نان روزانـــهٔ ما را ... به ما عطا فرما.» ما خدایی داریم که خالق باران و آفتاب، و بخشـــندهٔ خوراک‌های بسیار به همهٔ آفریدگان خود، من‌جمله پرندگان آسمان است. بنابراین، می‌آموزیم که خدا مهیا می‌کند.

پنجم، می‌آموزیم که خدا کســـی است که قرض‌های ما را می‌بخشد. همان‌طور که ریچارد فاســـتر می‌گوید: «میل و اشـــتیاق به بخشـــیدن و دادن، در قلب خدا جای دارد.» حتی بیش از آنکه ما در تمنای بخشـــیده شـــدن باشیم، خدا دوست دارد ما را ببخشـــد. در یک کلمه، پدرِ ما عفو می‌کند.

ششم، از دعای ربانی می‌آموزیم که خدا ما را از آزمایش‌ها و شرارت‌ها می‌رهاند: «و ما را در آزمایش میاور، بلکه از آن شریر رهایی‌مان ده.» خدا حاضر و توانمند است چون از ته دل می‌خواهد از ما حمایت و محافظت کند. اگرچه ما از مسائل، حوادث و آزمایش‌ها رنج می‌بریم، اما خداست که حرف آخر را می‌زند. چیزی نمی‌تواند بر ما واقع شـــود که خدا نتواند ما را از آن رهایی دهد.

پدرِ عیسی نزدیک، مقدس، توانمند، دلسوز، بخشنده و حامی ماست. این خصایص، تصاویری محکم و قاطعانه از اینکه خدا کیست و پدری به چه معناست، به ما ارائه می‌کند. و حال، ما راهی برای تعریف نیکویی پدر در دست داریم. همچنین، مقیاسی داریم که به کمک آن می‌توانیم پدری راستین را بسنجیم. والدین خوب، خواه پدر باشد خواه مادر، باید این شش ویژگی را داشته باشند.

به‌عنوان پدر، اگرچه به کرات شکست می‌خورم، اما می‌کوشم هر یک از این خصوصیات را در زندگی به‌کار برم: من نزدیک فرزندانم هستم، اما گاهی هم از آنها فاصله می‌گیرم و ترجیح می‌دهم به‌جای بازی با آنها، روزنامه بخوانم. گاهی هم شغلم ایجاب می‌کند برای چند هفته‌ای از آنها دور باشم. همین‌طور خیلی سعی می‌کنم خوب و بی‌عیب باشم، اما گاهی به‌طور فلاکت‌باری شکست می‌خورم و به‌خاطر کوته‌فکری و خودخواهی‌ام، برای هیچ و پوچ، سرشان فریاد می‌زنم. سعی می‌کنم برای بچه‌هایم قوی باشم، ولی بعضی وقت‌ها درست مثل خود آنها، می‌ترسم و دستپاچه یا پریشان می‌شوم. برای تأمین زندگی آنها، خوب کار می‌کنم، اما گاهی زیاده از حد آنچه را دوست دارند در اختیارشان می‌گذارم و لوس‌شان می‌کنم. آنها را می‌بخشم، ولی بعضی وقت‌ها متوجه می‌شوم که اشتباهات گذشتهٔ آنها را به رخشان می‌کشم. همین‌طور سعی می‌کنم محافظت‌شان کنم، اما به‌طور اسفناکی آگاهم از اینکه نمی‌توانم آنها را از همهٔ دشمنانی که در دور و اطراف در کمین هستند، محافظت کنم. در نظر فرزندانم، همسر و بیشتر دوستانم، من پدر خوبی محسوب می‌شوم. هر سال در روز پدر، فرزندانم برایم کارت می‌نویسند و می‌گویند: «تو بهترین بابای دنیایی.» ولی من از کاستی‌های خودم آگاهم و دعا می‌کنم فرزندانم به‌خاطر آنها، عذاب نکشند.

منظور من در اینجا این است که خصلت پدریِ خداست که باید خصوصیاتِ پدرِ بشری را تعریف کند، نه برعکس. کتابچهٔ کوچک "چطور بابای خوبی باشیم"، که من روی میز کنار تختخوابم نگه می‌دارم، رهنمودهای خیلی خوبی ارائه می‌دهد («با فرزندان‌تان بازی کنید») و

«بــه آنها گوش دهید»)، اما من پدر خیلــی بهتری خواهم بود اگر به پدر آســمانی‌ام نزدیک شوم و به او اجازه دهم تا قلب مرا به‌صورت خودش شــکل بدهد. آن طوری که خدا مرا پدری می‌کند بــه من می‌آموزد که چطور برای فرزندانم پدر خوبی باشم.

زنی که نمی‌توانســت به خدا به‌عنوان پدر دعا کند، به‌خاطر داشــتن پدری سرد و بدرفتار، دوران کودکیِ بسیار بدی را گذرانده بود. وقتی او تصوری را که از پدر داشــت به خدا نسبت می‌داد، خدا را کسی می‌دید که هرگز نمی‌توانســت بــه او محبت یا اعتماد کنــد. اینکه به او بگوییم «تجربیاتت را نادیده بگیر! چون عیســی خــدا را پدر خواند تو هم باید چنین کنی»، بسیار بی‌رحمانه است. راه‌حل بهتر این است که او را تشویق کنیم تا اجازه دهد عیســی معنی واژهٔ پدر را برای او تعریف کند و از آن راه، با خدایی که عیسی می‌شناسد، آشنا بشود. راه شفای او این است.

از شش جنبهٔ ذات خدای پدر (نزدیک، طاهر، توانمند، مهیاکننده، عفوکننده، حامی) که در دعای ربانی دیده می‌شود، شما کدام‌یک را بیشتر نیاز دارید در مورد خدا ببینید و درک کنید؟

خدایی که عیسی مکشــوف می‌کند نه تنها بازتاب کامل‌ترین نمونهٔ پدری، بلکه بازتاب کامل‌ترین نمونهٔ مادری نیز هست. گاهی ما به پدران همچون تأمین‌کنندگانی قوی و ســختگیر، و به مادران همچون حامیانی ملایم و فروتن نگاه می‌کنیم. اما در توصیف عیســی از پدر، توازنی کامل از همهٔ این ویژگی‌ها را می‌بینیم. مادر خوب کســی است نزدیک، تمام و کمال، قوی، دهنده، بخشــاینده و محافظ. در حقیقت، آدم خوب، خواه مــرد و خواه زن، خواه مجرد، خواه متأهــل، دارای فرزند یا فاقد فرزند، صاحب همهٔ این ویژگی‌هاست. عیسی خودش هم بازتابی از پدر بود، به همین‌خاطر، وقتی به او نگاه می‌کنیم، خدای پدر را می‌بینیم. در عیســی توازنی کامل و همه‌جانبه از تمامی ویژگی‌های خوب را می‌بینیم. عیسی به‌راستی ملایم است، اما در صورت لزوم، بسیار قوی نیز هست.

یافتن پدر حقیقی خود

چندی پیش، با شبانی انگلیسی آشنا شدم که زندگی‌اش به زیبایی نمایانگر این است که اعتماد به خدا به‌عنوان پدر چه معنایی دارد. از کارل پرسیدم که چطور مسیحی شده است. این‌طور تعریف کرد: «در دوران کودکی و نوجوانی به‌ندرت به کلیسا می‌رفتم. اما با پدرم خیلی نزدیک بودم. در چهارده سالگی، روزی پدرم سر کار، در سانحه‌ای دلخراش جانش را از دست داد و این تمام زندگی من را فروپاشید. برای اینکه دردم را فراموش کنم، مرتب در مدرسه درگیر جنگ و دعوا می‌شدم و چیزی نگذشت که به مصرف بی‌رویهٔ الکل روی آوردم. اما انگار هیچ چیزی تسکینم نمی‌داد.

وقتی هفده ساله بودم، روزی دوستم مرا به میهمانی دعوت کرد. با خودم فکر می‌کردم که به محفلی برای میگساری و عیاشی می‌رویم. دعوتش را پذیرفتم. اما در حقیقت این میهمانی، "یک میهمانی شبانه‌روزی مسیحی" بود، چیزی که در انگلستان رایج است و مردم برای خلوت کردن، با هم در یک خانهٔ بزرگ و دنج جمع می‌شوند و چند روزی را با هم در گفت و شنود، پرستش و استراحت می‌گذرانند. من وقتی متوجه نوع میهمانی شدم، که دیگر کار از کار گذشته بود و نمی‌توانستم عقب بکشم. آنجا بعد از دو روز، هنوز هم نسبت به خدا روحیهٔ تلخی داشتم. اما در آخرین روز که یکشنبه بود، در طول پرستش، صدای واضحی به گوشم رسید که می‌گفت: "من پدر تو هستم. نزد من بیا." به محض شنیدن این صدا، زدم زیر گریه و برای اولین بار بعد از مرگ پدرم، احساس کردم زخم‌های دلم التیام پیدا کرد.»

همهٔ ما در زندگی، خواه ناخواه با درد و مشکلات و حتی گاهی با مصائب مواجه می‌شویم. اما وقتی شروع می‌کنیم به شناختن و نزدیک شدن به خدایی که عیسی می‌شناخت، قدرتی تازه برای مقابله و کنار آمدن با تقلاها و مصائب‌مان پیدا می‌کنیم. اگر خدا را به‌عنوان بابا و پدر خود نشناسیم، برای روبه‌رو شدن با مشکلات‌مان شهامت نخواهیم

داشت. اما وقتی شروع می‌کنیم به شناختن خدای نیکو و زیبایی که عیسی می‌شناسد، کشمکش‌ها و مشکلات‌مان معنای کاملاً تازه‌ای می‌گیرند. اگر خدا به‌راستی نیکوست و در پی نیکویی ماست، بنابراین می‌توانیم با صداقت کامل نزد او بیاییم. ما می‌توانیم صداقت و راستی را در دعا تمرین کنیم، یعنی در دعا تمامی وجودمان را عریان کنیم و با تمامی زخم‌هایی که موجب می‌شوند به نیکویی خدا شک کنیم، مواجه شویم و برای اینکه از آنها شفا بیابیم، همه را به او واگذاریم.

"جام" شما چیست؟

پیشتر در شروع این فصل، ذکر شد که چگونه عیسی در باغ جتسیمانی با موقعیت بسیار دشواری مواجه بود. او از اَبّایش (بابا) خواست تا "جام" را از او دور کند. جام، نمایندهٔ چیزهایی است که در زندگی به ما تحمیل شده است. ما باید از خود بپرسیم: "جام" من چیست؟ کدام جنبه از زندگی شماست که توکل به خدا را برای‌تان دشوار می‌سازد؟ آیا از تجربهٔ طلاق آزرده‌اید؟ آیا خسارت مالی یا جانی دیده‌اید؟ آیا نمی‌توانید شریکی برای زندگی‌تان پیدا کنید و با دورنمایی از زندگی پر از تنهایی دست و پنجه نرم می‌کنید؟ آیا عزیزی را از دست داده‌اید؟ آیا در رسیدن به رؤیا و آرزوتان شکست خورده‌اید؟ آیا شغلی را از دست داده‌اید؟ آیا عضوی از بدن‌تان از کار افتاده است؟

"جام" شما چیست؟ با آن جام چه کرده‌اید؟ چه چیزی را در این تجربه، در مورد خدا یا خودتان آموخته‌اید؟

"جام" چیزی است که پذیرفتن آن به‌عنوان سهم و نصیب‌مان در زندگی دشوار است. و همین جام است که معمولاً ایمان داشتن به نیکویی خدا را برای ما دشوار می‌سازد. یکی از اولین جام‌های زندگی من این بود که از دکترها بشنوم دخترم با نوعی بیماری علاج‌ناپذیر به دنیا خواهد آمد. مثل عیسی، من هم با چیزی روبه‌رو شدم که با خواسته‌هایم در تضاد

بود. من می‌خواستم دختری سالم داشته باشم. آیا در آن موقعیت، من هم می‌توانستم در دعا بگویم: «اَبّا، پدر»؟

چند سال بعد، تفسیر توماس سْمیل (Thomas Smail) را در مورد تجربۀ عیسی در باغ جتسیمانی، و اینکه چگونه توانست در کشاکش دردهایش به خدا اعتماد کند، خواندم. این به من کمک کرد تا چیزی مهم دربارۀ اعتماد به خدا بیاموزم و به پرسشی که مردم از من می‌پرسیدند، پاسخ داد: «جیم، چطور می‌توانی پس از تجربه کردنِ آن سختی‌ها، باز به خدا اعتماد کنی؟» سال‌ها نمی‌دانستم به این پرسش چگونه پاسخ دهم، اما اکنون می‌دانم. سْمیل می‌نویسد:

> «خدایی که عیسی در باغ جتسیمانی او را صدا می‌زند، خدایی است که عیسی تمام عمر او را می‌شناخت. او دیده بود که خدا در موهباتش گشاده‌دست، در وعده‌هایش قابل اعتماد و در محبتش کاملاً وفادار است. عیسی می‌تواند از ارادهای که او را به صلیب می‌فرستد، با امیدواری و انتظار اطاعت کند زیرا این ارادۀ اَبّایی است که محبت خود را چنان ثابت کرده که اکنون می‌توان با اطاعتی محض، به آن اعتماد کامل کرد. این نه اطاعتی همچون اطاعت از حکم قانون، بلکه اعتمادی بود در پاسخ به محبتی شناخته‌شده.»

سْمیل بسیار خوب بیان می‌کند: رابطۀ ما با پدر، «اعتمادی است در پاسخ به محبتی شناخته‌شده.» عیسی خوب می‌دانست که پدرش او را دوست دارد، بنابراین توانست در درد و رنج به او اعتماد کند. دلیلی که عیسی توانست در تاریک‌ترین ساعات به خدا اعتماد کند این بود که با پدر نیکو و زیبای خود از ازل از نزدیک زندگی کرده بود. اکنون می‌فهمم که چگونه می‌توان به محبتی که به تجربه اثبات شده، حتی هنگامی که هیچ چیز قابل درک و بامعنا نیست، اعتماد کرد. پس وقتی با دنیایی مملو از زلزله و سیل و متجاوزین به کودکان، سقوط هواپیماها و مادران معتاد به مواد مخدر روبه‌رو می‌شوم، دیگر خودم را مجبور نمی‌کنم بگویم همه

چیز روبه‌راه است. در عوض، می‌گوییم: «عیسی به آبّای خود اعتماد کرد، و من هم به خدایی که می‌دانم نیکوست، اعتماد می‌کنم.»

یکی کردن روایت‌های خودمان با روایت‌های خدا

مرگ دخترم غیرمنتظره بود. او واکنش خوبی به جراحی نشان نداده بود و اعضای بدنش شروع کرد به از کار افتادن. قبلاً هم این برای مادلن پیش آمده بود، اما همیشه دوباره سلامتی‌اش را به‌دست می‌آورد. با این همه، بعد از جلسهٔ پرستشی، بی‌درنگ راهی بیمارستان شدم، و خوشبختانه پدر پل هاج (Paul Hodge) که کشیش کلیسای ارتدکس آمریکا بود، مرا همراهی کرد. در حالی که مادلن رو به مرگ بود، پدر پل با من و همسرم دعا کرد. از کتاب دعای خود، دعایی انتخاب کرد که سابقه‌ای دیرین و تعلیم الاهیاتیِ عمیقی داشت. کلمات این دعا چنین بود:

خداوندا، نه افکار ما افکار توست، و نه طریق‌های ما طریق‌های تو.

اعتراف می‌کنیم که دست نیکوی تو را در رنج‌های مادلن نمی‌بینیم.

تمنا می‌کنیم مدد کنی تا در این مصیبت، مقصودی ورای درک و فهم خود ببینیم.

فکرمان پریشان و قلب‌مان، رنجور است.

با دیدن این کودک معصوم، که در تلهٔ گناهان این جهان و در قدرت شیطان، گیر افتاده و قربانی رنج و دردی بی‌معنا شده، نیروی ما از دست رفته است و ضعیف شده‌ایم.

خداوندا، رحم فرما! بر این کودک، رحم فرما!

مگذار عذاب او به درازا کشد! مگذار درد و رنجش افزونی گیرد!

نمی‌دانیم از تو چه درخواست کنیم: به ما فیضی عطا فرما تا تنها بگوییم «ارادهٔ تو، چنانکه در آسمان انجام می‌شود، بر زمین نیز به انجام رسد.»

خداوندا، به ما ایمان بده، زیرا باور داریم؛ بی‌ایمانی ما را مدد فرما.

با دخترت مادلن باش، و با او رنج بکش؛ و بنا بر آن نقشهٔ نجات خود، که پیش از آفرینش جهان تعیین کرده بودی، او را شفا و نجات ده.

زیرا، ای خدا، تویی تنها امید ما، و در تو پناه می‌جوییم: پدر و پسر و روح‌القدس، از حال و تا ابدالآباد و تا جمیع اعصار. آمین.

حتی پس از گذشـــت ماه‌ها و ســـال‌ها، هنوز هم من و مِگِن این دعا را به‌خوبی به یاد داریم. این دعا، ما را شفا داد و برای مرگ دخترمان آماده کرد.

چرا؟ چون این دعا، داستان زندگی ما و روایت‌های شخصی ما (پدر و مادر و کودکی بیمار) را، در متن داستانی بزرگ‌تر که ماورای روایت‌های ما بود، قرار داد، یعنی داستانی که خدا در شرف نوشتن آن است. این دعا، هم اندوه و هم امید ما را بیان می‌کرد. دعایی بود صادقانه: "دست نیکوی تو را در این واقعه نمی‌بینیم و می‌خواهیم در پس همهٔ این رنج‌ها، هدف و مقصودی ببینیم. وقتی زحمات و رنج‌های ما بی‌معنا به نظر می‌رســـند، روح ما شکســـته می‌شود. اما این دعا باز هم ادامه دارد. می‌گوید که ما در بی‌ایمانی‌مان، باز هم ایمان داریم. این دعا، رنج‌های ما را در جای درستی قرار می‌داد، در نقشـــهٔ نجات خودِ خدا کـــه آن را پیش از آفرینش جهان مقرر فرموده بود. خدا نیکوست و هنوز هم همه چیز تحت فرمان اوست و پادشاهی او هرگز در اضطراب نیست.

وقتی ما داســـتان زندگی‌مان را به داســـتان خدا پیوند می‌زنیم، که در آن خـــدای نیکو و زیبای ما حرف آخـــر را می‌زند، آنگاه همه چیز معنی می‌یابد. دردها اگرچه همان‌طور واقعی می‌مانند، اما قابل تحمل می‌شوند. آنگاه با گذشت زمان می‌توانیم کم‌کم پیش برویم و در پَسِ زحمات‌مان، به رحمت‌های فراوانی که ما را در بر گرفته، بنگریم.

تمرکز نه تنها بر جام‌ها بلکه بر برکات

توماس شْمیل می‌گوید که عیســـی توانست به خدا اعتماد کند چون خدا را "در تمامی موهباتش گشاده‌دســـت" دیده بود. عیسی بسیار خوب از نیکویی خدا آگاه بود زیرا خدا هر روزه با او بود و او و همهٔ کارهایش را برکت مـــی‌داد. به همین‌خاطر بود که توانســـت حتـــی در آخرین و سخت‌ترین لحظات نیز به اعتماد خود ادامه دهد. تحمل و ایستادگی در شرایط نومیدکننده مســـتلزم این است که در فکر خود این درک صحیح

را که خدا برای خوبی و منفعت ما فعال است، پرورش دهیم. این را می‌توانیم با آگاهی هر چه بیشتر از برکاتی که هر لحظه شامل حال ما می‌شود، انجام دهیم.

جورج باتریک (George Buttrick) از سال ۱۹۲۷ تا ۱۹۵۴ شبان کلیسای پرسبیتری خیابان مَدیسون در شهر نیویورک بود. او واعظ، معلم و نویسنده‌ای توانمند بود. کتاب او به نام دعا، یکی از بهترین کتاب‌های نوشته شده در زمینهٔ دعا به شمار می‌آید. روزی در حین خواندن این کتاب، به قسمتی رسیدم که طرز نگاه مرا به جهان برای همیشه تغییر داد. در آن قسمت باتریک داستان مردی را می‌گوید که با استفاده از مثالی منحصربه‌فرد، به مردم در درک نیکویی خدا کمک می‌کند.

روزی سخنرانی به شنوندگانش که همه بازرگان و صاحب‌کار بودند، ورقهٔ کاغذ سفیدی نشان داد که بر آن لکه‌ای کوچک بود. از آنها پرسید که چه می‌بینند. همگی پاسخ دادند: "یک لکه". این آزمونی غیرمنصفانه بود چون بیننده را به دادن پاسخ غلط تشویق می‌کرد. با این حال، در ذات آدمی ناشکری وجود دارد به‌طوری که ما متوجه لکهٔ سیاهی می‌شویم و رحمت‌های فراوان (سفیدی‌ها) را فراموش می‌کنیم. لازم است آگاهانه همهٔ موهبات زندگی‌مان را به خاطر آوریم. باید تمامی برکات یک روز را روی صفحه‌ای کاغذ بنویسیم. اگر شروع به نوشتن کنیم، هرگز نمی‌توانیم آن را تمام کنیم و در تمام دنیا، قلم و کاغذ کافی برای ما وجود نخواهد داشت. دست زدن به این کار، "گنج عظیمی را که در قناعت و رضایت است"، به یاد ما می‌آورد.

گفتهٔ باتریک بسیار روشن است: ما باید "تعمداً" تمامی برکاتی را که در دور و برمان داریم، به خاطر آوریم. اگر چشمانی داشتیم که همهٔ آنها را می‌دید، تمامی قلم‌ها و کاغذهای دنیا هم برای نوشتن آنها کافی نبود. باتریک مدافع "تفکر مثبت" نیست، بلکه حقیقت عمیقی را دربارهٔ دنیایی که در آن زندگی می‌کنیم، با ما در میان می‌گذارد.

روزی در جشن تولد دختربچه‌ای، می‌دیدم که چطور هدایایش را پیش روی دوستان و والدین‌شان باز می‌کرد. اما هدیه‌ای که آن دختر

می‌خواست در بین هدایا نبود. هر بچه‌ای که به آن دخترک هدیه می‌داد با لبخند و انتظار کنار او می‌ایستاد، اما دخترک که متوجه می‌شد هدیهٔ دلخواهش نیست، آن را با سردی به گوشه‌ای هُل می‌داد و می‌رفت سراغ هدیهٔ بعدی. آن وضعیت موجب خجالت همهٔ ما و مخصوصاً پدر و مادر آن دختربچه شده بود. این صحنه نمونهٔ بارزی بود از ناسپاسی. هدایای زیادی به او داده شده بود اما انگار دختر به چیز دیگری فکر نمی‌کرد مگر به همان یک هدیه‌ای که دنبالش بود. بعداً فهمیدم که هدیهٔ دلخواه آن دختر، نه با ارزش بود و نه گران‌قیمت، و از دیگر هدایا ناچیزتر بود.

آن شب وقتی از میهمانی به خانه برمی‌گشتم، به‌کار زشت آن دختر و قدرناشناسی او فکر می‌کردم. همان موقع روح‌القدس در گوشم زمزمه کرد: «آیا تو با او فرق داری؟» فکر کردم که چطور در اکثر مواقع تمام حواسم متمرکز چیزی هست که از خدا می‌خواهم برایم انجام دهد و هزاران چیز دیگری را که معمولاً بهتر از آن یک چیز هستند و او تا آن موقع برایم انجام داده، نادیده می‌گیرم. به‌خاطر "جام‌های" کوچک و بزرگ زندگی‌ام (پول کافی نداشتن برای انجام این کار و آن کار، مشکلات سر کار، مشکلات روابطی)، الم شنگه به پا می‌کنم اما هیچ‌وقت خدا را برای چشمانی که با آن می‌بینم شکر نمی‌کنم. اگر بینایی‌ام را از دست می‌دادم و یک میلیون دلار پول داشتم، با خوشی تمام همهٔ آن را می‌دادم تا دوباره بینایی‌ام را به‌دست آورم. چشمان من بیش از یک میلیون دلار ارزش دارد، قلب و گوش‌هایم، همین‌طور همسرم و فرزندانم. اگر عقل داشتم، هر روز از خدا برای "گنج عظیمی" که به من داده، تشکر می‌کردم، و مطمئنم اگر شروع می‌کردم به شکرگزاری، دیگر نمی‌توانستم از آن بازایستم.

مشکلات ما واقعی‌اند، اما همان‌گونه که باتریک می‌گوید، در مقایسه با «رحمت‌های عظیم» خداوند بسیار کوچکند. هرچه بیشتر بتوانیم ببینیم که چقدر برکات رایگان و فوق لیاقت‌مان به ما داده شده، همان‌قدر نیز قادر خواهیم بود ببینیم که خدا واقعاً برای خیریت ما عمل می‌کند. در چنین وضعی است که اعتماد ما به خدا بیشتر می‌شود.

همان‌طور که قبلاً گفتم، پسرم وقتی با من سوار آن چرخ و فلک بزرگ ترسناک شد، به‌جای ترسیدن، تمام وقت لبخند می‌زد و کیف می‌کرد! چرا؟ زیرا من در کنارش بودم. تمام مدت عمرش همیشه به او توجه کرده بودم. به او خوراک و پوشاک داده بودم، حمامش کرده بودم، با او دعا کرده بودم، وقتی بیمار بود بر بسترش از او مراقب کرده بودم و نیازهایش را برآورده بودم. جِیکوب به من اعتماد کامل داشت.

من و شما نیز در چنین وضعیتی هستم. زندگی ما گاهی مانند آن چرخ و فلک بزرگ، ترسناک به نظر می‌رسد، اما در عین حال سرشار از نشاط است. کلید رمز آن است که به یاد آوریم چه کسی کنار ماست. هیچ وضعیتی نیست که ما به تنهایی با آن مواجه شویم. خدا با ماست. خدا برای خیریت ما عمل می‌کند. حتی در دردناکترین اوضاع نیز خدا قادر است دگرگونی ایجاد کند، زیرا «همهٔ چیزها با هم برای خیریت در کار است» (رومیان ۲۸:۸) برای آنها که به او اعتماد دارند. کاری که باید بکنیم آن است که از این بازی به ظاهر خطرناک لذت ببریم.

پرورش روح

شکر نعمت کردن

برشمردن برکاتی که نصیب ما شده، تمرین روحانی بسیار نیرومندی است. فهرستی تهیه کنید از برکاتی که خداوند به شما عطا کرده و همچنین از تمام چیزهایی که زندگی‌تان را زیبا ساخته است. به جزئیات زندگی خود توجه کنید. به چیزهای پنهان فکر کنید. به چیزهای خوب و لطیف که اغلب نادیده گرفته می‌شود به‌دقت بنگرید. از کوچک شروع کنید: نخست ده برکتی را که از خداوند یافته‌اید بنویسید. در این فهرست می‌توانید نام عزیزان‌تان را بنویسید، همچنین دارایی خود و فرصت‌هایی را که به شما داده شده است. در ضمن می‌توانید برکات طبیعی را نیز بنویسید، مانند خورشید، ستارگان، کوه‌ها و غیره. یا می‌توانید چیزهایی را که دوست دارید در این فهرست بگنجانید، مانند قهوه یا بستنی! سرانجام آنچه را خداوند برای شما کرده بنویسید. هر روز خداوند در حال تدارک دیدن برای ماست، هرچند ما نمی‌توانیم همیشه ناظر آن باشیم. این تمرین به شما کمک می‌کند تا «رحمت عظیم» خداوند را که بسیار بزرگ‌تر از «نقطهٔ سیاه» است ببینید.

هر روز به فهرستی که دارید چیزی بیفزایید. بکوشید شمار برکات را به پنجاه برسانید. باز ادامه دهید و سعی کنید در این هفته تعداد برکات و چیزهایی را که برایش شکرگزار هستید به صد برسانید. سرانجام احتمالاً به آنچه جورج باتریک «گنج بی‌کران» می‌نامد خواهید رسید. ما اغلب عادت داریم که وقتی از خواب بیدار می‌شویم به مشکلات‌مان بیندیشیم. این تمرین به ما کمک خواهد کرد تا توجه خود را از چیزهای کمی که بد هستند به چیزهای زیادی که خوب و زیبایند معطوف داریم.

اگر برای شروع این تمرین با مشکل روبه‌رو شدید، می‌توانید از فهرست زیر استفاده کنید.

چند سال پس از مطالعهٔ کتابی به‌نام "۱۰,۰۰۰ چیز که باید خدا را برایش شکر کرد"، این فهرست را تهیه کردم. از فهرست مذکور در این کتاب خوشم آمد، و خودم نیز چیزهایی بدان فهرست افزودم. این تمرین را با هزاران تن در دنیا انجام داده‌ام و برخی از برکات آنها را نیز به این فهرست افزوده‌ام. فهرست من شامل خانواده و دوستان نمی‌شود، نه بدان جهت که برای آنها از خدا شکرگزار نیستیم، بلکه از آن‌رو که یاد گرفته‌ام به‌طور مرتب برای وجوشان شکر کنم. می‌خواهم فهرست من یادآور چیزهایی باشد که اغلب فراموش می‌کنم برای آنها خدا را شکر کنم.

فهرست بی‌پایانِ برکات من

وجود خدا	بستنی
حضور خدا با من	کنجکاوی
عیسی	بوی چوب
کلیسا	کتاب شعر
یک لیوان چای سرد در یک روز گرم	کلوچه‌های گرم
خواب کوتاه نیروبخش	مردم باصفا
عزیزانی که سرانجام به شناخت خدا نائل آمدند	اعجاز سیستم دفاعی بدن
تنیس	قهوه
رنگ‌ها	بوی باران
بوهای خوش	دعا

خواب و رؤیا – روز یا شب	امید آسمان که در انتظار من است
نور آفتاب	فرصت‌های ثانی
حکمت دیگران	پروانه‌ها
خنده	دوستان قدیمی
لبخند یک بیگانه	محبت والدین نسبت به کودکانشان
دم تکان دادن سگم با دیدن من	کریسمس
موسیقی	گفتگوهای مفید و پرمعنا
جوراب‌های تمیز	کتاب‌مقدس
سرود معروف هللویای مسیحای هندل	دانشمندانی که چیزی حیرت‌انگیز کشف کرده‌اند
مربیان و معلمان	شکلات
بغل کردن کودک	باز شدن و توسعهٔ فکرم وقتی سفر می‌کنم
تشویق	خنثی کردن شایعات دروغ
افراد بااستعدادی که فروتنند	سرودهای معروف پرستشی
تهویهٔ هوا	هنرمندان

عادت کردن به شکرگزاری

امیدوارم این فهرست فقط به یک بار تمرین محدود نشود بلکه به عادتی همیشــگی در زندگی تبدیل گردد. دیوید کراودر (David Crowder) که موسیقیدان و نویسنده است چنین می‌نویسد:

وقتـی نیکویی ظهور می‌کند و مــا بی‌محابا آن را در آغوش می‌گیریم، در واقع دهنــدهٔ آن را در آغوش گرفته‌ایم ... هر ثانیه فرصتی است برای شکرگزاری. باید تصمیم گرفت. هر لحظه باید تصمیم گرفت. این است عادت شکرگزاری. یافتن لحظهٔ الاهی با مکاشفهٔ لحظه‌ای، در چیزهای مقدس و عادی، در کوه و دره، در پیروزی و شکست، و داشتن زندگیِ لبریز از شکرگزاری به‌خاطر آن. این است دلیل آفریده شدن ما.

من با کراودر موافقم. وقتی ما برای چیزی عادی همچون «کنجکاوی» سپاســگزار باشیم، در واقع خداوند را پرستش می‌کنیم. هر لحظهٔ عمر ما فرصتی اســت تا چیزی بیابیم که برای ما شگفتی بیافریند. هرچه بیشتر تمرین کنیم، به آن بیشــتر عادت می‌کنیم، به‌طوری که در نهایت متوجه می‌شویم آن را به‌طور طبیعی انجام می‌دهیم. ما به چیزی بدل می‌شویم که به‌قول آگوستین «از سر تا پا هللویا» است!

برای تأمل

صرف‌نظر از اینکه ایــن مطالب را با دیگران می‌خوانید یا در تنهایی، پرسش‌های زیر به شما در تأمل و تفکر در مورد تجربه‌تان کمک خواهند کرد. در هر حال، شاید ایدهٔ بدی نباشد که در دفترچه‌تان به این پرسش‌ها پاســخ دهید. اگر با گروهی جمع می‌شــوید، دفترچهٔ یادداشت را همراه خود ببرید تا به شما در به یاد آوردن تجارب‌تان کمک کند و بتوانید آنها را با دیگران در میان بگذارید.

۱) آیا در این هفته توانستید فهرستی از برکات تهیه کنید؟ این کار راحت بود؟ چرا؟

۲) آیا توســط این تمرین چیزی دربارهٔ خدا یا خودتان یاد گرفتید؟

۳) چه چیزی در فهرست شما را متعجب ساخت؟ چرا؟

فصل چهارم

خدا سخاوتمند است

دالاس ویلارد می‌نویسد: «فرایند شکل‌گیری روحانی در مسیح یکی از فرایندهایی است که به‌طور تدریجی و با جایگزینی انجام می‌پذیرد ... فکر و خیال‌های مخرب جای خـــود را به فکر و خیال‌هایی می‌دهند که ذهن خود عیسی را نیز پر کرده‌اند ... شکل‌گیری روحانی در مسیح، رو به‌سویی دارد که در نهایت افکار و خیالات ما به افکار و خیالات او تبدیل می‌شوند.»

زمانی که در ســـال اول دانشکده مشـــغول تحصیل بودم، خبری در دانشـــگاه پیچید، مبنی بر اینکه زنی هر روز در حوالی دانشـــگاه در باب «آتش و گوگرد» موعظه می‌کند. من در رشـــتهٔ الاهیات درس می‌خواندم و امید داشـــتم تا در آینده شـــبان شوم؛ از این‌رو ســـروصدایی که آن زن به‌راه انداخته بود، کنجکاوی مرا سخت برانگیخت. صدها دانشجو برای شـــنیدن موعظه‌های او جمع می‌شدند؛ البته نه به این خاطر که پیغام‌های او آنها را تحت تأثیر قرار داده بود، بلکه چون می‌خواســـتند زن واعظ را دســـت بیندازند. دانشـــجویان نام زن را «نبیه کوچولو» گذاشته بودند. او هر روز هفته، سر ســـاعت ۱۰:۵۰ صبح بالای یکی از نیمکت‌های پارک وسط محوطهٔ باز دانشگاه می‌ایستاد و بیست دقیقه «موعظه»- یا در واقع، «توبیخ»- می‌کرد. هفته به هفته بر شـــمار حاضران افزوده می‌شد. من هم باید می‌فهمیدم که قضیه از چه قرار است.

یک روز حدود ده دقیقه پیش از شـــروع موعظـــه خودم را به محل موعظه رساندم. بسیاری از دانشجویان در اطراف نیمکت معروف حلقه زده بودند. زن ریزنقش با چهره‌ای ســـاده، در حالی که لباس سفید از مد افتاده‌ای به تن داشت، درست سر ساعت معین روی نیمکت رفت.

فصل چهارم

بعضی از تصورات و عقاید مخربی را که با آنها کلنجار رفته‌اید، نام ببرید؟

او روی «منبرش» ایستاد و در حالی که پشتش به جمعیت بود، نگاهش را به پایین دوخت؛ از قرار معلوم داشت دعا می‌کرد. وقتی زن رویش را به‌سوی جمعیت برگرداند، هلهلهٔ شادی (یا شاید بتوان گفت: ولوله ریشخند) از هر سوی برخاست. واعظ دستانش را به نشانه دعوت به سکوت بلند کرد و بعد، در حالی که کتاب‌مقدس «کینگ جیمز» کهنه و پاره‌اش را در هوا تکان می‌داد، موعظه‌اش را (که بیشتر به پرخاش شبیه بود) آغاز کرد.

«چشمان خداوند به شما گناهکاران دوخته شده است! فکر نکنید که همهٔ اعمال شما از نظر خدا مخفی می‌ماند. او مرا به این دانشگاه فرستاده چون از همهٔ طریق‌های شریرانهٔ شما به خشم آمده است. او از همهٔ زناکاری‌ها، مستی‌ها، دروغ‌گویی‌ها و فریب‌کاری‌های شما خبر دارد. پیغامی که او برای همهٔ شما گناهکاران دارد این است: همهٔ شما به ...» و جمعیت یکصدا با او فریاد زدند: «*دریاچهٔ آتش* افکنده خواهید شد!» ریشخندها و شکلک‌های دانشجویان نه بر شور و حرارت او چیزی افزود و نه نظرش را جلب کرد؛ او همچنان بی‌اعتنا باقی ماند. زن واعظ با دقت و جزئیات بیشتری به نام بردن فهرست گناهان می‌پرداخت و دانشجویان هم در پایان هر فهرست از گناهان دسته‌جمعی فریاد می‌زدند: «و همهٔ شما به *دریاچهٔ آتش* افکنده خواهید شد!»

من در حالی که به دیوار سرد مرکز دانشجویی تکیه داده بودم، این نمایش سوررئال را تماشا می‌کردم. من به‌عنوان مسیحی معتقدم تک‌تک گناهانی که آن زن نام برد، به‌راستی گناه هستند. بر خلاف دیگر دانشجویانی که اطرافم ایستاده و با بی‌قیدی آن زن و پیغامش را به باد تمسخر گرفته بودند، من می‌دانستم که بخشی از آنچه او می‌گفت، حقیقت داشت. روایت نبیه کوچولو کاملاً روشن بود: خدا به سبب گناهان‌تان از دست شما عصبانی است، و گناه شما به سوختن در آتش ابدی خواهد

انجامید. اما او هرگز از محبت خدا سخنی بر لب نیاورد. در کلام او هیچ اشاره‌ای به فیض خدا به چشم نمی‌خورد. او در تمام وعظش حتی یک بار هم نام عیسی را بر زبان نیاورد. زن بر ضد گناه سخن گفت، اما تنها در ارتباط با مجازات گناه حرف زد، نه لطمه‌ای که به روح انسان وارد می‌کند. به‌جز آن روایت ناقص، زن واعظ چیزی که به تغییر شخص کمک کند بیان نکرد و اساساً به جز احساس گناه و ترس- که هیچ‌یک انگیزه‌هایی مؤثر و ماندگار نیستند- نکتهٔ دیگری در سخنانش به چشم نمی‌خورد.

این خانم چنین روایتِ ناقصی را در ارتباط با خدا از کجا آورده بود؟ و اگر عیسی آنجا بود به نبیه کوچولو چه می‌گفت؟

روایت نادرست: کسب لطف و عنایت

روایت زن واعظ مبالغه‌آمیز می‌نماید، اما از این دست روایات کم نیستند. در اغلب موارد، لحن بیان روایت تا این اندازه هم مطلق، یا به تعبیری سیاه و سفید نیست. روایت زن مزبور نمونهٔ بارزی است از لطف و عنایت خدا، که عمیقاً در فرهنگ ما و بسیاری از کلیساها رسوخ کرده است. این روایت به قرار زیر است: محبت و بخشایش کالاهایی هستند که می‌توان آنها را در ازای عملکردی مناسب به‌دست آورد. محبت، پذیرش و بخشایش خدا، چیزهایی هستند که برای به چنگ آوردن‌شان، باید لیاقت داشت، لیاقتی که از طریق درست زندگی کردن میسر می‌شود. خدا بیش از هر چیز از ما انتظار دارد گناه نکنیم، و در عوض کارهای نیکو انجام دهیم. این روایت، همچون همهٔ روایات نادرست دیگر، در نیمچه حقیقتی ریشه دارد. این درست است که خدا نمی‌خواهد ما مرتکب گناه شویم و می‌خواهد که ما کارهای نیکو انجام دهیم، اما این خواست او تنها به این دلیل است که گناه به ما آسیب می‌زند، و اعمال نیکو هم برای ما و هم برای کسانی که دریافت‌کنندهٔ آن هستند، مرهمی شفابخش است.

روایت فرهنگیِ «کسب کردن.» این روایت ریشه در دنیای ما دارد، جایی که در آن کسب کردن، تنها راه به‌دست آوردن چیزی است. ما از همان عنفوان جوانی یاد می‌گیریم که محبت والدین‌مان به رفتار خوب

ما وابسته است؛ هر که از عهدهٔ امتحانات برآید نمرهٔ خوب می‌گیرد؛ هر که جذابیت داشته باشد بیشتر مورد توجه و محبت دیگران قرار می‌گیرد؛ طردشـدگی، تنهایی و انزوا همگی پیامدهای عدم موفقیت هستند. وقتی مردم در زندگی روزمره، بر اسـاس ظاهــر، کار و موفقیت‌های‌مان با ما رفتار می‌کنند، معلوم است که خدا را هم مانند خودشان می‌دانند. از اینها گذشــته، خدا هم از والدین ما بزرگ‌تر است و هم به شخصیت حقیقی ما واقف‌تر، و ما را از نزدیک‌ترین دوستان‌مان هم بهتر و بیشتر می‌بیند.

چگونه فرهنگ ما از روایتِ «کسب کردن» پشتیبانی می‌کند؟ آیا تا به حال این فشار را احساس کرده‌اید؟

بنابراین، خدای همه‌بین و همه‌دان از همهٔ چیزهای بدی که کرده‌ایم یا حتی بدان اندیشیده‌ایم، آگاه است. اگر خدا جای والدین ما بود، وقتی که رفتار بدی از ما سر می‌زد، محبتش را از ما دریغ می‌نمود («برو تو اتاقت! امشب از شام خبری نیست»). اگر خدا جای معلم ما بود، حتماً نمرهٔ ردی می‌گرفتیم («تنبلی کرده بــودی!»). اگر خدا قاضی ما بود، حتماً حکم به «محکومیت» ما مـی‌داد. در فرهنگ ما که این‌همه به عملکرد و موفقیت اهمیت می‌دهد، احساس گناه، ترس، شرم و تشنگی برای پذیرفته شدن، از مهم‌ترین محرک‌های انسانی به شمار می‌روند.

روایت (کژ درک شــده) کتاب‌مقدسی در باب کسب کردن. ما برای تأیید روایت کسب لطف و عنایت، نه تنها از جهان پیرامون و فرهنگ‌مان، بلکه از خود کتاب‌مقدس هم استفاده می‌کنیم. یهوه بنی‌اسرائیل را به‌خاطر نااطاعتی‌شـان مجازات کرد و ایشان را به تبعید فرستاد. فرزند نامشروع داوود هم لابد بدین خاطر مرد که نطفه‌اش در حین عمل زنا بســته شده بود. با وجود این، روایت بزرگ‌تری هم هست که باید ادراک ما را به‌سوی این داستان‌ها رهنمون شود. یهوه بنی‌اسرائیل را بدون هیچ دلیل آشکاری، برگزیده بود و ایشــان بدون اینکه شایستگی لازم را داشته باشند، از بند اسارت رهانیده و به سرزمین شیر و شهد آورده شدند. عمل زنا و قتلی که

داوود مرتکب شد، می‌بایست به مرگ خودش می‌انجامید، اما در عوض او لقبی چون مرد «موافق دل خدا» گرفت. داوود پسر دیگری هم داشت، سلیمان نام، که حکمت و قدرت و ثروت را یکجا در اختیار داشت. گفتن اینکه گناه پیامدهایی به دنبال دارد، یک چیز است و گفتن اینکه خدا ما را به‌خاطر گناهان‌مان به‌کلی رد کرده، چیزی دیگر.

حتی با وجود اینکه از برخی عبارات کتاب‌مقدس می‌توان نمونه‌های انگشت‌شماری در تأیید «روایتِ کسب کردن» یافت، اما این قماش به اندازه‌ای است که تنها می‌توان از آن جامه‌ای کوتاه بر قامت احساس گناه و ترس دوخت. روایت بزرگتری که در پس داستان کتاب‌مقدس قرار دارد، بافته‌ای است عظیم از فیض و سخاوت خدا. یهوه خم شده برای آدم و حوا که گناه کرده بودند پوشاک فراهم می‌کند. خدا مشتی بادیه‌نشتن غرغرو و را که اغلب در پی خدایان دیگر می‌رفتند (یعنی زناکاری روحانی)، برمی‌گزیند و با وجود این، یهوه هرگز دست از یاری و حمایت ایشان برنمی‌دارد. سراینده‌ٔ مزمور ژرف‌ترین حقیقت را در مورد یهوه اعلام می‌کند: محبت او جاودانه است. واژهٔ عبری که ما آن را محبت جاودانه ترجمه کرده‌ایم (حِسِد= hesed)، ۱۴۷ بار در کتاب مزامیر به‌کار رفته و هر بار در وصف سرشت خداست. «خداوند را سپاس گویید زیرا نیکوست، و محبت او جاودانه است» (مزمور ۲۶:۱۳۶).

می‌گویند همهٔ ترانه‌های عاشقانه به این ختم می‌شود که: «پسر دختر را می‌بیند، پسر دختر را از دست می‌دهد، پسر دختر را به‌دست می‌آورد.» حال اگر این بخش را که «پسر دختر را از دست می‌دهد» از ترانه بیرون بکشیم و کل داستان را بر اساس همین بخش («پسر دختر را از دست می‌دهد») شرح دهیم، فکر می‌کنید چه اتفاقی می‌افتد؟ معلوم است که شناخت کامل و درستی از داستان نخواهیم داشت. به همین ترتیب، اگر تک داستانی از کتاب‌مقدس که ذهن ما را مغشوش کرده (برای مثال داستان حنانیا و سفیره در کتاب اعمال ۵:۱-۱۱) بدون در نظر گرفتن کل روایت تفسیر کنیم، همین نتیجه را به بار خواهد آورد. اگر یک داستان یا یک آیه را (مثلاً «یعقوب را دوست داشتم اما عیسو را دشمن»

[رومیان ۱۳:۹ ترجمه قدیمی]) از متن جدا کنیم و بکوشیم بر پایهٔ آن خداشناسی بنا نماییم، مرتکب تخلف یا سهل‌انگاری کتاب‌مقدسی شده‌ایم. عبارات جدا شده از متن را نباید برتر از جایگاهی که در کل روایت بزرگتر دارند، قرار داد. روایتی که بر کل کتاب‌مقدس حاکم است داستان فیضی است کسب‌ناکردنی؛ فیض خدایی که گناهکار بودن انسان خللی در محبتش ایجاد نمی‌کند، و مسیحی که برای خاطر گناهکاران می‌میرد (رومیان ۸:۵). روایت‌های کوچکتر همواره بخشی از ابهامات داستان‌های بزرگِ حماسی هستند.

فراروایت کتاب‌مقدس داستان محبت جاودانهٔ خدا است که در تجسم، مرگ و رستاخیز خدا به‌خاطر دنیایی سرکش، به اوج خود می‌رسد. از این‌رو، ما هم باید کل کتاب‌مقدس و همچنین تک‌تک قسمت‌هایش را در پرتو زندگی و تعالیم عیسی تفسیر کنیم.

اگر ژرف‌تر در محبت خدا فرو بروید، این کار تا چه اندازه در رفتارتان تغییر ایجاد خواهد کرد؟

شایان توجه است که هروقت پولس داستانی را از عهدعتیق نقل می‌کند، آن را در پرتو عیسی مورد تفسیر قرار می‌دهد. پولس به بازگوییِ خودِ داستان ابراهیم اکتفا نمی‌نماید. او داستان ابراهیم را با داستان عیسی درهم‌می‌تند. ایمان ابراهیم مانند ایمانی است که ما به مسیح داریم و همین ایمان است که ما را جدا از شریعت پارسا می‌سازد (رومیان ۴). سقوط آدم کلام آخر نبود: گناه آدم با بی‌گناهی مسیح و قربانی کردن جانش جبران شد (رومیان ۱۲:۵– ۱۵). روایات فرعی را می‌باید در پرتو روایت اصلی تفسیر کرد، و روایت اصلی کتاب‌مقدس چیزی نیست جز فیض، یعنی محبتی که نه انسان استحقاقش را دارد و نه می‌تواند آن را کسب کند.

روایت نادرستی که ما در کلیساها می‌شنویم. سرانجام اینکه روایتِ کسبِ لطف و عنایت به بسیاری از کلیساهای ما راه پیدا کرده است.

شـــما می‌توانید این روایت را از واعظان بســـیاری بشنوید. هنری کلاود (Henry Cloud) می‌گوید که اگر روز یکشـــنبه گذارتان به کلیســـایی بیفتد، به احتمال زیاد پیغامی شـــبیه این را خواهید شنید: خدا نیکوست، شماها بد هستید، بیشتر تلاش کنید. از آنجایی که روایت کسب لطف و عنایت به گوش‌ها بسیار آشـــنا است، و از آنجایی که احســـاس گناه و ترس و شـــرم ابزارهایی آسان و مؤثر برای اِعمال نفوذ هستند، واعظان برای دور ســـاختن مردم از آتش جهنم و راهنمایی‌شان به خوشی آسمان بدان ابزار توسل جسته‌اند. آنها با نقل تعدادی از روایات فرعی کتاب‌مقدس، در دل شنوندگان اندکی دلهره ایجاد می‌کنند.

یک روز تلویزیون را روشـــن کردم و شروع کردم از این کانال به آن کانال پریدن. در یکی از کانال‌ها واعظی داشـــت از عبرانیان باب ششـــم موعظه می‌کرد، و این درســـت همان موعظه‌ای بود کـــه در همان هفته داشـــتم روی آن کار می‌کردم. پس علاقه‌مند شـــدم ببینم او این فصل را چگونه تفسیر می‌کند. او این عبارت را قرائت کرد:

> زیرا آنها که یک بار منور گشتند و طعم آن موهبت آسمانی را چشیدند و در روح‌القدس سهیم شدند و طعم نیکویی کلام خدا و نیروهای عصر آینده را چشـــیدند، اگر ســـقوط کنند، ممکن نیســـت بتوان ایشان را دیگر بار به توبه آورد، چرا که به زیان خویش، پسر خدا را باز بر صلیب می‌کنند و او را در برابر چشم همگان بی‌حرمت می‌سازند (عبرانیان ۶:۴-۶).

واعظ عینکش را از روی چشـــمانش برداشـــت و روی منبرش خم شـــد. دوربین روی صورت او، که سرخ شـــده بود، جلو آمد. چشمانش را به دوربین دوخت و با صدایی که آشـــکارا می‌لرزید پرســـید: «آیا این آیه وضعیت شـــما را نشـــان نمی‌دهـــد؟» مکثی کرد و چشـــم‌غره‌ای به دوربین رفت و بعد با صدایی خشـــم‌آلود فریاد برآورد: «آیا شما از جمله مسیحیانی هستید که زندگی‌شان را به عیسی سپرده‌اند، طعم نیکویی خدا را چشـــیده‌اند، و سپس با گناهان‌شان خون عیســـی را پایمال کرده‌اند؟»

تا ده دقیقه بعد از آن، واعظ خشـــمگین به مســـیحیانی که مرتکب گناه می‌شوند، تاخت. شاید خود او مدتی پیش دست از گناه کردن کشیده بود که این‌چنین پر از خشم ســـخن می‌گفت. از گفتارش چنین برمی‌آمد که اگر پس از گرویدن به مسیحیت گناه کنید، عیسی و پدرش واقعاً عصبانی می‌شوند.

تفســـیری که او از متن ارائه می‌کرد، کاملاً با متن بیگانه بود. روایت اصلی در نامه به عبرانیان دربارهٔ کشمکش برخی از مسیحیان یهودی‌تباری اســـت که نمی‌توانستند بپذیرند قربانی عیسی برای فدیهٔ همهٔ گناهان‌شان کافی اســـت. ظاهراً بعضی از آنها هنوز به معبـــد می‌رفتند، حیواناتی را قربانی می‌کردند و درگیر مناسک آیینی یهودیت بودند تا مطمئن شوند که گناهان‌شان جبران شده و اکنون در پیشگاه خدا پارسا شمرده خواهند شد. به همین‌خاطر، وقتی متن از کســـانی سخن می‌گوید که «سقوط کرده‌اند» (عبرانیان ۶:۶)، از مردمانی حرف نمی‌زند که غرق در شهوت و مستی یا دروغ هســـتند. آنها به معبد گریز می‌زدند تا با تقدیم بز محکم‌کاری کنند. ایشان با انکار کفایت تأثیر صلیب «پسر خدا را باز بر صلیب می‌کردند»، گویی که عیسی باید دوباره مصلوب شود.

علت چه بود که او این عبارت را تا این اندازه اشتباه برداشت می‌کرد؟ ذهن‌های ما به روایتِ مبتنی بر کســـب لطف و عنایت چنان عادت کرده اســـت که حتی در جایی کـــه این روایت وجود ندارد، مـــا باز هم آن را می‌بینیم. واژگانی چون «سقوط‌کرده» را می‌بینیم و به‌طور خودکار فرض را بر این می‌گذاریم که باید بر گناه ما دلالت داشته باشند.

عصبانیت و فریاد واعظ تلویزیونی همچنان در حال اوج گرفتن بود، تا جایی که دیگر حسابی داغ کرده بود. انگشتش را به‌سوی دوربین نشانه رفت و گفت: «اگر شـــما خود را مسیحی می‌پندارید، اما همچنان به گناه کردن ادامـــه می‌دهید، بدانید که با این کارتان بر روی مســـیح آب دهان می‌اندازید، و برای شـــما هیچ راه فراری از آتش دوزخی که انتظارتان را می‌کشـــد، وجود ندارد.» همهٔ سرایندگانی که پشت سر او نشسته بودند، با حالتی عصبی سرهای‌شـــان را به زیر افکنده شروع کردند به یادداشت

کردن مطالبی در حاشیهٔ کتاب‌مقدس‌شان، و بدین‌ترتیب با زیرکی از نگاه کردن به دوربین طفره می‌رفتند. چهره‌های آنها چنان غمگین می‌نمود که من سخت تحت تأثیر قرار گرفتم. شنیدن این موعظه عمیقاً مرا محزون ساخت، چراکه کاملاً برخلاف تعلیم مسیح بود.

روایت عیسی: خدای سخاوتمند

می‌خواهم از شما تقاضا کنم کاری بسیار دشوار انجام دهید. می‌خواهم خواهش کنم هرآنچه را که فکر می‌کنید دربارهٔ خدا می‌دانید، دور بریزید. می‌دانم که چنین کاری ناممکن به نظر می‌رسد، و فرض من هم بر همین است. اما تصور کنید که در مورد خدا هیچ نمی‌دانید و تازه قرار است که از زبان عیسی داستانی دربارهٔ خدا و چگونگی ارتباط او با انسان بشنوید. فقط کافی است که به داستان عیسی دربارهٔ خدا گوش بسپارید، بدون اینکه هیچ پیش‌فرض یا تصور قبلی داشته باشید.

زیرا پادشاهی آسمان صاحب باغی را می‌ماند که صبح زود از خانه بیرون رفت تا برای تاکستان خود کارگرانی به مزد بگیرد. او با آنها توافق کرد که روزی یک دینار بابت کار در تاکستان به هر یک بپردازد. سپس ایشان را به تاکستان خود فرستاد. نزدیک ساعت سوم از روز دوباره بیرون رفت و عده‌ای را در میدان شهر بی‌کار ایستاده دید. به آنها نیز گفت: «شما هم به تاکستان من بروید و آنچه حق شماست به شما خواهم داد.» پس آنها نیز رفتند. باز نزدیک ساعت ششم و نهم بیرون رفت و چنین کرد. در حدود ساعت یازدهم نیز بیرون رفت و باز چند تن دیگر را بی‌کار ایستاده دید. از آنها پرسید: «چرا تمام روز در اینجا بی‌کار ایستاده‌اید؟» پاسخ دادند: «چون هیچ‌کس ما را به مزد نگرفت.» به آنها گفت: «شما نیز به تاکستان من بروید و کار کنید.» هنگام غروب، صاحب تاکستان به مباشر خود گفت: «کارگران را فراخوان و

از آخرین شروع کرده تا به اولین، مزدشان را بده.» کارگرانی که در حدود ساعت یازدهم سرِ کار آمده بودند، هر کدام یک دینار گرفتند. چون نوبت به کسانی رسید که پیش از همه آمده بودند، گمان کردند که بیش از دیگران خواهند گرفت. امّا به هر یک از آنها نیز یک دینار پرداخت شد. چون مزد خود را گرفتند، لب به شکایت گشوده، به صاحب تاکستان گفتند: «اینان که آخر آمدند فقط یک ساعت کار کردند و تو آنها را با ما که تمام روز زیر آفتاب سوزان زحمت کشیدیم، برابر ساختی!» او رو به یکی از آنها کرد و گفت: «ای دوست، من به تو ظلمی نکرده‌ام. مگر قرار ما یک دینار نبود؟ پس حق خود را بگیر و برو! من می‌خواهم به این آخری مانند تو مزد دهم. آیا حق ندارم با پول خود آنچه می‌خواهم بکنم؟ آیا چشم دیدن ***سخاوت*** مرا نداری؟» (متی ۲۰:۱-۱۵).

مَثَل سخاوت. شنوندگان عیسی حتماً با این داستان آشنا بودند. در زمانهٔ عیسی، بسیاری از مردم بی‌کار بودند. تنها در حوالی اورشلیم حدود هجده هزار مرد زندگی می‌کردند که کار نداشتند. این مردان هر روز در جستجوی کار به مزارع اطراف می‌رفتند. اگر در مزرعه کاری پیدا نمی‌کردند، روانهٔ بازار می‌شدند و در گوشه‌ای جمع شده با هم گپ می‌زدند، با این امید که شاید هنوز شانسی برای یافتن کار باشد.

در مَثَل عیسی مردی که صاحب تاکستانی بود، حدود ساعت ۶ صبح گروهی از مردان را برای کار در تاکستانش به‌مزد گرفت. این کارگران توافق کرده بودند که در ازای کاری که می‌کنند، مزد روزانهٔ یک کارگر را بگیرند. صاحب تاکستان با مشاهدهٔ حجم کاری که باقی مانده و زمان محدود و ناکافی، تصمیم می‌گیرد گروه دیگری را هم به‌مزد بگیرد. این گروه کارشان را حدود ساعت ۹ آغاز می‌کنند. وی همین کار را در هنگام ظهر، ساعت ۳ و سرانجام ساعت ۵ بعد از ظهر تکرار می‌کند. در پایان روز، صاحب تاکستان مزد کارگران را به آنها پرداخت می‌کند. برخی

از کارگران دوازده یا سیزده ساعت کار کرده بودند، بعضی دیگر پنج یا شش ساعت و گروه آخر هم تنها یکی دو ساعت. حال نوبت به قسمت تکان‌دهندۀ داستان می‌رسد: صاحب تاکستان به همۀ کارگران مبلغی برابر مزد می‌دهد، یعنی دستمزد یک روز کامل را! این کار حیرت‌انگیز او تا حد زیادی بی‌انصافی به نظر می‌رسد، از این‌رو گروهی که تمام روز را در تاکستان زحمت کشیده بودند لب به شکایت می‌گشایند. صاحب تاکستان چنین پاسخ می‌دهد: «دوستان، من در حق شما هیچ اجحافی نکرده‌ام؛ آیا شما با من توافق نکرده بودید تا در ازای دریافت مزد روزانۀ معمول، کار کنید؟» صاحب تاکستان با پرسش گزندۀ دیگری به سخنان خود پایان می‌دهد: «آیا به اینکه من سخاوتمند هستم، حسد می‌برید؟»

یواخیم یرمیاس (Joachim Jeremias)، پژوهشگر کتاب‌مقدس خاطرنشان می‌سازد که مَثَل مشابهی نیز در میان خاخام‌های یهودی متداول بوده است. اما نقطۀ اوج داستان در مَثَل خاخام‌ها کاملاً تفاوت دارد. صاحب تاکستان توضیح می‌دهد که گروه آخر کارگران دستمزد برابر گرفتند، چون آن را **کسب** کردند- آنها سخت‌تر کار کردند و در اندک‌زمان باقی‌مانده، نسبت به گروهی که از صبح آمده بودند، کار بیشتری انجام دادند. داستان عیسی دقیقاً خلاف این را می‌گوید. این هیچ ربطی به کسب کردن، عدالت و انصاف ندارد. یرمیاس چنین جمع‌بندی می‌کند:

> در مَثَل عیسی، کارگرانی که در ساعت آخر به جمع کارگران تاکستان پیوسته بودند، هیچ دلیل قانع‌کننده‌ای برای مطالبۀ دستمزد یک روز کامل نداشتند؛ اینکه آنها دستمزد کامل را دریافت کردند، تماماً ناشی از نیکویی کارفرمایشان بود. بنابراین در همین جزئیات به‌ظاهر پیش‌پاافتاده، تفاوت میان دو دنیا نهفته است: دنیای لیاقت، و دنیای فیض؛ شریعت در مغایرت با انجیل ... آیا می‌توانید از نیکویی خدا گلایه کنید؟ همین نکتۀ اصلی در دفاع عیسی از انجیل را تشکیل می‌دهد: ببینید که خدا چگونه است؛ او تماماً نیکویی است.

اگر این تنها داستانی بود که در مورد خدا می‌دانستید، چه نتیجه‌ای می‌گرفتید؟ من به این نتیجه می‌رسیدم که رفتار خدا با ما درست برعکس رفتار مردم دنیاست. در دنیایی که ما در آن زندگی می‌کنیم، مَثَل خاخام‌های یهودی معنا دارد. کارگران آخری سخت‌تر کار کردند و آنچه را که استحقاق یا لیاقتش را داشتند، گرفتند. اما در مَثَل عیسی چیزی که نظر مرا جلب می‌کند، پاداش مطلق از جانب خدا است. کارگرانی که دیر آمده بودند، مستحق دریافت دستمزد یک روز کامل نبودند! خدایی که عیسی مکشوف می‌سازد، در نقطهٔ مقابل خدایی قرار دارد که ما عادت کرده‌ایم در اندیشهٔ خودمان بپرورانیم. برنان مننیگ همین مطلب را به اختصار چنین بیان می‌کند: «عیسی خدایی را مکشوف می‌کند که اهل مطالبه نیست، بلکه خدایی دهنده است؛ خدایی که سرکوب نمی‌کند، بلکه سرافراز می‌سازد؛ خدایی که زخمی نمی‌کند، بلکه شفا می‌بخشد؛ خدایی که محکوم نمی‌کند، بلکه می‌بخشاید.»

آیا موافقید که خدا سخاوتمند است و به رایگان به ما می‌بخشد؟ چرا آری؟ چرا نه؟

ما در دنیایی زندگی می‌کنیم که در آن مردم مطالبه می‌کنند، سرکوب می‌سازند، زخم می‌زنند و محکوم می‌نمایند. در دنیای ما، آنچه داریم با لیاقت خود کسب کرده‌ایم، بنابراین، همان قاعده را به خدا هم نسبت می‌دهیم. درک کردنِ خدایی طلب‌کار، سرکوب‌کننده، زخم‌زننده و محکوم‌کننده، که باید راضی نگهش داشت، آسان‌تر است. خدایی که عیسی می‌شناسد بی‌حد سخاوتمند است.

سخاوت و تنگی

سخاوت زمانی اتفاق می‌افتد که شخص در فراوانی و وفور نعمت زندگی می‌کند، یا اینکه نیازهای دیگران او را تحت تأثیر قرار می‌دهد. اگر من سیصد سیب داشته باشم، بخشیدن دوجین از آنها برایم آسان

است، زیرا من بیش از نیازم دارم و از مازادم می‌بخشم. ***فرهنگ آمریکایی نوین وبستر*** (Webster's New American Dictionary) سخاوتمند را چنین تعریف می‌کند: «سخاوتمند کسی است که از روی میل و اراده می‌بخشد یا دیگران را سهیم می‌سازد، کسی که از فراوانی برخوردار است.» اما من حتی زمانی که کم دارم هم می‌توانم سخاوتمند باشم. شاید فقط یک سیب داشته باشم، اما زن فقیری را ببینم که هیچ ندارد، و چنان تحت تأثیر قرار بگیرم که همان یک سیب را به او بدهم. بنابراین، سخاوت یا از حس فراوانی و غنا یا از حس شفقت نشأت می‌گیرد. خدا هر دو را با هم دارد. او سخاوتمند است چون غنی است و تدارکات او برای موجودات هیچ‌گاه ته نمی‌کشد، و نیز شفقت دارد چون نیازهای ما را می‌بیند.

محبت و بخشایش، پذیرش و مهربانی، اینها متاعی نیستند که با دادن، کم شوند. نه وقتی چیزی به کسی می‌بخشیم، از ما کم می‌شود و نه هر بار که کسی را می‌بخشیم، چیزی از ظرفیت‌مان برای بخشودن کاسته می‌گردد. پس چرا آن‌طور که باید سخاوتمندانه زندگی نمی‌کنیم؟ ما چنان زندگی می‌کنیم که گویی در تنگی و مضیقه هستیم. هیچ‌وقت به اندازهٔ کافی از پدر و مادرمان محبت دریافت نمی‌کنیم، هیچ‌گاه به اندازهٔ کافی در روز تولدمان از کسانی که ما را می‌شناسند، اسباب‌بازی و تأیید و تحسین هدیه نمی‌گیریم. حساب جاری ما محدود است، و اغلب اوقات پیش از آنکه پولی به حساب‌مان واریز شود، آن را پیشاپیش خرج می‌کنیم. در تنگی زیستن به ما می‌آموزد که باید از آنچه داریم محافظت کنیم. می‌ترسیم اگر بذل و بخشش کنیم، بدبخت و بیچاره شویم.

چیزی که همواره شگفتی مرا برمی‌انگیزد، این است که وقتی نوبت به کلیسا می‌رسد، تا چه اندازه ناخن‌خشک و سخت‌گیر می‌شویم. روزی هنگام صرف ناهار، گرم صحبت با یکی از شبان‌ها بودم که فکرش سخت درگیر کلیسای تازه‌ای بود که قرار بود به‌زودی در چند مایلی کلیسای او تأسیس شود. او می‌گفت: «چطور جرأت می‌کنند؟ آیا نمی‌دانند که این کلیسای جدید تعدادی از اعضای کلیسای من را خواهد ربود؟» او داشت از موضع تنگی و خسّت رفتار می‌کرد. از این می‌ترسید که موفقیت آنها

به شکست وی بینجامد. شبان مزبور نمی‌توانست ببیند که موفقیت این کلیسای جدید، موفقیت خود او هم هست، چراکه همهٔ ما در یک جبهه‌ایم. کلیسا غالباً جایی است که متأسفانه در آن چیزی به نام سخاوت یافت نمی‌شود: ***همهٔ کلیساهای دیگر در اشتباهند. تنها کلیسای ما برحق است. کلیسای ما باید موفق شود. به من چه که آنها موفق نیستند؟***

با این حال، خدای ما همواره سخاوتمند است. هرآنچه داریم، هدیه‌ای است که به ما ارزانی شده. ما آفریده شده‌ایم، بدون اینکه هیچ نقشی در آفرینش خود داشته باشیم. هوایی که استنشاق می‌کنیم هدیهٔ اوست. خورشید سخاوتمندانه طلوع کرده، سیارهٔ ما را گرم می‌کند، و بدون اینکه لیاقتش را داشته باشیم، باران زمین تشنهٔ ما را سیراب می‌سازد و میوه‌ها و غلات خوشمزه برای‌مان بار می‌آورد.

چند مورد از برکات خدا را نام ببرید که بدون آنکه استحقاقش را داشته باشید، آنها را دریافت کرده‌اید؟

اینها همه منّا هستند، تدارکی که خدای سخاوتمند و پرمحبت در اختیارمان می‌گذارد، بدون آنکه عوضش را از ما مطالبه کند. ما نه هرگز در جایگاهی بوده‌ایم و نه خواهیم بود که بتوانیم به خدا رو کرده بگوییم: «تو به من بدهکاری. این حق من است.» هرآنچه داریم، بدون آنکه استحقاقش را داشته باشیم به ما داده شده است. چیزی نیست که خودمان آن را به‌دست آورده باشیم. با وجود این، خدا همچنان به بذل و بخشش ادامه می‌دهد. این بدان خاطر است که خدا به آنچه ما می‌توانیم برایش انجام دهیم، دلبسته نیست. خدا در پی چیزی بسیار مهمتر از اعمال نیکوی ما است.

آنچه خدای عیسی به‌راستی می‌خواهد

تفکر دربارهٔ زندگی کردن با خدا، ناگزیر ما را با این پرسش حیاتی روبه‌رو می‌سازد که: ***خدا از من چه می‌خواهد؟*** زمانی که از عیسی پرسیدند بزرگترین فرمان کدام است، او آشکارا پاسخ داد: خدا را با

هرآنچه دارید، محبت کنید. اگر از عیسی می‌پرسیدیم که خدا از ما چه می‌خواهد؟ به باور من وی چنین پاسخ می‌داد: *خدا از شما می‌خواهد که او را بشناسید و محبتش نمایید.* این روایت از خدایی سخن می‌گوید که پرمحبت و مهربان است، و همهٔ اشتیاق قلبی‌اش بر این است که دوست بدارد و دوست داشته شود. این به هیچ وجه نفی‌کنندهٔ این واقعیت نیست که خدا قاطعانه با گناه مخالف است. خدا از گناه بیزار است چون گناه به فرزندانش آسیب می‌زند. اما خدا شیفتهٔ فرزندانش است.

رسالهٔ دینی بزرگ وستمینستر (Westminster Larger Catechism) که در سال ۱۶۴۸ نوشته شده، با این پرسش و پاسخ آغاز می‌شود:

پرسش: اهم و غایت مقصود انسان چیست؟

پاسخ: اهم و غایت مقصود انسان جلال دادن خداست، و اینکه به‌طور کامل و تا ابد از او تمتع ببرد.

من مفهوم *به‌طور کامل و تا ابد تمتع بردن از خدا* را دوست دارم. آیا فکر می‌کنید که خدا دوست دارد که شما از وجود او لذت ببرید؟ با اینکه خیلی‌ها چنین عقیده‌ای ندارند، اما من فکر می‌کنم که خدا بیشتر از هر چیز این را می‌خواهد. جولیان اهل نورویچ (Julian of Norwich) می‌گوید: «بزرگترین احترامی که می‌توانیم به خدا تقدیم نماییم این است که به سبب شناخت محبت او، شادمانه زندگی کنیم.» وقتی که برای اولین‌بار این عبارت را خواندم، منقلب شدم. مگر بزرگترین احترامی که ما می‌توانیم به خدا تقدیم کنیم این نیست که در حین انجام مأموریت مسیحی، به‌خاطرش بمیریم؟

از اینکه بدانید خدا از وجودتان شادمان است، چه احساسی به شما دست می‌دهد؟ چرا؟

جولیان روایت دیگری نیز دارد: «آنچه خدا بیش از همه می‌خواهد این است که ببیند در اثر شناختی که از محبت او نسبت به خودتان به‌دست

آورده‌اید، لبخندی بر لبان‌تان نشسته است.» روایت خدمتی من حاکی از آن نیست که من خدا را به‌طور طبیعی دوست می‌دارم. اما روایت جولیان با من از خدایی سخن می‌گوید که جز دوست داشتنش کار دیگری از من برنمی‌آید. خدایی که جولیان به شناختش نائل شده بود، خدایی است که از وجود ما شادمان می‌شود.

خدایی که از وجود ما شادمان است

روایتی کاملاً متفاوت از خدا را می‌توان در کتاب ***فیض شگفت‌انگیز*** کتلین نوریس (Kathleen Norris) یافت، آنجایی که داستانی ساده از کشف خدا در سیمای یک کودک تعریف می‌کند.

> همین بهار گذشته، یک روز صبح در سالن خروجی فرودگاهی، توجهم به زوج جوانی جلب شد که کودکی همراه خود داشتند. کودک با دقت به مردم خیره می‌شد و به محض اینکه می‌دید آن شخص هم به او خیره شده، بی‌آنکه برایش مهم باشد او کیست، پیر است یا جوان، زشت است یا زیبا، غمگین است یا شاد، با شادمانی کامل به نگاه او پاسخ می‌داد. صحنهٔ زیبایی بود. سالن کسل‌کنندهٔ فرودگاه تبدیل شده بود به بهشت. در همان حالی که بازی کردن کودک را با بزرگسالان تماشا می‌کردم، مانند یعقوب بهت‌زده شدم، چون دریافتم که خدا هم دقیقاً همین‌گونه به ما نگاه می‌کند، به چهرهٔ ما خیره می‌شود تا از دیدن آفریدهٔ نیکوی خود، در کنار باقی آفرینش شادمان گردد ... به گمان من تنها خدا و کودکانِ محبت‌شده می‌توانند این‌گونه ببینند.

آیا فکر نمی‌کنید خدا نیز همین‌گونه به ما می‌نگرد؟ او بدون توجه به اینکه ظاهرمان چگونه است یا چه احساسی داریم، یا چه داریم و چه کرده‌ایم، با شادمانی کامل به ما پاسخ می‌دهد؟

تنها واکنش ممکن به چنین برخوردی، حس کردن «شـادمانی مطلق» است. اگر خدا از وجود من - صرف‌نظر از اینکه چه رفتاری دارم - شادمان اسـت، پس من هم بی‌درنگ احسـاس محبت می‌کنم. و با چنین کاری، بزرگترین فرمان خدا را تحقق می‌بخشـم. روایت «نبیه کوچولو» شاید من را به ترس از خدا بکشـاند، اما به محبتِ خدا، هرگز. روایت او از ترس و احساس گناه در جهت تغییر دادن من استفاده می‌کند، اما این تغییر به هیچ وجه اصیل و ریشـه‌ای نخواهد بود. فقط روایتی که در آن خدا و ما متقابلاً دوستدار یکدیگریم، می‌تواند منشأ تغییری اصیل، قوی و ماندگار باشد.

از نظر من، دو آیه از مهمترین آیات کتاب‌مقدس، اول یوحنا ۴:۱۰-۱۱ هسـتند. اینها آیاتی هستند که با تازه سـاختن ذهنم، تغییر و تحول را در وجودم آغاز کردند: «محبت همین است، نه آنکه ما خدا را محبت کردیم، بلکه او ما را محبت کرد و پسـر خود را فرستاد تا کفارهٔ گناهان ما باشد. ای عزیـزان، اگر خدا ما را این‌چنین محبت کـرد، ما نیز باید یکدیگر را محبت کنیم.» این آیات شالودهٔ روایت من در مورد خدا شدند. محبت ما به خدا نگرش او را نسـبت به ما تعیین نمی‌کند. خدا است که اول ما را محبت می‌کند، و ما این حقیقت را آشـکارا در پسر خدا می‌بینیم که جان خود را فدا کرد تا میان ما و خدا مصالحه ایجاد کند. خدا بود که قدم اول را برای محبت کردن ما برداشـت و هرگز از محبت کردن ما بازنخواهد ایسـتاد. اولین و مهمترین چیزی که خدا از ما می‌خواهد این نیسـت که رفتار اخلاقی‌مان را بهبود ببخشیم (که البته بهبود هم خواهد یافت)، بلکه می‌خواهد او را محبت کنیم، زیرا اول او ما را محبت کرد.

مهمترین چیز در مورد شما

ای. دبلیو. توزر (A. W. Tozer)، شـبان و نویسـندهٔ بـزرگ آمریکایی (۱۸۹۷-۱۹۶۳) که نوشته‌های روحانی بسیاری دارد، چنین می‌گوید:

> آنچه در اندیشیدن به خدا به ذهنمان خطور می‌کند مهمترین چیز برای ماست... پاسـخ کامل هر شخص به این پرسش

> که «وقتی به خدا فکر می‌کنـــی، چه چیزی به ذهنت خطور می‌کند؟» به ما امکان می‌دهد بتوانیم با قطعیت آیندهٔ روحانی او را پیش‌بینی کنیم.

این عبارتی جسورانه است: «مهمترین چیز در مورد انسان این است کـــه ***در مورد خدا چه می‌اندیشـــد.***» بعد از تأملات بســیار به این عقیده رسیده‌ام که حق کاملاً با توزر است. افکار ما در مورد خدا نه تنها هویت، بلکه شـــیوهٔ زندگی ما را تعیین می‌کنند. آری، ما می‌توانیم تنها با شناخت افکار انسان‌ها در مورد خدا، آیندهٔ روحانی‌شان را پیش‌بینی کنیم.

آنچه در مورد خدا می‌اندیشـــیم - اینکه فکر می‌کنیم خدا کیست- تعیین‌کنندهٔ رابطه ما با خدا اســـت. اگر فکر کنیم خدا وجودی خشـــن و ســـختگیر است، به احتمال زیاد از ترس در لاک خودمان فرو می‌رویم و از خدا فاصله می‌گیریم. اگر فکر کنیم خدا نیرویی گنگ و غیرشـــخصی در جهان هستی اســـت، احتمالاً با این خدا رابطه‌ای گنگ و غیرشخصی خواهیم داشـــت. از این‌رو است که داشـــتن افکار درست در مورد خدا اهمیت حیاتی می‌یابد. هرآنچه می‌کنیم بســـته به همین افکار است. اگر نسبت به خدا دیدگاهی کوته‌فکرانه یا غلط داشته باشیم، در عمل مرتکب شکل خاصی از بت‌پرستی، یا پرستش خدایی دروغین شده‌ایم.

آنچه من دریافته‌ام از این قرار است: وقتی با خدایی که عیسی مکشوف ساخته است آشنا شدم، بدون قید و شرط عاشق او شدم. هرچه بیشتر از طبیعت و کار خدای تثلیث سر در می‌آورم، بیشتر شیفتهٔ حقیقت، نیکویی و زیبایی پدر، پسر و روح‌القدس می‌شوم. من می‌خواهم توجه شما را به خدایی معطوف کنم که عیســـی مکشوف می‌سازد. خدای او نیکو و زیبا است، پرمحبت و قابل اعتماد است، ایثارگر و بخشاینده است، نیرومند و دلسوز است، و خلاصه هرچه می‌کند برای خیریت ماست. امیدوارم که وقتی به پایان این کتاب رسیدید، شما هم عاشق خدایی شوید که عیسی می‌شناسد. باشد که ملهم و مشتاق به زندگی کردن با چنین خدای نیکو، زیبا و سخاوتمندی روز دیگری از زندگی‌تان را آغاز کنید.

دعای مزمور ۲۳

مزمور ۲۳ توصیفی است زیبا از پادشاهی خدا، که در آن خدا با ماست، از مـــا مراقبت می‌کند و برای‌مان تدارک می‌بیند، و حتی به هنگام تنگی و ســـختی ما را برکت می‌دهد. خدای مزمور ۲۳ سخاوتمند است. به سبب تدارک، محافظت و مراقبت این خدای سخاوتمند، ما دچار هیچ کمبودی نمی‌شـــویم. خدا ما را به استراحت، تجدید قوا و احیا شدن فرامی‌خواند. حتی در دردناکترین موقعیت‌ها، خدا مـــا را رهبری و راهنمایی می‌کند. و چـــون خدا با ماســـت، می‌توانیم بدون ترس زندگـــی کنیم. خدا حتی در حضور آنهایی که می‌خواهند به ما آســـیب بزنند، برای‌مان «سفره‌ای» تدارک می‌بیند. خدا نه تنها نیازهای‌مان را برآورده می‌ســـازد، بلکه حتی بیش از نیازمان به ما می‌بخشد، و پیاله‌مان لبریز می‌شود. وقتی با خداوند، که شبان ماست، راه می‌رویم، تمامیت زندگی‌مان، یعنی حتی آزمایش‌ها و رنج‌های‌مان را نیکویی و رحمت فرامی‌گیرد.

ایـــن مزمور را تقریبـــاً اغلب در مراســـم تدفیـــن می‌خوانند، چون تســـلی‌بخش اســـت؛ به ویژه آن آیـــه را که از بدون تـــرس راه رفتن در **تاریک‌تریـــن وادی** ســـخن می‌گوید. اما این مزمـــور در وهلهٔ اول برای زندگی روزمره ســـراییده شده، نه مراسم تدفین. هنگامی که هفته را آغاز می‌کنید، این مزمور را همراه خود داشته باشید و هروقت می‌توانید آن را برای خود بازخوانی کنید.

خداوند شبان من است؛ محتاج به هیچ چیز نخواهم بود.
در چراگاه‌های سرسبز مرا می‌خواباند؛ نزد آب‌های آرام‌بخش
رهبری‌ام می‌کند.

جان مرا تازه می‌سازد، و به‌خاطر نام خویش، به راه‌های درست هدایتم می‌فرماید.
حتی اگر از تاریکترین وادی نیز بگذرم، از بدی نخواهم ترسید، زیرا تو با منی؛ عصا و چوبدستی تو قوت قلبم می‌بخشند.
سفره‌ای برای من در برابر دیدگان دشمنانم می‌گسترانی!
سَرَم را به روغن تدهین می‌کنی و پیاله‌ام را لبریز می‌سازی.
همانا نیکویی و محبت، تمام روزهای زندگی‌ام در پی من خواهد بود، و سالیان دراز در خانهٔ خداوند ساکن خواهم بود. (مزمور ۲۳)

سعی کنید هر شب پیش از خواب و نیز هنگامی که بیدار می‌شوید، این مزمور را از بر بخوانید. پیش از اینکه از بستر بیرون بیایید، سعی کنید اندکی روی کلمه به کلمهٔ آن تعمق کنید. این هفته آنقدر آن را تکرار کنید تا به‌صورت خوی و عادتی طبیعی بشود، درست مانند نفس کشیدن. پس از چندی متوجه خواهید شد که این مزمور را در مواقع گوناگون به‌شکل دعا می‌خوانید.

این تمرین چگونه به تربیت نَفْس کمک می‌کند؟

این مزمور دربرگیرندهٔ روایتی است در مورد خدایی بیش از اندازه سخاوتمند. وقتی بگذارید این تصاویر ذهن‌تان را پاک سازند، آن‌وقت این روایت راستین روح و روان‌تان را فرا خواهد گرفت. این کلمات در ذهن و بدن شما شکل می‌گیرند. در ابتدا احتمالاً ناگزیرید بارها روی موضوع متمرکز شوید، اما به‌تدریج فکرتان به آن عادت خواهد کرد و این تمرین به تجربهٔ دعایی بدل خواهد شد.

برای تأمل

صرف‌نظر از اینکه این مطالب را با دیگران می‌خوانید یا در تنهایی، پرسش‌های زیر به شما در تأمل و تفکر در مورد تجربه‌تان کمک خواهند

کرد. در هر حال، شاید ایدۀ بدی نباشد که در دفترچه‌تان به این پرسش‌ها پاسخ دهید. اگر با گروهی جمع می‌شوید، دفترچۀ یادداشت را همراه خود ببرید تا به شما در به یاد آوردن تجارب‌تان کمک کند و بتوانید آنها را با دیگران در میان بگذارید.

۱) آیا توانستید در طول این هفته، برخی از تمرینات مربوطه را انجام دهید؟ اگر توانستید، توضیح دهید که چه کردید و در مورد آن چه احساسی داشتید؟

۲) آیا با انجام این تمرینات، چیز تازه‌ای در رابطه با خدا یا خودتان آموختید؟ توضیح دهید.

۳) پرمعناترین آیه یا عبارت مزمور ۲۳ از نظر شما کدام است؟

فصل پنجم

خدا محبت است

بعد از ظهر یک روز، دوست و شبان من جف گنون (Jeff Gannon) در دفترش نشسته بود که زنگ تلفن به صدا درآمد. خانم جوانی در آن‌سوی خط تلفن گفت: «من فقط یک سؤال دارم. می‌توانم به کلیسای شما بیایم؟»

جف از شنیدن این پرسش یکه خورد. از خانم پرسید: «می‌توانید به کلیسای ما بیایید؟ البته که می‌توانید. چرا فکر می‌کنید برای آمدن به کلیسا باید اجازه گرفت؟»

خانم گفت: «پیش از پاسخ دادن به پرسش شما، بگذارید اول داستانم را برای‌تان بگویم.»

خانم جوان برای جف تعریف کرد که در دورهٔ دبیرستانی، از مرد جوانی باردار شده بود. آن مرد نه علاقه‌ای به خودِ او داشت و نه به بچه‌ای که در رَحِم داشت. زن جوان تصمیم می‌گیرد که بچه را سقط نکند و پس از تفکر و خودکاوی بسیار به این نتیجه می‌رسد که لازم است به زندگی‌اش نظم و ترتیبی بدهد. سپس به کلیسای دوران کودکی بازمی‌گردد و احساس می‌کند عمل درستی انجام داده است.

این خانم پس از چند ماه حضور در کلیسا با خود فکر می‌کند که شاید دختران جوان دیگر بتوانند از اشتباهات او درس عبرت بگیرند. از این‌رو از شبان کلیسا می‌پرسد که آیا امکان دارد او در مورد فشارهای ناشی از دوست‌پسر داشتن و رابطهٔ جنسی، با دختران دبیرستانی سخن بگوید. شبان کلیسا به او می‌گوید: «نه، من هرگز به تو اجازه چنین کاری را نخواهم داد. می‌ترسم تو با چنین گذشته‌ای روی دختران دیگر اثر بد بگذاری.» با وجود اینکه احساس طردشدگی به او دست می‌دهد، در عین

حال در آن کلیسا احساس راحتی می‌کند؛ بنابراین به حضورش در کلیسا ادامه می‌دهد. چند ماه بعد، پس از آنکه فرزندش را به دنیا می‌آورد از شبان کلیسا خواهش می‌کند تا یک روز یکشنبه را برای مراسم تعمید فرزند نوزادش اختصاص دهد. شبان به او می‌گوید: «چنین اتفاقی در کلیسای من نخواهد افتاد. من هرگز بچهٔ نامشروع را تعمید نخواهم داد.»

زن جوان در پایان به جف گفت: «حالا شما داستان من را می‌دانید. آیا هنوز می‌توانم به کلیسای شما بیایم؟»

روایت نادرست

برای عده‌ای از مردم واکنش شبانی که زن جوان را طرد کرد، تکان‌دهنده و ناشی از بی‌عاطفگی به نظر می‌رسد (که همین‌طور هم هست)، اما در حقیقت واکنش او بازتاب روایت رایج میان بسیاری از مسیحیان (و غیرمسیحیان) است: خدا تنها زمانی ما را دوست دارد که آدم‌های خوبی باشیم.

خیلی از آدم‌ها با این فرض زندگی می‌کنند که محبت خدا مشروط است. به گمان این افراد، رفتار ما است که چگونگی احساس خدا را نسبت به ما تعیین می‌کند. در نتیجه، محبت خدا همواره در تغییر است. چنان است که گویی خدا روی صندلی گردان نشسته و هروقت ذهن‌ها، دست‌ها و دل‌های ما پاک هستند لبخندی نثارمان می‌کند، اما به محض اینکه مرتکب گناهی شدیم، پشتش را به ما می‌کند.

آیا در زندگی خود چیزی شبیه روایت صندلی گردان شنیده‌اید؟ لطفاً آن را تعریف کنید.

و تنها راه ممکن برای برگرداندن روی خدا به‌سوی خودمان، این است که دوباره رفتار خوبی پیشه کنیم. من این روایت را شخصاً تجربه کرده‌ام. خدایی که سال‌ها پیش در ذهن خود ساخته بودم، آن‌قدر دور خودش می‌چرخید که از تماشایش سرم گیج می‌رفت.

دنیای موفقیت‌گرا و پذیرشِ مشروط

ما در همان اوانِ تولد درمی‌یابیم که در دنیایی زندگی می‌کنیم که بر مدار **موفقیت و عملکرد** می‌گردد. والدین ما از همان عنفوان طفولیت شروع به قالب‌ریزی و شکل دادن رفتارهای‌مان می‌کنند. **خوب و بد** از جمله اولین کلماتی هستند که می‌آموزیم. چیزهایی از این قبیل می‌شنویم: «به‌به، همهٔ غذایت را خوردی؛ آفرین دختر/ پسر *خوب!*» یا «با مداد شمعی روی دیوار ننویس، ای پسر/ دختر *بد!*» حتی پیش از آنکه بتوانیم حرف بزنیم، از مفهوم پذیرش مبتنی بر رفتار درست آگاه می‌شویم. پذیرش مبتنی بر رفتار درست، واقعاً دنیایی بی‌ثبات از محبت‌های به‌شدت مشروط به‌وجود می‌آورد.

من به‌عنوان پدر به آسانی می‌توانم در ترویج این روایت نقش داشته باشم. من بر رفتار فرزندانم نظارت دارم، و هرگاه کار خوبی انجام می‌دهند، فوراً آن را تأیید می‌کنم. برعکس، زمانی که کار اشتباهی از آنها سر می‌زند، مطمئن هستند که به‌خاطرش توبیخ خواهند شد. فرقی نمی‌کند که من برای پرهیز از این اتفاق چقدر می‌کوشم، در هر صورت نتیجه همان است. بخشی از آن ضروری است چون کار پدر و مادر این است که درست و غلط را به فرزندان‌شان بیاموزند؛ مشکل کار در اینجا است که برای فرزندان‌مان روشن سازیم که این اعمال و رفتار آنها است که مورد ارزیابی قرار می‌گیرد، نه هویت‌شان.

در حالی که روایت پذیرش مشروط در درون خانواده کار خود را آغاز می‌کند، در بیرون هم همین الگو در جریان است. دنیایی که ما در آن زندگی می‌کنیم بر پذیرش مشروط صحه می‌گذارد. اگر در مدرسه کار درست انجام دهیم، مورد تشویق قرار می‌گیریم؛ اگر توپ را درون سبد بیندازیم، همه تحسین‌مان می‌کنند؛ و اگر خوش‌تیپ یا خوشگل باشیم، تأییدمان می‌نمایند. خیلی سریع تشخیص می‌دهیم که پذیرش ما، ارزش ما و بهای ما همگی مبتنی بر استعدادها و رفتارهای بیرونی ما است.

از آنجایی که بخش عمده‌ای از آنچه می‌بینیم و تجربه می‌کنیم چنین است، خیلی طبیعی است که همین درک و برداشت را به خدا هم تعمیم دهیم. خدا بزرگ‌تر، زیرک‌تر و نیرومندتر از والدین، مربی و رئیس ماست. خدا همه چیز را می‌بیند! چه می‌توانیم بکنیم تا تأیید و پذیرش خدا را به‌دست بیاوریم و او ما را دوست داشته باشد؟

آیا پذیرش مشروط را تجربه کرده‌اید؟ آیا می‌توانید به یک نمونه از این الگو در زندگی خودتان فکر کنید؟

پاسخ، همان‌گونه که انتظار دارید، به *رفتار مذهبی* ما مربوط می‌شود. اگر از فردی عادی بپرسید: «چکار کنیم که خدا از ما خوشش بیاید و لطف و برکتش را شامل حال ما سازد؟» پاسخ او کاملاً آشکار است: «خب، من فکر می‌کنم باید به کلیسا برویم، کتاب‌مقدس بخوانیم، قدری صدقه بدهیم، در تیم‌های مختلف فعالیت کنیم و به نیازمندان هم خدمت کنیم. راستی، خدا از ما می‌خواهد که گناه هم نکنیم، یا دست‌کم آن را در حداقل ممکن نگه داریم.»

بنابراین ما می‌توانیم نحوهٔ احساسات خدا را نسبت به خودمان، از طریق انجام دادن فهرستی از کارهای نیکو و پرهیز از گناه، کنترل کنیم. به این می‌گویند **شریعت‌گرایی** (legalism)، یعنی تلاش در جهت به‌دست آوردن محبت خدا از طریق اعمال، جلب لطف خدا یا پرهیز از لعنت خدا به‌واسطهٔ انجام کارهای پرهیزگارانه. در نهایت، شریعت‌گرایی به خرافات می‌انجامد، مواردی از قبیل دوری کردن از گربهٔ سیاه و رد نشدن از زیر نردبان. ما به این سبب به‌طرف خرافه‌پرستی و شریعت‌گرایی کشیده می‌شویم که حس کنترل بر جهانی آشفته و متفاوت را در ما ایجاد می‌کنند. اما همان‌گونه که خاراندن کف دست شانس پول نصیب‌مان نمی‌کند، لطف خدا را هم نمی‌توان با تلاش و انجام کارهای نیک به‌دست آورد.

آیا گاهی احساس نمی‌کنید که محبت خدا بستگی به رفتار شما دارد؟

به‌رغم این واقعیت که روایتِ پذیرش مشروط (شریعت‌گرایی) ما را در سرگشتگی و اضطراب مداوم نگه می‌دارد، اما بسیاری از ما این روایت را پذیرفته‌ایم و مطابق آن عمل می‌کنیم. خبر خوش این است که روایت عیسی چنین نیست. در واقع، به نظر می‌رسد که عیسی به‌طرزی اغراق‌آمیز در قول و فعل داستانی در مورد خدا می‌گوید که خلاف روایت متداول است.

روایات عیسی

من نمی‌توانم در کلام خدا عبارتی پیدا کنم که در آن عیسی به ما گفته باشد خدا تنها زمانی ما را دوست دارد که خوب باشیم یا مشغول فعالیت‌های پرهیزگارانه باشیم. در عوض او از خدایی سخن می‌گوید که پذیرش بی‌قید و شرطش را به همهٔ انسان‌ها تقدیم می‌کند. اما پیش از آنکه با هم این عبارات را بررسی کنیم، بیایید به *اعمال* او نگاهی بیفکنیم.

خدایی که به گناهکاران خوش‌آمد می‌گوید. عیسی نه تنها در داستان‌هایش پدر را مکشوف می‌سازد، بلکه در شخصیت و اعمال خود نیز پدر را بازتاب می‌دهد. داستان زیر که برگرفته از انجیل متی است، در مورد پدری که عیسی مکشوف ساخته، چیزهای زیادی به ما می‌گوید.

چون عیسی آنجا را ترک می‌گفت، مردی را دید متی نام که در خراجگاه نشسته بود. به وی گفت: «از پی من بیا!» او برخاست و از پی وی روان شد. روزی عیسی در خانهٔ متی بر سر سفره نشسته بود که بسیاری از خراجگیران و گناهکاران آمدند و با او و شاگردانش هم‌سفره شدند. چون فریسیان این را دیدند، به شاگردان وی گفتند: «چرا استاد شما با خراجگیران و گناهکاران غذا می‌خورد؟» چون عیسی این را شنید، گفت: «بیمارانند که به طبیب نیاز دارند، نه تندرستان. بروید و مفهوم این کلام را درک کنید که "طالب رحمتم، نه قربانی." زیرا من برای دعوت پارسایان نیامده‌ام، بلکه آمده‌ام تا گناهکاران را دعوت کنم.» (متی ۹:۹-۱۳)

متی مردی خراجگیر بود. از نگاه مردان یهودی خراجگیری شغلی نکوهیده و نفرت‌انگیز به‌شمار می‌رفت. خراجگیران درست مانند مأموران اخذ عوارض بزرگراه‌های امروزی، معمولاً در باجه‌هایی بر سر گذر می‌نشستند و به نفع دولت روم، از یهودیان مالیات می‌گرفتند. آنها به قول معروف برای «آدم بدها» کار می‌کردند. اما قضیه به همین جا ختم نمی‌شد؛ از آن بدتر اینکه آنها به‌خاطر تیغ زدن مردم به سود خودشان هم بدنام بودند. یهودیان به ایشان به دیدهٔ خائن و کلاهبردار نگاه می‌کردند، که ترکیب چندان جالبی نیست.

در این متن می‌خوانیم که عیسی از خراجگیری به نام متی دعوت می‌کند تا به گروه شاگردانش بپیوندد. با توجه به اینکه در سدهٔ اول میلادی رابیان یهودی معمولاً در گزینش شاگردان بسیار سختگیر بودند، این عمل عیسی حیرت‌آور است. شاگرد رابی شدن کار بسیار دشواری بود و امتیاز بزرگی به حساب می‌آمد که تنها نصیب معدود افرادی می‌شد که به‌طور خاص گمان بر تقوا و پارسایی‌شان می‌رفت. از این‌رو، گزینش عیسی مضحک و تکان‌دهنده بود.

متی پس از گزینش، عیسی را برای صرف خوراک به خانه‌اش دعوت می‌کند. این کار نشانهٔ سرسپردگی او به رابی (استاد- م.) جدیدش، عیسی بود.

اگر قرار بود مردم به افرادی که با شما همنشین هستند نگاه کنند، در مورد روایات اصلی شما چه تصوری می‌کردند؟

طبیعی است که دوستان و همنشینان متی را خراجگیران و دیگر «گناهکارانی» از همان قماش تشکیل می‌دادند. عیسی با همین «گناهکاران» همسفره می‌شود و این کارش نشانهٔ محبت و پذیرش است. فریسیان، گروهی از مردان مذهبی سختگیر، مدتی بود که عیسی را زیر نظر داشتند، و وقتی او را در حین خوردن غذا با گناهکاران دیدند، دیگر مطمئن شدند که دست او را به‌عنوان پیامبری دروغین و تقلبی و شارلاتان و ریاکار روکرده‌اند.

اما عیسی به آنها گفت که او نه برای تندرستان، بلکه برای بیماران، و نه برای پارسایان، بلکه برای ناپارسایان آمده است. کنایهٔ داستان در این است که فریسیان نیز به همان اندازهٔ خراجگیران بیمار و گناهکارند؛ تنها تفاوتی که فریسیان با خراجگیران دارند این است که خودشان زیر بار این واقعیت نمی‌روند. از طرف دیگر، خراجگیران هیچ ادعایی ندارند. آنها به گناهکار خوانده شـدن عادت دارند. تنها مسئله‌ای که ذهن‌شان را درگیر کرده، این است که چرا به آن میهمانی دعوت شده‌اند.

اگر عیسـی به داد چنان انسـان‌های رذلِ شناخته‌شده‌ای رسید، پس برای باقی ما هم امیدی هسـت. برنان منینگ عبارتی دارد که قبلاً هم به آن نگاهی انداخته‌ایم:

> این اسـت مکاشفه‌ای که به درخشـندگی ستارهٔ شامگاهی است: عیسـی برای گناهکاران می‌آید، برای آنها که مطرود جامعه‌اند، مانند خراجگیران و بـرای آنها که در تصمیمات اشـتباه و رؤیاهای شکست‌خورده‌شان گیر کرده‌اند. او برای مدیران اجرایی شرکت‌ها، مردم کوچه و خیابان، هنرپیشگان، قهرمان‌ها، کشاورزان، روسـپیان، معتادان، مأموران مالیات، قربانیان ایدز، و حتی فروشندگان ماشین‌های دست دوم آمده اسـت ... این عبارت را باید خواند و باز خواند و به خاطر سپرد. همهٔ نسل‌های مسیحیان کوشیده‌اند تا درخشش مفهوم آن را کم‌فروغ سـازند، زیرا پیام خوش انجیل را که همه را در بر می‌گیرد باور ندارند.

چرا ما به قول منینگ، سـعی در کم‌فروغ کردن درخشـش این پیام داریم؟ چرا باور نداریم که انجیل چنین پیامی داشته باشد؟ چون روایت عیسـی از پذیرش بی‌قیدوشرط، خلاف روایت پذیرش مشروط است که عمیقاً در جان ما ریشه دوانده است. چطور امکان دارد که خدا گناهکاران را **دوست** داشته باشد؟ او شاید بتواند ایشان را ببخشاید یا حتی **اگر قول بدهند که آدم‌های بهتری شوند**، محبت‌شان کند! اما این چیزی نیست که

عیسی تعلیم می‌دهد. او با گفتار و کردارش نشان داد که خدا گناهکاران را – همان‌گونه که هستند، و نه آن‌گونه که باید باشند– دوست دارد.

خدا گناهکاران را دوست دارد. عیسی در دو آیه از معروف‌ترین آیات کتاب‌مقدس به ما چنین می‌گوید:

> زیرا خدا جهان را آن‌قدر محبت کرد که پسر یگانهٔ خود را داد تا هر که به او ایمان آوَرَد هلاک نگردد، بلکه حیات جاویدان یابد. زیرا خدا پسر را به جهان نفرستاد تا جهانیان را محکوم کند، بلکه فرستاد تا به‌واسطهٔ او نجات یابند. (یوحنا ۳:۱۶-۱۷)

این عبارت برای انسان‌های بی‌شماری تسلی و آرامش به ارمغان آورده، و خیلی‌ها آن را چکیده و خلاصهٔ کل کتاب‌مقدس می‌دانند. عیسی در اینجا دلیل مأموریت خود را تشریح می‌کند: خدا جهان را دوست داشت و خواست آن را نجات دهد. بسیاری از مردم معتقدند که خدا از ایشان عصبانی است، اما به دلایلی هنوز به‌طور کامل آنها را مجازات نکرده است. این قبیل افراد راضی‌تر می‌بودند اگر عیسی می‌گفت: «زیرا خدا از جهان آن‌قدر خشمگین بود که پسرش را فرستاد تا بدیشان بگوید رفتارتان را اصلاح کنید، زیرا هرکه رفتارش را اصلاح کند، حیات جاویدان یابد. در حقیقت خدا پسرش را به جهان فرستاد تا جهانیان را محکوم کند، شاید که جهان به‌واسطهٔ اعمال نیکوی ایشان نجات یابد.»

عیسی نمی‌گوید که خدا «اندک‌شماری» یا «برخی» یا حتی «بسیاری» را محبت کرد. او می‌گوید که خدا ***جهان*** را محبت کرد. و همان‌گونه که می‌دانیم، جهان پر است از گناهکاران. بنابراین، خدا باید گناهکاران را محبت کند. عیسی نگفت: «زیرا خدا نیکوکاران و پارسایان را آن‌قدر محبت کرد که پسر یگانهٔ خود را داد.» او گفت که خدا جهان را محبت کرد؛ و جهان شامل همهٔ گناهکاران نیز می‌شود. پولس رسول هم این آیه را به بیان دیگری بازتاب می‌دهد: «امّا خدا محبت خود را به ما این‌گونه ثابت کرد که وقتی ما هنوز گناهکار بودیم، مسیح در راه ما مرد» (رومیان ۵:۸).

خدا به‌رغم وضعیت درهم‌شکسته و گناه‌آلود محبوبانش، ایشان را محبت می‌کند، و این تنها دلیل راستین برای اثبات محبتی اصیل و واقعی است. مشهورترین مَثَل عیسی داستان پدری است که دو پسر دارد و این مَثَل با طنین زیاد در گوش ما می‌پیچد و محبت بی‌قیدوشرط خدا را در اعماق وجودمان یادآوری می‌کند.

پدرِ ولخرج

مَثَل پسر ولخرج (Prodigal Son= این مَثَل در کتاب‌مقدس و ادبیات مسیحی فارسی با عنوان «پسر گمشده» معروف است- م.) را به‌راستی باید مَثَل محبت پدر نامید. واژهٔ ولخرج (Prodigal) به معنای «اسراف‌کاریِ بی‌پروا و توأم با ریخت و پاش» است. ما این صفت را به پسر کوچکتر نسبت می‌دهیم، آن پسری که در داستان عیسی همهٔ میراث خود را بر سر زندگی گناه‌آلود و عیاشی به باد داد. اما این پدر است که با سخاوتِ بی‌پروا ثروتش را به پای پسر قدرنشناس خود می‌ریزد و زمانی که پسر به خانه بازمی‌گردد با عشقی بی‌حد و حصر او را محبت می‌کند. داستان برای اکثر مسیحیان آشنا است، اما من می‌خواهم روی چند جنبهٔ مهم از داستان انگشت بگذارم که تعلیم عیسی در مورد پدرش را بیشتر نشان می‌دهد (نک. لوقا۱۵:۱۱-۳۲).

ما این مَثَل را به دفعات بسیار شنیده‌ایم، حال آنکه تکان‌دهنده‌ترین بخش‌هایش اغلب مورد توجه قرار نگرفته‌اند. پسر کوچکتر از پدرش می‌خواهد که سهم‌الارثش را به او بدهد تا به دلخواه خود زندگی کند. این درخواستی مبهوت‌کننده و توهین‌آمیز بود. با وجود این، پدر سهم وی را از میراث پدری بدو بخشید. سپس پسر کوچکتر همهٔ پول خود را صرف زندگی گناه‌آلود کرد و سرانجام کفگیرش به ته دیگ خورد. تنها کاری که توانست پیدا کند، خوراک دادن به خوک‌ها بود. دست آخر از اینکه ناگزیر بود از پس‌ماندهٔ خوراک خوکان تغذیه کند، به ستوه آمد. پسر کوچکتر پس از اندکی تفکر به یاد می‌آورد که وضعیت خادمان پدرش به مراتب بهتر از حال و روز او است. پس اعترافنامه‌ای برای خود

تهیه می‌کند تا در پیشگاه پدرش قرائت کند و از او بخواهد که اجازه دهد او هم در زمرهٔ خادمانش قرار بگیرد.

سپس داستان دستخوش چرخش غافلگیرکنندهٔ دیگری می‌شود. چرخش مورد بحث در آیه‌ای روی می‌دهد که به گمان من یکی از زیباترین آیه‌های کتاب‌مقدس است: «اما هنوز دور بود که پدرش او را دیده، دل بر وی بسوزاند و شتابان به‌سویش دویده، در آغوشش کشید و غرق بوسه‌اش کرد» (لوقا ۱۵:۲۰). از خواندن آیهٔ مزبور این حس به خواننده القا می‌شود که پدر شاید هر روز در انتظار پسر چشم به دوردست‌ها می‌دوخته است؛ و وقتی پسرش را می‌بیند، «دلش به حال وی می‌سوزد.» این موضوع کوچکی نیست؛ این عبارت از شخصیت و دل خدا با ما سخن می‌گوید. حتی زمانی که بدترین کارهای ممکن را در حق خدا کرده‌ایم، خدا باز هم با نظر دلسوزی بر ما می‌نگرد.

در روزگار عیسی پدر این حق را داشت که پسر خود را پیش ریش‌سفیدان برده به ایشان بسپارد تا سنگسارش کنند حتی تا سرحد مرگ. هیچ‌کس پدر را به‌خاطر انجام چنین کاری زیر سؤال نمی‌بُرد. عدالت بدین‌ترتیب اجرا شده بود (یک روایت طبیعی). اما پدر داستان عیسی برعکس انتظار خوانندگان، آغوش گشوده پسر را در بر می‌گیرد و می‌بوسد - که نشانهٔ بخشودن است-، بازگشتش به خانه را خوش‌آمد می‌گوید و به مناسبت بازگشت او مهمانی برپا می‌کند.

آیا تا به حال کسی را محبت کرده‌اید که شما را رد کرده است؟ آیا از سوی کسی که دلش را شکسته‌اید، مورد محبت قرار گرفته‌اید؟ توضیح بدهید.

او از خادمانش می‌خواهد تا برای پسرش ردا، انگشتر و کفش- سه نشانه برای از نو برقرار شدن رابطهٔ پدر و فرزندی- بیاورند؛ او با اینکه لیاقت داشتن چیزی را نداشت، اما هیچ چیزی را از دست نداد.

چنین به نظر می‌رسد که خدا با اینکه با گناه هیچ میانه‌ای ندارد، اما خیلی هوای گناهکاران را دارد. کاملاً آشکار بود که پدر از تصمیم پسرش غمگین و دلشکسته است؛ او نه بر زندگی ولنگار پسر صحه گذاشت و نه آن را نادیده گرفت. هر پدر خوبی به حق از چنین رفتارهایی برآشفته می‌شود. اما عیسی می‌خواهد به ما بفهماند که حتی بدترین گناهان ما هم نمی‌توانند خدا را از ابراز محبت نسبت به ما بازدارند، یا مانع از اشتیاق خدا برای بازگشت ما شوند.

برادر بزرگتر و من

به خاطر داشته باشید که عیسی این داستان را در واکنش به انتقادی تعریف کرد که از همسفره شدنش با گناهکاران کرده بودند. لوقا صحنه را برای ما چنین می‌آراید: «و اما خراجگیران و گناهکاران جملگی نزد عیسی گرد می‌آمدند تا سخنانش را بشنوند. اما فریسیان و علمای دین همهمه‌کنان می‌گفتند: "این مرد گناهکاران را می‌پذیرد و با آنها همسفره می‌شود."» (لوقا ۱:۱۵-۲). همان‌گونه که پیشتر هم اشاره شد، کارهای عیسی انقلابی بود. رابیان با گناهکاران شناخته‌شده همسفره نمی‌شدند، و فریسیان هم علناً او را به‌خاطر این کار به باد انتقاد گرفتند.

اکثر ما میل داریم که روی پسر ولخرج (پسر گمشده- م.) و پدرش متمرکز شویم، در صورتی که قسمت دوم مَثَل (لوقا ۲۵:۱۵-۳۲) برملاکنندهٔ مقصود اصلی عیسی از بیان آن داستان است. مخاطب این مَثَل نه مطرودان و لگدمال‌شدگان بلکه صالحان و پرهیزکارانی است که قادر به پذیرش و هضم پیام بنیادستیز محبت بی‌قید و شرط خدا نیستند. شخصیت برادر بزرگتر نمایندهٔ آن دسته از کسانی است که تا می‌شنوند خدا گناهکاران را دوست دارد، خون‌شان به جوش می‌آید. برادر بزرگتر نمایندهٔ آن دسته از ما است که با محبت بی‌قید و شرط خدا نسبت به دیگران و یا حتی نسبت به خودمان، مشکل داریم.

پسر بزرگتر در مزرعه سرگرم کار است که سروصدای برپا شدن جشن و مهمانی را می‌شنود. او به خانه می‌آید و درمی‌یابد که جشن به

افتخار بازگشت برادر کوچکترش برپا شده است. پس خطاب به پدرش لب به گلایه می‌گشاید: «این منصفانه نیست! من هر روز سخت کار می‌کنم و هرگز کسی چنین ضیافتی برایم برپا نکرده! این پسر نابابِ تو -که من شرم دارم او را «برادر» بخوانم- اموال تو را خرج روسپیان کرده، و حالا تو برایش جشن می‌گیری؟» برادر بزرگتر حق دارد عصبانی باشد. او هرگز به پدرش بی‌حرمتی نکرده. هیچ‌وقت به خانواده آسیب مالی وارد نساخته. هرگز رفتار احمقانه‌ای از وی سرنزده. و با این همه پسر کوچکتر، که همهٔ این کارها و حتی بیش از اینها را مرتکب شده، همچون قهرمان مورد استقبال قرار می‌گیرد.

آیا گاهی احساس نمی‌کنید که در موضع برادر بزرگتر داستان قرار گرفته‌اید و نسبت به پذیرش دیگران و حتی خودتان از سوی خدا، بی‌میل هستید؟

پدر به یاد پسر بزرگتر می‌آورد که هیچ بی‌عدالتی‌ای در کارهای او وجود ندارد. او می‌گوید: «همهٔ چیزهایی که من دارم، از آن تو است.» به بیان دیگر، تو هم همان چیزهایی را داری که برادرت دارد. این شبیه حکایت کارگران تاکستان است که در ازای مبلغی یکسان، ساعات متفاوتی کار کردند. عیسی ضربه را درست بر بطن مشکلی که ما با مقولهٔ فیض داریم، وارد می‌آورد: ما از فیض خوش‌مان نمی‌آید. به‌دور از انصاف به نظر می‌رسد، اما در واقع، کاملاً هم منصفانه است. خدا نسبت به همگان فیاض است. این خصوصیت خدا با روایت پذیرش مشروط ما در تعارض قرار دارد.

نکتهٔ اصلی این است که تنها یک چیز است که ما را از خدا جدا می‌کند، و در کمال شگفتی آن یک چیز گناه نیست، بلکه خودپارسادانیِ (Self-Righteousness) (حق‌به‌جانب گرفتن) ما است. روحیهٔ خودپارسادانی خدا را از ما رویگردان نمی‌کند، بلکه روی ما را از خدا برمی‌گرداند. این گناه من نیست که مرا از خدا دور می‌سازد، بلکه عدم پذیرش فیض از

سوی من -چه نسبت به خودم و چه نسبت به دیگران- است که از خدا دورم می‌کند. پدر به پسر بزرگتر می‌گوید که بازگشت پسر کوچکش دلیل جشن و شادی است. روی سخن عیسی اساساً با فریسیان است و به ایشان می‌گوید: «وقتی می‌بینید خراجگیران، روسپیان و دیگر گناهکاران شناخته‌شده به‌سوی من می‌آیند، باید خوشحال باشید؛ آنها مرده بودند و اکنون زنده شده‌اند. اما در عوض چه می‌کنید؟ غرغر و شکایت.»

فریسیان باید تصمیم می‌گرفتند که آیا خوش‌آمدگویی خدا به گناهکاران را بپذیرند و در شادی ایشان سهیم گردند، یا نه. متأسفانه آنها از پذیرش سر باز زدند. من بیشتر شبیه برادر بزرگتر (فریسیان) هستم تا پسر گمشده. اما آنچه موجب آزار من می‌شود، فیض خدا نسبت به گناهکاران نیست؛ من گاهی با فیض خدا نسبت به **خودم** مشکل دارم. روایت تقلا برای کسب لطف و رضای خدا چنان در اعماق الگوی الاهیاتم ریشه دوانده که پذیرش محبت بی‌قیدوشرط خدا برایم مشکل است. به همین دلیل وقتی قطعه شعری را که در کنج کتابخانه‌ای قدیمی خاک می‌خورد پیدا کردم، مرا سخت تحت تأثیر قرار داد.

حقیقت در مورد خدا

چندین سال پیش داشتم دربارهٔ سیمون ویل (Simone Weil)، زن نویسنده‌ای که به‌تازگی با آثارش آشنا شده بودم، مطلبی می‌خواندم. کتاب‌های او پرده از اندیشهٔ ژرف و ایمان راسخ او برمی‌دارند. او در خانواده‌ای یهودی چشم به جهان گشود، اما در بزرگسالی به مسیحیت گروید. زندگی‌نامه‌نویس او چنین خاطرنشان می‌سازد که او زمانی مسیحی شد که شعری از شبان سدهٔ هفدهم، جورج هربرت (George Herbert) خواند.

بی‌معطلی به کتابخانه رفتم و دنبال دیوان اشعار هربرت گشتم. گوشه‌ای نشستم تا شعر را بخوانم، اما با خواندن شعر چنان تحت تأثیر قرار گرفتم که تا دقایقی نمی‌توانستم حرف بزنم. هرچه بیشتر می‌خواندم و در موردش فکر می‌کردم، بیشتر به عمق مطلب پی می‌بردم.

فصل پنجم

محبت

محبت خوش‌آمدم گفت، ولی جانم اِکراه داشت،
آلودهٔ خاک و گناه.
اما محبتِ تیزچشم، به دیدنِ سستی‌ام،
از لحظهٔ ورود،
نزدیک‌تر آمد، و شیرین پرسید:
«چه می‌خواهی؟»
گفتم: «میهمانی باشم، درخورِ حضور در اینجا»؛
محبت گفت: «حتماً همانی که گفتی.»
«منِ نامهربانِ ناسپاس؟ آه ای عزیز! یارای نگریستن به تو را ندارم.»
محبت دستم را گرفت و با لبخند گفت:
«مگر آن چشم‌ها آفریدهٔ من نیست؟»

«بله، خداوند! ولی من آنها را تباه کرده‌ام؛ بگذار خجلت من سزا یابد.»
محبت می‌گوید: «نمی‌دانی چه کس ملامت کشید؟»
«پس ای عزیز، خدمتت خواهم کرد.»
محبت می‌گوید: «باید بنشینی و گوشت مرا بچشی.»
پس نشستم و خوردم.

خاتمه
جلال بر خدا در عرش برین،
و صلح و سلامت بر مردمانی که بر زمین مورد لطف اویند.

از آنجایی که شعر مزبور خیلی قدیمی است و زبان سختی دارد، من دوست دارم معنای آن را (دست‌کم برای خودم) توضیح بدهم تا شاید از این میان بینشی کلی از آن به‌دست بیاید.

- **محبت خوش‌آمدم گفت.** هربرت راست و پوست کنده به سراغ ماهیت خدا می‌رود و از آن برای ما سخن می‌گوید. شاعر بر سر این موضوع که خدا محبت است (۱یوحنا ۴:۸) با یوحنا هم‌داستان است. در سراسر شعر، هرجا به کلمهٔ محبت برمی‌خورید، می‌توانید آن را با کلمهٔ خدا عوض کنید. شاعر می‌گوید: «خدا به من خوش‌آمد گفت.» خدا ما را دعوت به داخل شدن می‌کند.
- **ولی جانم اِکراه داشت.** اما واکنش روح من به این دعوت چیست؟ زمانی که خدا نزدیک می‌شود، این کاملاً طبیعی و حتی درست است که ما خودمان را عقب بکشیم. هرچه باشد، خدا قدوس و عادل است.
- **آلودهٔ خاک و گناه.** هربرت به ما دلیل عقب کشیدن‌مان را بازمی‌گوید؛ او به ما چیز دیگری نمی‌گوید جز اینکه گناهکاریم. من و شما همگی در ته قلب‌مان واقفیم که گناه کرده‌ایم و به دفعات بی‌شمار از معیارهای خدا قاصر آمده‌ایم و هروقت مرتکب گناه می‌شویم خود را عقب می‌کشیم.
- **ولی محبت تیزبین.** هربرت نگاه خدا را به چشم تیزبین تشبیه می‌کنید. آیا زیبا نیست؟ خدا تمامیت ما را به‌طور کامل می‌بیند. آری، او ما را تماشا می‌کند، اما با نظر مهر و محبت.
- **به دیدنِ سستی‌ام / از همان لحظهٔ ورود.** منظور از سستی در زمان هربرت همان تردید بود. آیا حرکت را در خط سیر شعر می‌بینید؟ خدا ما را به درون می‌خواند، ولی ما خود را عقب می‌کشیم. خدا علتش را می‌داند؛ ما احساس گناه داریم. بنابراین خدا چه می‌کند؟
- **نزدیک‌تر آمد.** خدا پیشتر می‌آید. او تزلزل و تردید ما را می‌بیند و به‌سوی‌مان گام برمی‌دارد. حتی هنگامی که مدهوش و به خاک افتاده‌ایم، خدا خود را به ما نزدیکتر می‌سازد.

• **شیرین پرسـید.** خدا به نرمی از ما سـؤال می‌کند. از اینجا نوعی گفتگوی ملایم آغاز می‌شـود. خدا خود را به ما نزدیک کرده از ما پرسشـی می‌کند. من با روایت تلاش برای کسب لطـف و رضای خدا که در ذهـن دارم، مطمئنم که او خواهد پرسید: «چرا این‌قدر گناه کرده‌ای؟» اما چنین نیست.

• **چه می‌خواهی؟** اولین چیزی که خدا می‌پرسـد این نیست که: «خب، در مورد خودت چه برای گفتن داری، ای گناهکار فاسـد؟» بلکه می‌پرسـد: « چه کم داری؟ آیا بـه چیزی نیاز داری؟»

• **گفتم: «میهمانی باشم، درخورِ حضور در اینجا.»** ما عاری از حس ارزش یا شایسـتگی هسـتیم. اکثر ما آدم‌ها احساس می‌کنیم در برابر خدا ناشایسـته‌ایم. گوینـده حقیقت را بیان می‌کند.

• **محبـت گفت: «حتماً همانی که گفتی.»** محبت با گفتن «تو شایسـته‌ای. شایسـته‌ای چون من به تو می‌گویم. شایسته‌ای چون من تو را دوست دارم!» به تردیدهای ما در مورد ارزش خودمان، پاسخ می‌دهد. آگوسـتین می‌گوید: «خدا با دوست داشتن ما، دوست‌داشـتنی‌مان کرد.» ارزش ما هرگز بر اساس لیاقت و دستاوردهامان محاسـبه نمی‌شود. ارزش به‌صورت هدیه به ما اعطا شـده اسـت، هدیه‌ای که تنها می‌توان آن را دریافت کرد.

• **«مـنِ نامهربانِ ناسـپاس؟ آه ای عزیز! یارای نگریسـتن به تو را نـدارم.»** ولی ما با دریافت هدایا مشـکل داریم. از این گذشـته، کل دنیا بر پایه لیاقت و شایسـتگی بنا شده، یعنی بر پایهٔ چیزهایـی که باید خودمان به چنگ بیاوریم. از این‌رو در پاسـخ می‌گوییم: «کی ... من؟ منِ ناسپاسِ بی‌مهر؟ خدایا آیا واقعاً می‌دانی من چقدر آدم بدی هستم؟ من حتی نمی‌توانم به روی تو نگاه کنم!»

- **محبت دستم را گرفت و با لبخند گفت: «مگر آن چشم‌ها آفریدهٔ من نیست؟»** این تصویری تکان‌دهنده است. آیا می‌توانید خدا را در حال لبخند زدن -به هر چیزی- تصور کنید؟ مثلاً به شما؟ خیلی از کسانی که من می‌شناسم نمی‌توانند خدا را در حالی تصور کنند که دارد به آنها افتخار می‌کند؛ حتی نمی‌توانند تصور کنند که خدا از آنها خوشش می‌آید. اما ببینید خدا چه پاسخ عالی‌ای می‌دهد. «مگر آن چشم‌ها آفریدهٔ من نیست؟» ما می‌گوییم: «خدایا من شایسته نیستم که به تو نگاه کنم؟» و خدا جواب می‌دهد: «آیا نمی‌توانی بفهمی که آن چشمان، آنهایی که نمی‌توانی بالا بگیری و به من بدوزی، ساختهٔ دست من هستند؟!»

- **«بله، خداوند! ولی من آنها را تباه کرده‌ام.»** در پاسخ می‌گوییم: «آری» چون بر سر این مسئله نمی‌توانیم با خدا جدل کنیم. «اما [همیشه یک "اما" وجود دارد] من آنها را تباه کرده‌ام.» هربرت می‌گوید: «آری، خدایا این چشمان را تو آفریدی، اما من از آنها درست استفاده نکرده‌ام. بر چیزهایی نظر افکنده‌ام که نباید بیفکنم؛ من با اعمال خودم آنها را تباه کرده‌ام.»

- **بگذار خجلت من سزا یابد ...** یک بار دیگر، روح بیچاره باز بحث می‌کند: «خدایا آیا می‌دانی داری با چه کسی صحبت می‌کنی؟ من یک افتضاح تمام‌عیار هستم. تو این چشم‌ها -در واقع همه چیز- را به من دادی و من آنها را تباه کردم. پس خواهش می‌کنم بگذار از شرم و خجالت آب شوم.» در اینجای شعر است که روح نه برای رحمت، که برای عدالت فریاد برمی‌آورد: «من ارزشی ندارم؛ به من چیزی را بده که سزاوارش هستم، نه چیزی را که می‌خواهم.»

- **محبت می‌گوید: «نمی‌دانی چه کَس ملامت کشید؟»** زمانی که به این منزلگاه مهم می‌رسیم، خدا گام پیش نهاده می‌گوید:

«من مخالف حرف‌هایت نیستم. تو شکست خورده‌ای و سزاوار مجازات هم هستی. اما -به این نکته توجه کنید- مگر نمی‌دانی که چه کسی بار ملامت را بر دوش کشید؟» خدا می‌گوید: «عیسی این بار را بر دوش کشید. پسر من شرم و خجالت را از تو برداشت، و تو دیگر لازم نیست متحمل آن شوی.» لازم است همین‌جا دمی توقف کنیم. گاهی مردم طوری از محبت خدا حرف می‌زنند که انگار یک حس خوب کیهانی نسبت به مردم است بدون آنکه اعتنایی به عدالت داشته باشد؛ گویی گناه مسئلۀ مهمی به‌شمار نمی‌آید. به همین دلیل است که بسیاری اصلاً خودشان را گناهکار نمی‌دانند. اما توجه داشته باشید: اگر گناهکار نیستید، پس چرا در مورد خود تا این اندازه احساس بدی دارید؟ و اگر وانمود می‌کنید که گناهکار هستید، پس باید وانمود کنید که بخشوده شده‌اید. خدا می‌گوید: «گناه شما واقعی است. تاوان آن هم مرگ است. اما پسر من، عیسی، بار گناه شما را به گردن گرفت. گناهان شما بود که او را بر صلیب میخکوب کرد. او داوری است که به‌جای شما مورد داوری قرار گرفت.»

- **«پس عزیز من، خدمتت خواهم کرد.»** پیام فیض اغلب به‌جای آنکه در ما شادی و آزادی به‌وجود آوَرَد، حس تقصیر ایجاد می‌کند. واعظان بسیاری تحت تأثیر این حس در ذهن‌شان وعظ می‌کنند: «ای جوان، آیا نمی‌دانی که عیسی به‌خاطر تو مرد؟ آیا از این بابت احساس تقصیر نمی‌کنی؟» و پاسخی که انتظارش را دارند چنین است: «بله، بله احساس تقصیر می‌کنم. خداوندا متأسفم. قول می‌دهم که بهتر رفتار کنم. بیشتر تلاش خواهم کرد تا رفتار بهتری داشته باشم؛ قول می‌دهم! حتی حاضرم در حین انجام مأموریت مسیحی در راه تو جان فدا کنم. تو فقط فرمان بده، و من آن را انجام خواهم داد. خدایا من به تو مدیونم.»

- **محبت می‌گوید: «باید بنشینی و گوشت مرا بچشی.»** خدا در پاسخ می‌گوید: «اینجا بنشین و آرام بگیر. با من در ضیافت شرکت کن. با من باش. از حضورم لذت ببر، و بگذار که اول من به تو خدمت کنم. من نیازی به خدمت تو ندارم. من برای هیچ کاری به تو احتیاج ندارم. تو را آفریدم چون دوستت دارم، و آنچه واقعاً از تو می‌خواهم این است که با من باشی. اشتیاق قلبی من این نیست که برای خدمت به من دست به تلاش بزنی. فقط بگذار محبتت کنم.» فکر می‌کنید که خدا بیش از همه چیز، از ما چه می‌خواهد؟
- **پس نشستم و خوردم.** این آن چیزی است که خدا بیش از هر چیز از ما می‌خواهد. او می‌خواهد به ما خدمت کند و شاهد شرکت ما در ضیافتش باشد و ببیند که به نیکویی وی دلخوش هستیم. روزی ما هم دیگران را خدمت خواهیم کرد، اما این خدمت تنها واکنشی خواهد بود به محبت خدا، نه نشأت‌گرفته از احساس گناه.

جورج هربرت سیاستمداری برجسته بود که از همه چیز دست شست تا شبانی کلیسای کوچکی را بر عهده بگیرد. او اشعار زیادی سروده است، اما نه با این نیت که روزی کسی این اشعار را بخواند، چه رسد به اینکه به‌صورت دیوان چاپ و منتشر شود. او زمانی که در بستر مرگ بود به یکی از دوستان نزدیکش گفت که چندین سرودهٔ مکتوب دارد و از او چنین خواست: «لطفاً آنها را بخوان، و اگر فکر کردی که به درد بخورند، هرچه صلاح بود با آنها بکن.»

اشعار وی پس از مرگش انتشار یافت. به‌راستی سخنان فروتنانهٔ این مرد مرا سخت تحت تأثیر قرار می‌دهد: «اگر به درد بخور باشند!» خدا را شکر می‌کنم که دوست او آن‌قدر حکمت داشت که ببیند اشعار هربرت به درد می‌خوردند. من می‌دانم که سیمون ویل هم احساسی مشابه احساس من داشته است.

شریعت‌گرایی محدود می‌سازد؛ محبت برمی‌انگیزد

این فصل را با داســتان زن جوانی آغاز کردیم که خارج از چارچوب زناشویی باردار شد و وقتی خواست به زن‌های جوان دیگر کمک کند، از ســوی شبانش طرد شد. شبان حتی حاضر نشد فرزند او را تعمید بدهد. عاقبت زن جوان به کلیسای دیگری رفت و مدتی نگذشت که فرزندش را در آنجا تعمید دادند. او با جوان‌های کلیســای تازه‌اش کار کرد، دورۀ آموزش را به پایان رساند و سرانجام برای انجام مأموریت مسیحی روانه شد. امروز او و دخترش به‌عنوان میسیونر در آفریقا زندگی می‌کنند.

پرورش روح

قرائت روحانی

تمرین روحانی این هفته لِکتیو دِوینا Lectio Divina نام دارد، که واژه‌ای است لاتین و معنای تحت‌اللفظی آن «**قرائت روحانی**» می‌باشد. آن شیوه‌ای از خواندن کتاب‌مقدس است که باید آن‌را با گوش دل شنید. قرائت روحانی فریضه‌ای است کهن که پیشینه‌اش به سنت عبرانی *شِمَع* بازمی‌گردد (Shema =) «**بشنو**»، که اشاره‌ای است به تثنیه ۴:۶: «*ای اسرائیل بشنو، یهوه، خدای ما، یهوه واحد است*» که هستهٔ مرکزی اعتقاد یهودیان به یگانگی خدا را تشکیل می‌دهد- م.) شِمَع شامل قرائت عبارات منتخبی از کتاب‌مقدس عبری با مکث‌هایی به‌خصوص و تمرکز بر کلمات معین بود. lectio divina را مسیحیان کلیسای اولیه به روش دسته‌جمعی به‌کار می‌بردند و بعدها پدران و مادران صحرا[1] با تأکید بر جنبهٔ فردیِ این شیوه از قرائت، آن را تعلیم می‌دادند.

در lectio divina ما به متنی از کتاب‌مقدس می‌پردازیم - که معمولاً بیش از چند آیه نیست- و آن را بارها و به آهستگی، همراه با تأمل بر کلمات و عبارات آن متن می‌خوانیم، و در عین حال به تأثیری که کل متن بر دل‌مان می‌گذارد، توجه لازم را مبذول می‌داریم. بدین‌ترتیب، «با کلام خدا دعا می‌کنیم.» این روش با مطالعهٔ کتاب‌مقدس تفاوت دارد. در مطالعهٔ کتاب‌مقدس به متنی می‌پردازیم و می‌کوشیم معنایش را دریابیم. در lectio divina این متن کتاب‌مقدسی است که «ما را مطالعه می‌کند.»

---

۱. پدران (و مادران) صحرا نام گروهی از راهبان مسیحی است که از حدود سدهٔ سوم میلادی در بیابان‌های مصر زندگی می‌کردند و نخستین گروه از ایشان راهبانی بودند که از جفای سازماندهی شدهٔ «دیوکلسین» امپراتور روم بر ضد مسیحیان، گریخته بودند- م.

چگونه LECTIO DIVINA را تمرین کنیم

۱) اول از همــه، متونی از کتاب‌مقـدس را انتخاب کنید. در این تمریـنِ به‌خصوص، من اول قرنتیـان ۱۳:۴-۸ را برگزیده‌ام.

محبت بردبار و مهربان است؛ محبت حسد نمی‌برد؛ محبت فخر نمی‌فروشد و کبر و غرور ندارد. رفتار ناشایسته ندارد و نفع خود را نمی‌جوید؛ به آسـانی خشمگین نمی‌شود و کینه به دل نمی‌گیرد؛ محبت از بدی مسـرور نمی‌شود، اما با حقیقت شادی می‌کند. محبت با همه چیز مدارا می‌کند، همواره ایمان دارد، همیشـه امیدوار است و در همه حال پایداری می‌کند. محبت هرگز پایان نمی‌پذیرد. اما نبوت‌ها از میـان خواهد رفـت و زبانها پایان خواهـد پذیرفت و معرفت زایل خواهد شد. (۱قرنتیان ۱۳:۴-۸)

۲) یک یا دو دقیقه را فقط صرف شل کردن عضلات (Relaxing) و تنفس عمیق کنید.

۳) قرائت اول- یک بار کل متن را به آهسـتگی بخوانید. بین هر جمله مکث کنید (برای مثال، «محبت بردبار است» [مکث]، «محبت مهربان است» [مکث] ...). پس از اتمام قرائت اول، یک یا دو دقیقه سکوت کنید.

۴) قرائت دوم- یک بار دیگر متن را به آهستگی بخوانید و بین عبارت‌ها مکث کنید. منتهی این‌بار مکث‌ها طولانی‌تر باشند و گوش به زنگ کلمات یا جملاتی باشید که توجه‌تان را به خود جلب می‌کنند یا به‌نوعی بارز و برجسـته به نظر می‌رسند. در ذهن‌تان از آنها یادداشت بردارید. پس از پایان قرائت دوم، آن کلمات یا جملات خاص را بنویسید.

۵) قرائت سـوم- متن را تا کلمه یا عبارتی که توجه شما را جلب کرده، از نو بخوانیـد. وقتی به آن کلمه یا عبارت

رسیدید، از خواندن بازایستید و چند بار دیگر همان متن را بخوانید.

۶) تعمق کردن- مدتی روی عبارتی که شما را برانگیخته، تفکر و تأمل کنید. چند بار آن را تکرار کنید. بگذارید کلمات با افکار، خاطرات یا هر عبارت کتاب‌مقدسی دیگری که به ذهن‌تان خطور می‌کند، تعامل کنند. بگذارید قلب، امیال و ترس‌های درونی‌تان را لمس کنند. شروع کنید به پرسش کردن از خودتان: «آیا خدا به‌طور خاص می‌خواهد چه چیزی به من بگوید؟»

۷) دعا- پرسش آخر را به‌شکل دعا دربیاورید و از خدا بپرسید: «خدایا، کلامی که در این عبارت برای من داری، چیست؟ آیا چیزی هست که بخواهی امروز به من بگویی؟» گوش بسپارید. هر چیزی را که احساس می‌کنید ممکن است خدا با شما در میان گذاشته باشد، بنویسید.

۸) استراحت- دمی بیاسایید و سکوت کنید. از بودن در حضور خدا لذت ببرید. در این مرحله از «کردن» به «بودن» تغییر وضعیت می‌دهید. برای اندک زمانی فقط باشید.

۹) واکنش- از خودتان و خدا بپرسید: «از من خواسته شده تا در پی کلامی که به من داده شده، چکار کنم؟» شاید احساس می‌کنید که به چالش کشیده می‌شوید تا خدا را بیشتر محبت کنید، یا جنبه‌ای از هویت خودتان را بپذیرید، یا کسی را خدمت کنید، یا شروع به تغییر دادن جنبه‌ای از شخصیت خودتان کنید. هرچه که هست، آن را بنویسید. «امروز خدا مرا خوانده تا فرد بردبارتری باشم. خدایا با من باش و به من بیاموز که چگونه می‌توانم بردبارتر باشم.» خدا را به‌خاطر کلامش که با دل شما صحبت کرده شکر کنید.

* قسمت زیر را تنها پس از آنکه تمرین را به اتمام رساندید، بخوانید.

برقراری پیوند با روایت عیسی

Lectio Divina تلاشی بسیار شخصی است، از این‌رو من دقیقاً نمی‌توانم پیش‌بینی کنم که چه چیزی را تجربه خواهید کرد، و اصولاً نباید هم این کار را بکنم. تصور من بر این است که خدا کلامی ویژه برای من داشته. با وجود این، عبارتی که من برای شما انتخاب کرده‌ام به‌طور خاص به موضوع محبت می‌پردازد. اول قرنتیان ۱۳:۴-۸ خیلی معروف است، چون آن را در مراسم عروسی می‌خوانند. زمینهٔ متن آیات مزبور ربطی به محبت میان زن و شوهر ندارد (هرچند به آن هم می‌خورد!)، بلکه صحبت پولس بر سر این است که چگونه باید در اجتماع مسیحی در کنار یکدیگر زندگی کنیم. نکتهٔ اصلی آن است که محبت در کانون زندگیِ جمعی ما قرار دارد. در جای دیگر می‌خوانیم که می‌باید به یکدیگر محبت کنیم، همچنان که خدا ما را محبت نمود (۱یوحنا ۴:۱۱).

به همین ترتیب می‌خوانیم که «خدا محبت است» (۱یوحنا ۴:۸). درست مثل شعر هربرت، در اینجا هم می‌توانیم در آیات بالا از اول قرنتیان فصل ۱۳، به‌جای **محبت** واژه ***خدا*** را بگذاریم.

خدا بردبار و مهربان است؛ خدا حسد نمی‌برد؛ خدا فخر نمی‌فروشد و کبر و غرور ندارد. رفتار ناشایسته ندارد و نفع خود را نمی‌جوید؛ به آسانی خشمگین نمی‌شود و کینه به دل نمی‌گیرد؛ خدا از بدی مسرور نمی‌شود، اما با حقیقت شادی می‌کند. خدا با همه چیز مدارا می‌کند، همواره ایمان دارد، همیشه امیدوار است و در همه حال پایداری می‌کند. خدا هرگز پایان نمی‌پذیرد.

شاید بد نباشد که این هفته چند بار این متن را بخوانید و لذت ببرید. من در این فصل از کتاب گفتم که خدا محبت است، ولی ما اغلب معنای این جمله را نمی‌دانیم. این متن توضیح می‌دهد که محبت راستین چیست.

تمرین بیشتر: تعمق کردن روی شعر

اگر محبت بی‌قیدوشرط خدا موضوعی است که شما در ذهن‌تان با آن کلنجار می‌روید، می‌توانید به عقب برگشته قدری بیشتر روی شعر هربرت به تعمق و تفکر بپردازید. آن را از ابتدا تا انتها به آهستگی بخوانید و روی تصاویری که هربرت خلق کرده (مثلاً «محبتِ تیزبین») بیندیشید و سعی کنید تصویری ذهنی از آنها بسازید.

برای تأمل

صرف‌نظر از اینکه این مطالب را با دیگران می‌خوانید یا در تنهایی، پرسش‌های زیر به شما در تأمل و تفکر در مورد تجربه‌تان کمک خواهند کرد. در هر حال، شاید ایدهٔ بدی نباشد که در دفترچه‌تان به این پرسش‌ها پاسخ دهید. اگر با گروهی جمع می‌شوید، دفترچهٔ یادداشت را همراه خود ببرید تا به شما در به یاد آوردن تجارب‌تان کمک کند و بتوانید آنها را با دیگران در میان بگذارید.

۱) آیا توانستید تمرین lectio divina را انجام دهید؟ توضیح دهید که کار چگونه پیش رفت و در موردش چه احساسی دارید.

۲) از طریق این تمرین، در مورد خدا یا خودتان چه چیزهایی یاد گرفتید؟

۳) مصرع مورد علاقه‌تان در شعر «محبت» کدام بود؟ توضیح بدهید که چرا.

فصل ششم

خدا قدوس است

پنج سال پیش در کلیسایی موعظه کردم. قبل از آن هم یک بار در همان کلیسا موعظه کرده بودم. از آنجایی که گنجینهٔ موعظات محدودی دارم، داشتم موعظه‌ای مشابه دفعهٔ قبل ارائه می‌دادم. امیدوار بودم که پس از گذشت چند سال، جماعت موعظهٔ قبلی را به‌یاد نیاورد. چندتایی از مفاهیمی را که پیشتر در همین کتاب خوانده‌اید، با کلیسا در میان گذاشتم: خدا ما را بدون قید و شرط دوست دارد؛ عیسی برای همهٔ گناهان ما مرد؛ خدا شما را با خودش آشتی داده است؛ و شما در مسیح خلقتی تازه هستید. پس از خاتمهٔ جلسه، مرد درشت و نیرومندی به‌سوی من آمد، نگاهی به من افکند و بدون گفتن هیچ حرفی یک وسیلهٔ الکترونیکی را به طرفم گرفت. از نزدیک به آن دستگاه خیره شدم و در آن تصویر موعظه‌ای را دیدم که پنج سال پیش از آن کرده بودم. من فرض را بر این گرفتم که به‌خاطر موعظهٔ تکراری‌ام، قصد ریشخند مرا دارد و گفتم:

«به‌خاطر تکرار موعظهٔ قبلی معذرت می‌خواهم، اما شما باید درک کنید که من چیزی جز همین یک موعظه ندارم.»

به‌صورتش نگاه کردم و متوجه شدم که قطره اشکی روی گونه‌اش چکید و گفت:

«من نیامده‌ام تا شما را به‌خاطر موعظهٔ تکراری مسخره کنم. آمده‌ام از شما تشکر کنم. من این پیام را پنج سال پیش شنیدم، و همین موعظه زندگی‌ام را به‌طور کامل عوض کرد. من در کلیسایی بسیار شریعت‌گرا بزرگ شدم، و هر هفته در این باره که خدا از من عصبانی است و چقدر آدم بدی هستم، موعظه می‌شنیدم. هر روزه با ترس از خدا زندگی می‌کردم، و اصلاً خدا را دوست نداشتم. زمانی که موعظهٔ شما را شنیدم گویی یخ قلبم آب شد. سی‌دی موعظه

را خریــدم و ده‌ها بار آن را گوش دادم و از رویش تکثیر کرده به هر کس که می‌شناختم، دادم. من افسر پلیس هستم، به همین‌خاطر عادت به احساساتی شدن ندارم. فقط می‌خواستم به‌خاطر این پیام از شما تشکر کنم.»

یکدیگر را محکم در آغوش گرفتیم و او گریست. مجذوب داستان او شــده بودم و احساساتش سخت تحت تأثیر قرارم داده بود. پس از اینکه او دور شد، از دانســتن این نکته که توانسته بودم در زندگی کسی تغییر مثبتی ایجاد کنم، از شــادی در پوست نمی‌گنجیدم و به خدا رو کرده، در سکوت شکرش گفتم.

این قضیه در ذهنم مهر تأییدی شــد بر اینکــه پیام مربوط به محبت بی‌قیدوشرط خدا نســبت به ما تا چه اندازه می‌تواند زندگی انسان‌ها را دستخوش تحول کند.

سپس متوجه خانمی شدم که منتظر ایستاده بود تا با من حرف بزند. به او نزدیک شدم و خودم را معرفی کردم. او در حالی که لبخندی بر لب داشت به من گفت: «خیلی ممنون از پیام‌تان. بسیار رهایی‌بخش بود!»

برای لحظاتی باز همان احســاس به من دست داد، تا اینکه آن خانم چنین ادامه داد: «من شــش ماه گذشته را با دوست‌پسرم زندگی کرده‌ام، و در کلیســایی بزرگ شده‌ام که در آن به ما گفته بودند این کار گناه است و من واقعاً احســاس تقصیر می‌کردم. اما امروز صبح شما گفتید که خدا بدون هیچ قید و شرطی ما را دوست دارد، و اینکه عیسی همهٔ گناهان ما را بخشیده است. تازه آن وقت بود که من فهمیدم حس تقصیرم بی‌مورد بوده. عیســی بهای همهٔ اینها را پرداخته است! پس می‌خواستم به‌خاطر چنین پیام رهایی‌بخشــی از شما تشکر کنم.» سپس با من دست داد و در حالی که داشت از شادی بالا می‌پرید از من دور شد، مثل اینکه دکتر به او گفته باشد از سرطان خلاصی پیدا کرده است.

قلبم فشرده شد.

آنگاه بود که تازه فهمیدم تنها اعلام این خبر خوش که «صرف‌نظر از هرآنچه که مرتکب شده‌ایم، باز هم خدا ما را دوست دارد» کافی نیست. آنچه که خانم جوان نتوانســته بود درک کند، و من مجبور شــدم بعدها

برایش توضیح بدهم، این است که خدای پرمحبت ما، «آتش فروبرنده» نیز هست (عبرانیان ۲۹:۱۲). شاید خوفناک به نظر برسد، اما در واقع این هم خبر بسیار خوشی است. من می‌بایست خیلی چیزها در مورد قدوسیت و پاکی خدا برای آن زن توضیح می‌دادم. خوشبختانه آن برخورد کوتاه آخرین گفتگوی ما با هم نبود.

روایات نادرست

تا اینجا من سعی کرده‌ام برخی از روایات تیره و منفی در مورد خدا را که در محافل مذهبی می‌شنویم -از قبیل خدای خشمگینی که با بی‌رحمی ما را داوری می‌کند، خدایی که حتی برای بخشودن تخلفات کوچک هم باید با او چانه بزنیم یا به او رشوه بدهیم- برملا سازم. کوشیده‌ام نشان بدهم که این خدایی نیست که عیسی می‌شناسد، دوست دارد و اعلام می‌کند. برعکس، محبت خدا به آنچه که ما انجام می‌دهیم هیچ ربطی ندارد. خدا محبت است. خدا حتی گناهکاران را هم دوست دارد. اما این واقعیت که خدا گناهکاران را دوست می‌دارد یک دنباله هم دارد: «اما خدا همچنان از گناه متنفر است.» به اعتقاد من، این روایت حقیقت محض است.

به تجربه دریافته‌ام که مردم غالباً یکی از دو روایت زیر را در مورد خدا قبول دارند، که هر دو اشتباهند.

او خدای خشمگینی است. برخی فکر می‌کنند خدا همیشه عصبانی است، و خشم و غضب بخش جدایی‌ناپذیر از ذات اوست، زیرا خدا قدوس است و دنیا چنین نیست. یک بار خانمی به من گفت: «من تازه دریافته‌ام که خدا کلاً از دستم عصبانی است، اما مادامی که واقعاً کار خیلی بدی نکرده باشم، آن را تحمل می‌کند. وقتی کار خیلی بدی می‌کنم با خودم می‌گویم که "ای وای، حالا خدا چه بر سرم خواهد آورد؟"»

آیا درک کردن غضب خدا برای شما کار دشواری است؟ توضیح دهید.

روایت آن خانم بسیار رایج است. مردم چنین می‌پندارند که خدا همواره از مشاهدهٔ گناه خشمگین است و وقتی کاسهٔ صبرش لبریز شود، آماده است تا پتک غضب الاهی را بر سر آدمیان فرود بیاورد. با وجود این، کتاب‌مقدس می‌گوید: «خدا جهان را آن‌قدر محبت کرد» و «خدا در مسیح جهان را با خود آشتی داد.» این همان جایی است که روایت نادرست اصلاح می‌شود: خدای پدر واقعاً از گناهان ما عصبانی بود و اگر اوضاع به همین منوال پیش می‌رفت همهٔ ما را روانه دوزخ می‌نمود، اما پسرش عیسی گام پیش گذاشت و مجازات اعمال ما را متحمل شد. این‌گونه می‌توان میان خشم خدا و بخشایشش تعادل برقرار کرد.

خدا به گناهان ما اهمیتی نمی‌دهد. اما روایت دیگری هم وجود دارد که آن هم به ویژه در دنیای پسامدرن، هواداران بسیاری دارد. امروزه خیلی‌ها روایات مرتبط با «خدای خشمگین» را رها کرده‌اند و بر این باورند که خدا اتفاقاً در نقطهٔ مقابل آن قرار دارد. در روزگار ما ممکن است این حرف را از هر کسی بشنوید که خدایش، روحی کیهانی و نیک‌اندیش است که هرگز داوری نمی‌کند، اهل مجازات کردن نیست و هیچ‌کس را به جهنم نمی‌فرستد. این خدای «ملوسِ» مدرن جای خدای خشمگین روزگار گذشته را گرفته است.

اگر شوهای محبوب تلویزیونی را تماشا کرده باشید، اغلب می‌شنوید که از این خدا حرف می‌زنند. علت کشش مردم به این خدا کاملاً قابل فهم است. مردم روحی بامحبت را که می‌خواهد همه را برکت دهد ترجیح می‌دهند به خدایی که ستمگر و آزاردهنده است و آماده برای روانه کردن بنده‌هایش به عذاب ابدی، آن هم به‌خاطر داشتن آموزه‌ای اشتباه یا ناتوانی از غلبه بر گناه. اما آیا این روح لطیف و مهربان، با خدایی که کتاب‌مقدس معرفی می‌کند، یکی است؟ آیا این روایت به روایت عیسی در مورد پدر آسمانی نزدیکتر است؟ خدای بی‌دردسر و مبهمی که امروزه هواداران بسیاری پیدا کرده، نه کتاب‌مقدسی است و نه به‌راستی بامحبت.

ریچارد نیبوهر (H. Richard Niebuhr) استاد بزرگ الاهیات و اخلاق که برای دهه‌ها در دانشگاه ییل (Yale) درس می‌داد، با بینش عمیقی که

نسبت به روایت مذهبی مدرن داشت، بی‌اساس بودن این مسئله را آشکار کرد. روایت مزبور می‌گوید: «خدای فاقد خشم، انسان‌های بدون گناه را از طریق خدمات مسیح بدون صلیب، به پادشاهی عاری از داوری داخل می‌کند.»

چه مثال‌هایی از درک خدای «ملوس» را تجربه کرده‌اید؟

همین نقل‌قول نشان می‌دهد که تا چه اندازه در مسیحیت راست‌دین روایات مختلف پیرامون موضوع گناه به هم پیوسته‌اند. روایت خدایی که به گناه اهمیتی نمی‌دهد، طبیعتاً تیشه به ریشهٔ کل داستان مسیحیت می‌زند. خدا غضب خود را نسبت به گناه نشان می‌دهد؛ در پادشاهی خدا داوری وجود دارد، و لازم بود که عیسی بر صلیب جان خود را بدهد.

در ابتدای کار خدای ملوس، جذاب به نظر می‌رسد. اما وقتی به دنیا نگاه می‌کنیم یا عمیقاً به ته قلب‌مان رجوع می‌کنیم، ظلمتی می‌بینیم که واقعی است. خدای بی‌غضب در برابر این تاریکی هیچ قدرتی ندارد. آن‌گونه که من فهمیده‌ام، با اینکه عجیب به نظر می‌رسد، اما غضب خدا بخش زیبایی از بزرگی و محبت خدا است. پیش از آنکه دلیلش را توضیح دهم، لازم است یک بار دیگر به سراغ عیسی برویم تا دیدگاهی متعادل در مورد شخصیت خدا به‌دست بیاوریم.

روایت عیسی: غضب، اقدام به‌حقِ خدا است

اغلب وقتی به عیسی فکر می‌کنیم، انسانی افتاده و آرام در نظرمان مجسم می‌شود، کسی که در میان سوسن‌های صحرا گردش می‌کرد و از صلح و محبت سخن می‌گفت. یا عیسایی که سوت‌زنان کار می‌کرد، در حالی که پرندگان بر شانه‌هایش می‌نشستند و موش‌ها در کار نجاری کمکش می‌کردند. (ببخشید، مثل اینکه داشتم به کارتون سیندرلا فکر می‌کردم!) با وجود این، ما با عیسایی از نوع آقای راجرز (Mr. Rogers =

۱۳۸ فصل ششم

فِرِد راجرز مجری معروف برنامه‌های کودک در آمریکا بود- م.) راحت‌تر هستیم تا با عیسایی که واقعاً در لابلای صفحات کتاب‌مقدس پدیدار می‌شود. به منظور تعدیل این دیدگاه، لازم است به گفته‌های عیسی در مورد داوری و غضب نگاهی بیفکنیم. پنج عبارت زیر جنبهٔ دیگری از شخصیت خدا را آشکار می‌سازند.

> از این سخنان در شگفت مباشید، زیرا زمانی فرامی‌رسد که همهٔ آنها که در قبرند، صدای او را خواهند شنید و بیرون خواهند آمد. آنها که نیکی کرده باشند، برای قیامتی که به حیات می‌انجامد، و آنها که بدی کرده باشند، برای قیامتی که ***مکافات*** در پی دارد. (یوحنا ۵:۲۸-۲۹)
>
> اما به شما می‌گویم که مردم برای هر سخن پوچ که بر زبان برانند، در روز داوری حساب خواهند داد. زیرا با سخنان خود تبرئه خواهید شد و با سخنان خود **محکوم** خواهید گردید. (متی ۱۲:۳۶-۳۷)
>
> زیرا پسر انسان در جلال پدر خود به همراه فرشتگانش خواهد آمد و به هر کس برای اعمالش ***پاداش*** خواهد داد. (متی ۱۶:۲۷)
>
> وای بر زنان آبستن و مادران شیرده در آن روزها! زیرا مصیبتی عظیم دامنگیر این سرزمین خواهد شد و این قوم به **غضب** الاهی دچار خواهند گشت. (لوقا ۲۱:۲۳)
>
> آن که به پسر ایمان دارد، حیات جاویدان دارد؛ اما آن که از پسر اطاعت نمی‌کند، حیات را نخواهد دید، بلکه **خشم** خدا بر او برقرار می‌ماند. (یوحنا ۳:۳۶)

غالباً کلماتی مانند **محکومیت** و **غضب** با عیسی ارتباطی پیدا نمی‌کنند. اما نمی‌توان این واقعیت را هم نادیده گرفت که او از این چیزها حرف می‌زد. چگونه می‌توانیم میان این تعالیم و آنهایی که تاکنون مورد بررسی قرار دادیم، تعادلی ایجاد کنیم؟ چگونه می‌توانیم از خدایی

سر در بیاوریم که هم به گفتهٔ عیسی، مثل پدری است که برای بازگشت پسر خیره‌سرش میهمانی برپا می‌کند، و هم در عین حال از کسانی که وی را رد می‌نمایند، غضبناک می‌شود؟ برای این کار لازم است از نزدیک به معانی کلمات **محکومیت** و **غضب** از قول عیسی، نگاهی بیفکنیم.

چرا ما از روی سخنان عیسی در ارتباط با داوری طفره می‌رویم و روی سخنان او در ارتباط با محبت تأکید می‌کنیم؟

ایجاد ارتباط بین محبت و غضب خداکار دشـــواری است. اکثر مردم نمی‌توانند چنین کاری بکنند؛ اما فقط کافی اســـت که یک‌جانبه به قضیه نگاه نکنید. در نظر گرفتن هر دو ســـوی معادله امر مهمی اســـت، چون عیسی این اجازه را به ما نمی‌دهد که یکی را انتخاب کنیم و دیگری را از قلم بیندازیم. او از خدایی سخن می‌گوید که هر دو را در خود دارد، و ما هم باید هر دو جنبه از شـــخصیت خدا را به‌طور کامل درک کنیم. پولس رســـول در این باره می‌گوید: «پس ***مهربانی*** و ***سختگیری*** خدا را در نظر داشته باش؛ ســـختگیری به کسانی که سقوط کرده‌اند، اما مهربانی به تو» (رومیان ۱۱:۲۲).

خدا هم مهربان اســـت و هم ســـختگیر. ما نمی‌توانیم از یکی بدون دیگری برخوردار باشیم. در واقع، این خبر ***بسیار*** خوشی است.

شورمندی در برابر ترحم

«توماس جفرســـون»، دولت‌مرد و رئیس‌جمهور بـــزرگ آمریکایی، اهل علم بود و اعتقادی به معجزه نداشـــت، اما از طرفی واقعاً به عیسی علاقه‌مند بود. واقعیت این اســـت که در جوار تعالیم اخلاقی عیسی، به داســـتان‌هایی برمی‌خوریم که در آنها شرح معجزات او آمده است، مثل خوراک دادن به پنج هزار نفر با یک ســـبد نـــان و ماهی، راه رفتن روی آب، شـــفا دادن کوران و غیره. جفرســـون این تضاد را به شیوه‌ای بسیار عملگرایانه حل کرد. او قیچی برداشت و داستان‌های مربوط به معجزات

را از کتاب‌مقدسش برید و درآورد. وی همچنین برخی از تعالیمی را که قدری باورنکردنی بودند، با قیچی برید. در پایان کار، او همان عیسایی را داشت که خودش می‌پسندید.

انجام چنین کاری بسیار آسان است. به گمانم، من هم همین کار را به شیوه خودم انجام می‌دهم، البته بدون استفاده از قیچی. من از روی قسمت‌هایی که خوشم نمی‌آید، می‌گذرم و روی عبارات مورد پسندم، خیمه می‌زنم. اما این راهبرد خوبی نیست. من به تجربه دریافته‌ام که با این کار جنبهٔ مهمی از خدا یا زندگی مسیحی را از دست می‌دهم. و این تکهٔ ازدست‌رفته می‌تواند همه چیز را تغییر دهد.

شخصی دیگر که شباهت زیادی به جفرسون دارد، آلبرشت ریچل (Albrecht Ritschel-1822- 1889) الاهی‌دان سده نوزدهم است. او از مفهوم خدای غضبناک خوشش نمی‌آمد. ریچل می‌گفت: «مفهوم غضب خدا برای فرد مسیحی فاقد ارزش مذهبی است.» از این‌رو وی دست به تفسیر دوبارهٔ معنای **غضب** زد. غضب پیامد منطقی عدم حضور خدا است، نه شیوهٔ برخورد خدا با گناه و شرارت. خیلی از مردم این نظریه را پسندیدند چون خدایی را به تصویر می‌کشید که فراتر از خشمگین شدن است. چنین خدای پرخاشگر-منفعلی (Passive-Aggressive) سکوت اختیار می‌کند.

این خدا برای ما جذاب‌تر است، زیرا هضم همزمان محبت و غضب در کنار هم برای مزاج فکری ما انسان‌ها دشوار است. زمانی که به محبت فکر می‌کنیم، به احساس یا عاطفه‌ای می‌اندیشیم که غالباً عاری از خرد و غیرمنطقی است. اکثر ترانه‌های عاشقانه‌ای که می‌شنویم توصیف‌کنندهٔ غلیان احساسی است که کسی در ارتباط با معشوقش حس کرده، و به همین‌خاطر است که ترانه‌سرا «کوه را روی دوشش می‌گذارد و ماه را از دریا می‌گیرد، فقط برای اینکه چشمان معشوقش بگویند: آره.» اما هیچ عاشقی در عمل این کارها را نمی‌کند. چندی پس از حمل کوه بر دوشش(!)، آتش عشقش فروکش می‌کند و عاشق گرسنه، همبرگر را به معشوق خود ترجیح می‌دهد. به گمان من، بعد از یک بار غوطه‌ور شدن

در دریا برای گرفتن ماه (حتی اگر دریاچه‌ای باشد)، آتش عشق خاموش می‌شود.

پس وقتی می‌شنویم که «خدا محبت است»، چنین می‌پنداریم که خدا مجنون‌وار عاشـق ماسـت. اما محبت -و به‌خصوص واژهٔ شگفت آگاپه (agapē) در زبان یونانی- تعریف دیگری دارد. دالاس ویلارد محبت کردن را چنیـن تعریف می‌کند: «خوبی دیگری را خواسـتن.» محبت کردن در وهلهٔ اول احسـاس نیست. محبت تمایل به خیریت دیگری است؛ آن‌قدر زیاد که حتی فداکاری شـخصی نیز در برابرش کم می‌آورد. محبت خدا بی‌طرف و عاری از غرض است. محبت خدا بیشتر شبیه محبت پدر و مادر به فرزند است تا «عشق» نوجوان‌های واله و شیدا. به‌عبارت دیگر، محبت خدا احساسی نیست که فراز و فرود داشته باشد.

این در مورد کلمهٔ **غضب** هم مصداق پیـدا می‌کند. هنگامی که این کلمه را می‌شنویم، کسی را تصور کنیم که به درجه‌ای از خشم رسیده که منطق و کنترل اعصابش را از دسـت داده است. غضب چنان بار معنایی نیرومنـدی دارد که ما تنها آن را در موارد بسـیار حاد به‌کار می‌بریم. من بعضی‌ها را دیده‌ام که سـخت **عصبانی** می‌شـوند اما باز خویشتن‌دار و منطقـی باقـی می‌مانند، و حتـی در برخورد با کسـانی که موجبات عصبانیت‌شـان را فراهم کرده‌اند، جانب انصاف را رعایت می‌کنند. اما چنین نمونه‌ای را در ارتباط با **غضب** سراغ ندارم. غضب روشی مؤدبانه برای توصیف کسی است که مرز خشم و عصبانیت را پشت‌سر گذاشته و وارد حیطهٔ جنون شده است.

پس وقتی از غضب خـدا حرف می‌زنیم، تجسـم می‌کنیم که خدا به‌طرزی غیرمنطقی از خشـم برافروخته شـده، و آماده است تا «پوست از کلهٔ مردم بکند»، چون او حسـابی به خشم آمده است. به همان ترتیب که محبت خدا، نه محبتی سبک‌سـرانه و برخاسته از احساسات سطحی، که میلی دائمی به خیریت مردم است، غضب او هم از خشمی جنون‌آسا ناشـی نمی‌شود، بلکه نتیجهٔ مخالفت دائمی او با گناه و شرارت است. ما می‌گوییم که خدا از گناه (نه از گناهکار) بیزار است، اما حتی در آن موقع

هم ایدهٔ بیزاری خدا از چیزی، دون شأن وی به نظر می‌رسد. ما با مفاهیم غضب خدا و داوری و محکومیت مشکل داریم، زیرا تنها نمونه‌هایی که از این مفاهیم داریم، همگی منفی هستند.

راه‌حل این مشکل در درک این نکته نهفته است که در کتاب‌مقدس، غضب خدا از سر ترحم (Pathos) است، نه شورمندی (Passion). فرهنگ کتاب‌مقدس انکور (The Anchor Bible Dictionary) این تفاوت را چنین توضیح می‌دهد:

> در کتاب‌مقدس عبری غضب یهوه به نوعی متفاوت از خشم بشری به تصویر کشیده می‌شود. این تفاوت از جهاتی به تفاوت میان «شورمندی» و «ترحم» بازمی‌گردد. «شورمندی» را می‌توان به‌عنوان تلاطم احساسی ... و ... فقدان کنترل بر خویشتن ... درک کرد. از دیگر سو، «ترحم» عملی است که با دقت و نیت قبلی همراه می‌باشد و نتیجهٔ تصمیم و عزم راسخ است.

غضب خدا مثل غضب انسان نیست که ناشی از شورمندی بی‌پروا و غیرمنطقی باشد. برای مثال، پولس هرگز خدا را وجودی عصبانی توصیف نمی‌کند. عصبانیت احساسی بشری است. غضب با آن فرق دارد. غضب خدا واکنشی حساب‌شده، عقلایی و منطقی است. در واقع عملی برخاسته از محبت خدا است. وقتی پای شرارت به میان می‌آید، خدا مردد و بی‌تصمیم نمی‌ماند. او با هر چیزی که قوم ارزشمندش را به نابودی می‌کشاند، قویاً و شدیداً برخورد می‌کند، که من به شخصه از این بابت سپاسگزارم. این نشانهٔ محبت خدا است. «غضب خدا را می‌باید در ارتباط با محبت خدا درک کرد. غضب، از صفات ذاتی خدا نیست. در حالی که محبت و قدوسیت بخشی از ذات و طبیعت خدا به شمار می‌روند. غضب منوط به گناه بشر است؛ اگر گناهی نباشد، غضبی هم در کار نخواهد بود.»

در مورد تفاوت میان خشم و ترحم، یک نمونه ذکر کنید.

غضـــب واکنش الزامی خدای بامحبت، قدوس، خـــوب و زیبا به مقولهٔ شرارت است. ***غضب خدا امری موقتی و صرفاً حکمی است بر ضد گناه و بـــدی.*** به قول جِی. آی. پَکر (J. I. Packer): «غضب خدا در کتاب‌مقدس، همواره امری قضایی است و واکنشی به‌حق و ضروری در قبال شرارت عینی اخلاقی می‌باشد.»

پکر نکتهٔ خود را با این پرســـش جمع‌بندی می‌کند: «آیا خدایی که به یک اندازه از بدی و نیکی شادمان می‌شود، می‌تواند خدای نیکویی باشد؟ آیا خدایی که در دنیای خود هیچ اقدامی علیه شـــرارت نکرده، می‌تواند به لحاظ اخلاقی کامل باشـــد؟ یقیناً خیر.» و اگر آفرینندهٔ جهان هستی تا این اندازه بی‌تفاوت بود، آیا می‌شـــد از جهان هم انتظار انصاف داشت؟ یکی از امور ناگزیر برای ما انســـان‌ها، همانـــا میل و گرایش به انصاف و عدالت است. من جهانی نمی‌خواهم که در آن بی‌عدالتی باشد و میان حق و ناحق تفاوتی نباشـــد. من خدایی نمی‌خواهم که نسبت به شر اخلاقی بی‌تفاوت باشد.

خدایی که «ماد» (MADD) است

به نظرم بهترین مثالی که می‌توان برای غضب در ســـطح بشـــری زد، ســـازمان معروف به «**مـــاد**» (Mothers Against Drunk Driving = MADD/ مادران مخالف رانندگی در حال مســـتی) است. این ســـازمان به‌وسیلهٔ مادرانی (و به گمانم بعضی پدرانی) به‌وجود آمده است که فرزندان‌شان در ســـانحهٔ رانندگی ناشی از مصرف الکل توسط راننده‌ها کشته شده‌اند. سال‌ها بود که قوانین وضع شده بر ضد رانندگی در حال مستی و مسببِ مرگ، به‌نوعی با مدارا و ملایمت آمیخته شـــده بود، و آن را قتل غیرعمد به‌شـــمار می‌آوردند. رانندگانی کـــه مرتکب قتل در اثـــر مصرف الکل شـــده بودند، به زندان نمی‌افتادند و دوباره مســـت پشت فرمان اتومبیل می‌نشســـتند. در واکنش به این قانون ناعادلانه، مادران داغدیده مالامال از آتش غضب، برای احقاق عدالت به‌پا خاســـتند. آنها به جهانیان نشان دادند که نوشـــیدن الکل تا سرحد مستی، انتخاب خود آدم‌ها است، و از

این‌رو می‌باید در قبال پیامدهایش هم مسئول باشند. قتل ناشی از این انتخاب آگاهانه را نمی‌توان غیرعمد تلقی کرد. «**ماد**» از طریق برپا کردن کارزارهای تبلیغاتی و تلاش‌های تودهٔ مردم، به سخت‌تر شدن قوانین و تغییر نگرش و رفتار مردم به این مسئله کمک کرد. در نهایت، اکنون می‌توان گفت که تلاش‌های آنها -گرچه نتوانست فرزندان جان‌باختهٔ آنها را بدیشان بازگرداند- جان فرزندان دیگران را از مرگ رهانید.

مثال این مادران نزدیکترین نمونه به غضب الاهی -البته در سطح انسانی- است که به ذهن من می‌رسد. خدا واقعاً از تأثیراتی که گناه بر فرزندانش تحمیل می‌کند، بیزار است. گفتن اینکه خدا نسبت به سوءاستفاده از کودکان یا خیانت به همسر، و یا حتی سرقت هویت بی‌تفاوت است، سخن یاوه‌ای بیش نیست. من با چنین خدایی همان اندازه سر ستیز دارم که با خدای فرتوت و انتقام‌جویی که حاضر است مرا به‌خاطر نداشتن رازگاهان بکوبد. هر دو اشتباه هستند. خدا محبت است، و چون خدا عادل است، با اقتدار هرچه تمام در برابر گناه و شرارت می‌ایستد. و من از این بابت خوشحالم.

قدوسیت جزئی از ذات خداست

قدوسیت صفتی الاهی است. خدا پاک است. هیچ گناه، بدی یا تاریکی در وجود خدا یافت نمی‌شود. کتاب‌مقدس از ابتدا تا انتها، قدوسیت خدا را اعلام می‌نماید:

> کیست چون تو، ای خداوند، در میان خدایان؟ کیست مانند تو، زورآور در قدوسیت، مهیب در جلال، و به‌عمل‌آورندهٔ شگفتی‌ها؟ (خروج ۱۵:۱۱)
>
> زیرا من یهوه خدای شما هستم؛ پس خود را تقدیس کنید و مقدس باشید، زیرا من قدوسم. (لاویان ۱۱:۴۴)
>
> هر یک از آنها به دیگری ندا در داده، می‌گفت: «قدوس، قدوس، قدوس است خداوند لشکرها؛ تمامی زمین از جلال او مملو است.» (اشعیا ۶:۳)

قدوسیت جزئی جدانشدنی از ذات خدا است. خدا درست همان‌طور که نمی‌تواند محبت نباشد، نمی‌تواند قدوس نباشد. اما در مورد غضب خدا چنین نیست. غضب یکی از صفات الاهی به‌شمار نمی‌رود. غضب به هویت خدا ربطی پیدا نمی‌کند، بلکه به آنچه خدا می‌کند مربوط می‌شود. به همان اندازه که درست است بگوییم خدا محبت است، نادرست است اگر بگوییم خدا غضب است. غضب صرفاً عملی است که خدای قدوس در قبال گناه انجام می‌دهد. این وجه تمایز بسیار مهمی است. بعضی‌ها اولین صفتی که به خدا نسبت می‌دهند خشم و غضب است، اما این درست نیست. خدا قدوس و پاک است. قدوسیت و پاکی خدا جزئی از خوبی و زیبایی خدا به‌شمار می‌روند. غضب چیزی است که انسان‌ها آن را در رد کردنِ خدا تجربه می‌کنند. و این بخشی ضروری از محبت خدا است.

چرا این حقیقت که غضب خدا عمل است، نه صفت الاهی، اهمیت دارد؟ تفاوت میان این دو برای شما چه معنایی دارد؟

خدای ما آتش سوزاننده است

برای سال‌ها من از برقرار کردن آشتی میان محبت و غضب خدا عاجز بودم. توفیق زمانی حاصل شد که کتاب جورج مک‌دونالد (George McDonald)، نویسنده و واعظ بزرگ اسکاتلندی را خواندم. او در یکی از موعظه‌هایش چهار کلمهٔ پرمغز ایراد می‌کند: «محبت تا حد پاکی، محبت می‌کند.»[1] وعظ مزبور بر پایهٔ عبرانیان ۲۹:۱۲ تهیه شده بود: «خدای ما آتش سوزاننده است.» مک‌دونالد مفاهیم محبت بی‌قیدوشرط و محبت بی‌پایان را با مفهوم قدوسیت به هم آمیخته بود. در ترکیب به‌دست آمده، خدا آن‌قدر ما را دوست دارد که مشتاق پاک بودن ما است و برای آنکه ما پاک شویم،

1. “Love loves unto Purity”

او به‌طور خستگی‌ناپذیر کار می‌کند. مک‌دونالد خاطرنشان می‌سازد که خدا مخالف گناه است و از این‌رو «او چون مخالف گناه است، پس مادامی که انسان و گناه یکی شده باشند، مخالف هر دوی آنهاست، اعم از امیال، اهداف، بیم‌ها و امیدهای‌شان؛ چراکه او تماماً ***از آنِ ایشان*** است.»

خدا مخالف گناه است، زیرا او طرف من است. و اگر من طرف گناه باشم، خدا در برابر آن امیال و خواسته‌ها می‌ایستد، چون امیال و خواسته‌های گناه‌آلود باعث تباهی من می‌شوند. حالت دیگری وجود ندارد. برای اطمینان بیشتر، من آماده‌ام که گناهم را توجیه کنم یا ضعف‌هایم را منطقی جلوه بدهم، اما خدا خودش را درگیر این بازی‌ها نمی‌کند. با وجود اینکه اکنون از طریق مسیح میان خدا و من مصالحه ایجاد شده است، اما خدا نسبت به گناه من بی‌تفاوت نیست. گناه خدا را ناراحت می‌کند، زیرا خدا محبت است.

اگر محبت خدا قرار بود چیزی از زندگی شما را بسوزاند تا شما را پیش خود نگه دارد، آن چیز چه می‌بود؟

نقش خدا در تغییر رفتار من و ایجاد رفتار بهتر چیست؟ خدا برای این کار هرگز از دادن احساس بد، شرم، ترس و حس تقصیر به‌عنوان حربه استفاده نمی‌کند. روش خدا برای ایجاد تغییر برترین روش است. محبتِ مقدس خدا تفالهٔ گناه را در زندگی ما می‌سوزاند. این مهربانی خداست که به توبهٔ واقعی می‌انجامد (رومیان ۲:۴). به قول مک‌دونالد: «محبت تا حد پاکی، محبت می‌کند.»

چه کسی خواهان خدای نامقدس است؟

همان‌گونه که قبلاً هم گفتم، خدای ملوس جایگزین جذابی است برای خدای سادیست و خشمگینی که نفرت می‌ورزد و ناعادلانه آسیب می‌زند. اما در واقعیت، ما خدای ملوس را نمی‌خواهیم، چون چنین خدایی قدوس نیست. جی. آی. پکر پرسشی روشنگرانه مطرح می‌کند:

«آیـا خدایی کـه به تفاوت میان درسـت و نادرسـت اهمیت نمی‌دهد، می‌تواند موجودی نیکو و ستودنی باشـد؟ ... بی‌تفاوتی اخلاقی نشانهٔ نقص در وجود خداسـت، نه کمال.» خدایی بی‌قید و اهل تسامح ممکن است بگوید: «گناه مسئلهٔ چندان مهمی نیست؛ به‌خصوص اگر آفریده‌های من به یکدیگر آسـیبی نرسانند. همهٔ انسان‌ها گناه می‌کنند. من رویم را برمی‌گردانـم. البته آنها چنان زندگی می‌کنند که گویی خدای خودشـان هستند، اما آیا می‌توان ایشان را سرزنش کرد؟ من آنها را به‌صورت خودم آفریدم، حالا آنها هم به من رفته‌اند! می‌توانم آن را نادیده بگیرم. من فکر می‌کنم که آنها دارند برای بهتر شدن سعی خودشان را می‌کنند.»

شـاید من زمانی که احسـاس تقصیر می‌کنم، وجدانم در عذاب است یـا وقتی که قصد دارم میل به گناه را منطقـی جلوه بدهم، چنین خدای ملوسـی را بخواهم. اما این خدا در درازمدت برای من سودمند نیست. این خدا مثل پدر و مادرهای آسان‌گیری است که می‌گذارند فرزندان‌شان مشـروب بنوشند و مواد مخدر مصرف کنند و بدون داشتن حس تقصیر رابطهٔ جنسـی داشته باشند. زمانی که جوان بودیم، فکر می‌کردیم که آنها عجب پدر و مادرهای باحالی هستند، اما چنین نبودند؛ آنها تنبل بودند و واقعاً فرزندان‌شـان را دوست نداشتند. بسیاری از همین فرزندان سخت در دام اعتیاد به مواد مخدر گرفتار شـدند؛ اکثر آنها پیش از آنکه به سن بیست سالگی برسند، زندگی‌شان را به نیسـتی و تباهی کشاندند. شاید وقتی پانزده ساله باشید آرزوی داشتن چنین والدینی را در سر بپرورانید، اما در واقع چنین والدینی برای شما سودمند نخواهند بود.

من خدایی را نمی‌خواهم که می‌گوید: «اشـکالی نـدارد. همه گناه می‌کنند. بدون داشتن حس تقصیر کارت را بکـن، رفیق. حس تقصیر برود به درک. اوقات خوبی داشته باشـی!.» این خدا مرا دوست ندارد. ملایم بودن در برابر گناه محبت کردن نیست، چون گناه نابود می‌کند. من خدایی را می‌خواهم که از هر چیزی که به من آسـیب می‌رسـاند، متنفر باشـد. کلمهٔ **نفرت** بار معنایی قوی‌ای دارد، اما کلمهٔ درسـت و به‌جایی اسـت. من از این‌رو خدای حقیقی را دوست دارم که نه تنها از چیزی که

من را به نابودی می‌کشـــاند نفرت دارد، بلکه برای نابود کردنِ نابودکنندهٔ من پیشگام هم شده است. و چون این خدا برای نابود کردن گناه، از وجود خود مایه گذاشـــته، و خویشتن را قربانی کرده تا همهٔ حس تقصیر و درد ناشی از تحمل گناه را بر خود بگیرد، من او را با محبتی ابدی دوست دارم.

ضرورت جهنم

از آنجایی که خدا محبت است، جهنم به‌عنوان جایگاه جدایی از خدا ضروری می‌نماید. محبت در عوضِ آنچه می‌دهد، طلب محبت نمی‌کند؛ محبت اجباری نیســـت. خدا هر آنچه از دستش برمی‌آید برای کمک به مـــا می‌کند، و با وجود ایـــن مردم این اختیار را دارند کـــه آن را بپذیرند یا رد نمایند. جهنم به‌ســـادگی یعنی دور افتادن از خدا. کســـی که خدا را رد می‌کند -حتی اگر کسی باشـــد که دیگران فکر می‌کنند انسان موقر و شرافتمندی است- بر روی زمین جهنم را تجربه می‌کند.

خدا به تصمیمات ما احترام می‌گذارد. شـــاید مـــردم تصمیم بگیرند خدا را به زندگی خودشـــان راه ندهند. در ایـــن صورت درهای جهنم از داخل قفل می‌شوند. در شعر بزرگ «بهشـــت گمشده» (Paradise Lost) اثر جان میلتن (John Milton)، شـــیطان چنین فخر می‌فروشد: «فرمانروایی در دوزخ بهتر اســـت از خدمتگزاری در بهشت.» بخشی از وجود انسان در برابر واگذاری کنترل به خدا مقاومت می‌کند. اگر به حسابش نرسیم، این مقاومت ممکن اســـت به تباهی بینجامد. ســـی. اس. لوئیس (C. S. Lewis) می‌نویسد: «مسئله این نیست که خدا ما را به جهنم "می‌فرستد". در وجود هر یک از ما انســـان‌ها چیزی در حال رشـــد وجود دارد که اگر در نطفه خاموش نشود، خودش **جهنم** است. موضوع جدی است: بیایید بی‌درنگ -یعنی همین امروز، همین ساعت- خودمان را در دستان او قرار دهیم.»

خدا عمیقاً نگران گناه اســـت، چون گناه فرزندان ارزشـــمند او را به نابودی می‌کشاند. تقدس آرزوی قلبی خدا برای ما است، زیرا تقدس راه رسیدن به کمال است.

در فصل‌های هفتم و هشتم کتاب خواهیم دید که خدای قدوس چگونه از ما قومی مقدس می‌سازد. خدا با میل و علاقه خویشتن را قربانی نمود تا پایانی بر معضل گناه بگذارد؛ یعنی قدرت آن را در هم بشکند و سنگینی حس تقصیر را از شانه‌های ما بردارد. پس خدا از مردگان برخاست و ما را به مردمانی تبدیل نمود که مسیح در درونشان سلوک دارد؛ کسانی که بر وسوسه پیروزند.

اگر خدا در ارتباط با گناه دغدغه‌ای نداشت، ما چگونه از این موضوع آسیب می‌دیدیم؟

در کتاب دوم از این سری به‌نام *زندگی خوب و زیبا*، خواهیم دید که چطور خدای قدوس ما را به پادشاهی تزلزل‌ناپذیرش فرامی‌خواند و در زندگی روزمره‌مان با ما به تعامل می‌پردازد. همچنین زندگی خوب و زیبا به کندوکاو در چالش‌هایی نظیر خشم، شهوت، دروغ‌گویی، طمع و غیره می‌پردازد که در سفرمان به‌سوی شبیه مسیح شدن، با آنها روبه‌رو هستیم. مشوق ما در حرکت به‌سمت تقدس، خدای قدوسی است که با محبتی مقدس ما را دوست دارد.

فیض چیزی فراتر از نادیده گرفتن گناهان است

این فصل با داستان خانم جوانی آغاز شد که معتقد بود فیض و بخشایش خدا یعنی اینکه او دیگر اهمیتی به رفتار ما نمی‌دهد. چند ماه بعد من فرصتی یافتم تا با او گفتگوی دیگری داشته باشم. به او گفتم که چقدر قدوسیت خدا مهم و خوب است. برایش توضیح دادم که خدا از اعمال گناه‌آلود او چشم‌پوشی نمی‌کند، اما نه بدین‌خاطر که خدا خشکه‌مقدس است.

گفتم: «دلیل اینکه خدا کارهای تو را تأیید نمی‌کند این است که تو برای خدا تقدیس شده‌ای، و رابطهٔ جنسی تو هم برای خدا تقدیس شده است. خدا با رابطهٔ جنسی موافق است. از اینها گذشته، خودش آن را

ابداع کرده! اما رابطهٔ جنسی عملی مقدس برای ایجاد صمیمیت میان کسانی است که بالاترین تعهد را در قبال یکدیگر پذیرفته‌اند، یعنی پیمان زناشویی. تعهدی پایین‌تر از این، به ارج و اعتبار رابطهٔ جنسی خدشه وارد ساخته و از ارزشش می‌کاهد، و معمولاً به درد و دلشکستگی فراوان منجر می‌شود. تو تقدیس شده و خاص هستی. برای همین است که باید تا زمان ازدواج صبر کنی.»

زن جوان گفت: «می‌دانم منظورت چیست. بعد از مدتی متوجه شدم که من فقط از جنبهٔ جنسی برای او جالب هستم و خودم برایش اهمیتی ندارم. رابطهٔ ما افتضاح است. حالا باید چکار کنم؟»

«به او بگو از رابطه دیگر خبری نیست، تا زمانی که ازدواج کنیم.»

«او هم خواهد گفت که رابطه بی‌رابطه.»

«پس در این صورت دستش برایت رو خواهد شد و این برایت بهتر خواهد بود.»

دفعه بعدی که او را دیدم، به من گفت که به توصیه‌ام عمل کرده و همان‌گونه که انتظارش را داشته، دوست‌پسرش خوشش نیامده و سرانجام برای همیشه از هم جدا شده‌اند. با این حال، او لبخند بر لب داشت. اکنون روی تقدیس‌شدنش متمرکز بود. دو سال بعد، روزی او را شاد و خندان بیرون دفترم دیدم. به حلقه‌ای که بر انگشت کرده بود اشاره کرد و گفت: «با بهترین مرد روی زمین نامزد کرده‌ام! او حقیقتاً به من احترام می‌گذارد. ما تصمیم گرفته‌ایم تا زمان ازدواجمان صبر کنیم و بعد از آن رابطهٔ جنسی داشته باشیم. ممنونم که هویت واقعی‌ام را به من نشان دادید.»

با خودم فکر کردم که همه چیز چقدر بد شروع شده بود، با آن موعظهٔ مبهم من که باعث شده بود زن جوان خیال کند گناه اهمیتی ندارد. بعد به ذهنم خطور کرد که شاید به‌راستی لازم بوده که او اول بشنود که خدا بدون قید و شرط دوستش دارد و سپس با موضوع گناه روبه‌رو شود. شاید این به نظر درست نیاید، اما من اعتقاد دارم که درست است. ما خیال می‌کنیم که غضب پیش از فیض می‌آید، اما این روش کتاب‌مقدسی

نیســـت. کلام اول و آخر خدا همیشه فیض اســـت. تا زمانی که اطمینان حاصل نکنیم مورد محبت و بخشـــایش قرار گرفته‌ایم، غیرممکن است که به‌طور صحیح به گناهکار بودن‌مان اذعان نماییم. ما همواره بر اساس داشته‌های خودمان عمل می‌کنیم، و سعی می‌کنیم با دست و پا زدن برای تغییر و تحول، علاقهٔ خدا را به خودمان جلب کنیم. به قول بارت، همیشه کلام اول خدا فیض اســـت. تنها آن موقع اســـت که تازه شروع به درک قدوسیت خدا و تقدس خودمان می‌کنیم.

پرورش روح

حاشیه

دکتر ریچارد سوئنسن (Dr. Richard Swenson) کتاب جالبی نوشته به‌نام **حاشیه**. حاشیه به فضای کناری یک صفحه اشاره می‌کند، جایی که بر رویش چیزی نوشته نشده است. صفحه‌ای که شما در حال خواندنش هستید در بالا، پایین و دو پهلویش حاشیه دارد. اگر از بالا تا پایین و از راست به چپ، صفحه از کلمات پوشیده شده باشد، دیگر حاشیه‌ای وجود نخواهد داشت. سوئنسن معتقد است که زندگی ما هم چیزی شبیه آن است. ما آن‌قدر به برنامهٔ کاری خودمان چیز اضافه می‌کنیم که دیگر هیچ حاشیه یا فضایی برای تفریح و استراحت و خانواده و خدا و سلامتی باقی نمی‌ماند.

سوئنسن بدین‌ترتیب به توصیف حاشیه و بی‌حاشیه بودن می‌پردازد: شرایط زندگی کردن در زمانهٔ مدرن حاشیه را می‌بلعد ... بی‌حاشیه بودن یعنی اینکه سی دقیقه دیرتر به مطب دکتر می‌رسید، چون بیست دقیقه دیرتر از آرایشگاه بیرون آمده‌اید، چون ده دقیقه دیرتر بچه‌ها را جلوی مدرسه پیاده کرده‌اید، چون دو چهارراه نرسیده به پمپ بنزین، بنزین تمام کرده‌اید، و یادتان آمده که کیف پول‌تان را در خانه جا گذاشته‌اید.

از طرف دیگر، حاشیه یعنی نفس تازه کردن در بالای پاگرد پله‌ها، پولی که آخر ماه هنوز ته جیب‌مان مانده، و عقل سلیمی که در پایان دوران نوجوانی هنوز برجای مانده است. بی‌حاشیه بودن یعنی همزمان شدنِ گریهٔ نوزاد و زنگ تلفن؛ حاشیه یعنی زمانی که مادربزرگ نگهداری نوزاد را برای یک بعد از ظهر بر عهده می‌گیرد.

بی‌حاشیه بودن یعنی اینکه از شما بخواهند ده کیلو بار بیش از توان‌تان بلند کنید؛ حاشیه یعنی اینکه یک دوست نیمی از آن بار را برای‌تان به دوش بکشد.

بی‌حاشیه بودن یعنی وقت نداشتن برای تمام کردن کتابی که در مورد استرس می‌خوانید؛ حاشیه یعنی داشتن وقت کافی برای دو بار خواندنِ آن کتاب.

من فکر می‌کنم این مطلب برای همهٔ کسانی که می‌شناسم ملموس است. ما در فرهنگی زندگی می‌کنیم که در آن اهمیت انسان در مشغولیت زیاد و فعالیت بیش از اندازه است.

سوئنسن پیش از آنکه متوجه بی‌حاشیه بودن در وجود خودش شود، موفق به کشف بی‌حاشیه بودن در زندگی بیمارانش شد. او پزشکی است که در خلال کارش عواملی را تشخیص داد که برای سلامت انسان خطرناکند و همگی از استرس ناشی می‌شوند. او کشف کرد که استرس از فعالیت بیش از اندازه نشأت می‌گیرد. بنابراین، او به بیمارانش گفت که کمی روال زندگی خود را آرام کنند و چیزهایی را که در زندگی‌شان ضرورت ندارند، حذف نمایند.

سپس سوئنسن به بررسی زندگی خودش پرداخت و دریافت که خودش هم در همین شرایط قرار دارد. او فهمید که با هفته‌ای هشتاد ساعت کار کردن سلامتش، خانواده‌اش و رابطه‌اش با خدا را به خطر افکنده است. این بی‌حاشیه بودن به او ضربه زده بود: سلامت، خانواده و خدا که سه تا از ارزشمندترین منابع او به‌شمار می‌رفتند! از این‌رو سوئنسن تصمیم گرفت ساعات کاری خود را به نصف تقلیل دهد، و این بدان معنا بود که درآمدش نصف می‌شد. کار آسانی نبود، اما سوئنسن می‌گوید که این بهترین تصمیمی بود که تا آن زمان گرفته بود.

من برای پدید آوردن حاشیه برای زندگی‌ام سخت کوشیده‌ام و در این میان رازی را کشف کرده‌ام. خیلی ساده است، اما انجام دادنش کار بسیار دشواری است: **فقط بگویید نه.**

به چه چیزهایی نه بگویید؟ به هر چیزی که برای سلامت روح خودتان یا سعادت دیگران مطلقاً ضروری نیست. فهرست همهٔ فعالیت‌هایی که احساس می‌کنید لازم است هر روز یا هر هفته انجام دهید، احتمالاً با چیزهای خوب بسیاری پر می‌شود. در اینجا بحث سرِ آن نیست که «خوب» را در برابر «بد» انتخاب کنیم؛ بحث سر این است که از میان چیزهای خوب، بهترین را برگزینیم.

اجازه بدهید مثالی بزنم. زن جوانی که این کتاب را خوانده بود، موضوع حاشیه را جالب توجه یافته بود، چون اصلاً در زندگی خود حاشیه‌ای نداشت. او هم در مدرسه کار می‌کرد و هم یک کار دیگر داشت، و بدین‌ترتیب بخشی از اوقات زندگی‌اش صرف انجام کارهایی می‌شد که در موردش قبلاً سخن گفتیم. او همچنین معتقد بود که وقت گذراندن با خانواده‌اش هم به اندازهٔ اوقات دعا، خواندن کتاب‌مقدس و نوشتن خاطرات روزانه، ارزشمند است. آخر از همه، او دوست‌پسر داشت و می‌خواست زمانی را هم روی رابطه‌اش با وی سرمایه‌گذاری کند. با این‌حال، او دریافت که دوست‌پسرش هر روز سه تا چهار ساعت از وقتش را می‌گیرد. وی در این مورد دعا کرد و فهمید که رابطه‌شان دقیقاً همان جایی است که می‌تواند از میانش حاشیه‌ای درست کند. پس به دوست‌پسرش گفت که می‌خواهد رابطه‌شان ارتقا پیدا کند، اما لازم است که دست‌کم سه شب در هفته از او دور باشد. این کار برای زن جوان نه تا ده ساعت حاشیه به‌وجود آوَرد.

وی بعدها به من گفت که این تصمیمش تا چه اندازه معنادار بوده است. او از آن پس توانست بهتر درس بخواند، به رابطه‌اش با خدا و خانواده‌اش عمق بیشتری بدهد، و به زندگی‌اش ریتم و آهنگی ببخشد که احساس خوشحالی و آرامش را به وی ارزانی بدارد. او و دوست‌پسرش هنوز می‌توانستند به ارتقای رابطه‌شان با یکدیگر ادامه بدهند. به‌خاطر داشته باشید، خدا هرگز کسی را به ***بی‌حاشیه بودن*** نخوانده است.

اگر در زندگی حاشیه نداریم، تقصیر خود ماست و این یک علامت قطعی از آن است که از پادشاهی خدا بیرون رفته‌ایم. پس با خود روراست

باشـید و با برنامهٔ کاری‌تان بی‌رحم. سلامت روحانی، روابطی و جسمی شما به آن بستگی دارد.

حاشیه و تقدس

تقدس اساساً یعنی صحت و سـلامت، یعنی زندگی‌ای که جریان دارد. گناه یعنی اختلال عملکرد یا بیماری. بیماری شـمارهٔ یک روزگار ما «بیماری عجله» اسـت. ما همواره در عجله هستیم چون بیش از اندازه برنامهٔ کاری برای خودمان ترتیب داده‌ایم. وقتی در زندگی حاشیه نداشته باشـیم، خسته، تنها و دل‌مرده می‌شویم، و این یعنی راه دادن به وسوسه. ما به حاشیه نیاز داریم. حاشیه تعادل ایجاد می‌کنـد و روح ما را احیا می‌نمایـد، و بدین‌ترتیب ظرفیت‌مان را برای خوشـی افزایش می‌دهد. خوشی سدی است در برابر وسوسـه. حاشیه و تقدس به‌طرز عمیقی با یکدیگر در ارتباطند.

- ده دقیقه زودتر بیدار شـوید و پیش از شـروع روز، فضایی برای سکوت به‌وجود بیاورید.
- سرگرمی‌های غیرضروری را حذف کنید.
- با طرح پرسش «آیا ضرورت دارد؟» برخی از تعهدات خود را مورد بررسی و ارزیابی قراردهید. برای مثال، آیا باید در هر سه کمیتهٔ کلیسا شرکت کنید؟
- اگر غالب اوقات کاری انجام می‌دهید (مثلاً با دوستی وقت می‌گذرانید)، بدون اینکه آن شـخص را از زندگی‌تان حذف کنید، در صدد کم کردن دفعات دیدارتان برآیید.

برای تأمل

صرف‌نظر از اینکه ایـن مطالب را با دیگران می‌خوانید یا در تنهایی، پرسش‌های زیر به شما در تأمل و تفکر در مورد تجربه‌تان کمک خواهند کرد. در هر حال، شاید ایدهٔ بدی نباشد که در دفترچه‌تان به این پرسش‌ها پاسـخ دهید. اگر با گروهی جمع می‌شـوید، دفترچهٔ یادداشت را همراه

خود ببرید تا به شما در به یاد آوردن تجارب‌تان کمک کند و بتوانید آنها را با دیگران در میان بگذارید.

۱) آیا این هفته توانستید تمرین‌های پیشنهادی برای به‌وجود آوردن «حاشیه» را انجام دهید؟ اگر توانستید، توضیح دهید که کار چگونه پیش رفت و در موردش چه احساسی دارید.

۲) از طریق این تمرین، در مورد خدا یا خودتان چه چیزهایی یاد گرفتید؟

۳) در حالی که سعی می‌کردید «حاشیه» را در زندگی خود افزایش بدهید، چه چیزی از همه سخت‌تر بود؟ چه چیزی از همه رضایت‌بخش‌تر بود؟

فصل هفتم

خدا فداکار است

خواهرم «ویکی» زن باهوش و تیزبینی است. او یکی از باهوش‌ترین افرادی است که من می‌شناسم. ویکی تمام عمرش با کلیسا بوده است. او در دوران دبیرستان در گروه جوانان فعال بود، در بزرگسالی معلم کانون شادی شد و برای سه دهه یکی از اعضای گروه کُر کلیسا بود. او در عمر خود صدها موعظه شنیده است. اگر قرار باشد کسی در مورد اهمیت و معنای حقیقی تجسم، مرگ و رستاخیز عیسی پیامی روشن و صریح شنیده باشد، آن شخص کسی نیست جز ویکی. اما در کمال تعجب، او نتوانسته بود اهمیت و معنای چنین موضوع مهمی را دریابد. (یا شاید واعظان نتوانسته بودند آن پیغام را به روشنی برای او بیان کنند.)

تنها ویکی نیست که چنین وضعی دارد. خیلی از آدم‌ها نمی‌توانند دلیل روشن و شمرده‌ای ارائه کنند که چرا عیسی انسان شد، مُرد و دوباره از مرگ برخاست. در کمال صداقت، خود من هم با وجود اینکه در رشتهٔ الاهیات تحصیلات دانشگاهی داشتم، سال‌ها جزو همین افراد بودم. می‌توانستم یک توضیح ابتدایی بدهم (اینکه عیسی مرد تا ما را از گناهان‌مان برهاند) اما خودم به کنه معنای آن پی نبرده بودم.

در دورهٔ کلاس‌هایی که با موضوع مفهوم شاگردی عیسی برپا کرده بودم، ویکی و شوهرش «اسکات» هم حضور داشتند. قسمت مهمی از این دوره شامل تأمل عمیق بر صلیب می‌شد. ویکی به مطالبی که قرار بود بدان‌ها بپردازیم نگاهی افکند و در کمال صداقت گفت: «جیم، من باید اعترافی بکنم. من هرگز مفهوم صلیب را درک نکرده‌ام. این نکته که عیسی باید می‌مرد، و اینکه خدا اجازه داد او بمیرد، همیشه مرا آزار داده است. چطور پدری حاضر می‌شود فرزندش زجر بکشد و کشته

شــود؟» و ادامه داد که صلیب غیرضروری به نظر می‌رسد، چرا که خدا می‌توانست تنها با اعلام اینکه جهان را بخشوده، یا با آموزش دادن مردم مبنی بر این که همدیگر را دوســت داشــته باشند، به‌راحتی مردم جهان را ببخشد. در آن صورت عیسی مجبور نبود رنج بکشد. دیگر نیازی به خون ریختن نبود.

من کاملاً با او احساس همدردی می‌کردم. از جهتی، چنین به نظر می‌رسد که صلیب مســیح رویدادی تیره و مخوف اســت. با وجود این، کلیساهای کاتولیک صلیبی با تندیس مســیح بر بالای آن دارند و بیشــتر کلیســاهای پروتستان نیز صلیبی بر فراز برج کلیسا یا در محراب آن نصب می‌کنند.

آیا تا به حال با این موضوع که چرا می‌بایست عیسی برای ما بمیرد، دست به گریبان بوده‌اید؟ اگر بوده‌اید لطفاً توضیح بدهید.

بسیاری از ســرودهای روحانی ما در ستایش صلیب سروده شده‌اند (برای مثال، «آن صلیب افتخار من است»). مرگ عیسی در صدر و مرکز الاهیات مســیحی قرار دارد، و با وجود این بسیاری از ما مسیحیان عاجز از درک آن هستیم. درک اینکه چرا عیسی زندگی در میان ما و مردن برای ما را برگزید، به من کمک کرد تا ذات و طبیعت خدای خوب و زیبای‌مان را بهتر بفهمم.

روایت نادرست: ما باید تلاش کنیم به خدا برسیم

چنان که در یکی از فصل‌های پیشــین اشــاره کردیــم، ما در دنیایی عملکردمدار زندگی می‌کنیم. برای داشــتن چیزی باید با نیروی خود آن را کســب کنیم. همهٔ ادیان بزرگ جهان (به استثنای مسیحیت) بر همین اصل مبتنی هســتند. انسان‌ها باید کاری بکنند -هر کاری اعم از عبادت، قربانی، درست زندگی کردن یا همهٔ موارد با هم- تا بتوانند لطف و برکت خدای (یا خدایان) خود را به‌دســت آورند. با توجه به تجربهٔ خودمان، این کارها منطقی به نظر می‌رسند. دنیایــی که ما در آن زندگی می‌کنیم،

این‌گونـــه عمل می‌کند: اگر کارهای خوب بکنی، اتفاقات خوبی می‌افتد؛ اگر کارهای بد بکنی، اتفاقات بدی می‌افتد. در هندوئیســـم و بودیسم به این می‌گویند «کارما.» به زندگی خود به درســـتی نظم ببخشید، از احکام پیروی کنید، قربانی‌های مناســـب تقدیم نمایید، آنگاه خدا با برکاتش به شما پاداش خواهد داد. یافتن خدا تا حد زیادی به شما بستگی دارد. این نه تنها منطقی است، بلکه جذاب هم هست، چون به ما اجازه می‌دهد که کنترل امور را در دست خود داشته باشیم.

روایت عیسی: خدا برای رسیدن به ما پیشگام می‌شود

کتابی که به من کمک کرد تا بفهمم چرا عیســـی انسان شد و چرا باید بر صلیب می‌مرد، کتابی اســـت به‌نام ***در باب تجســـم*** (On the Incarnation) نوشتهٔ آتاناســـیوس (Athanasius، حدود ۲۹۶-۳۷۳ م.) اسقف اسکندریه. امروزه درک کلیســـا از چرایی ضرورت تجسم (انسان شدنِ خدا)، مرگ (مصلوب شدن) و رستاخیز عیسی را به آتاناسیوس نسبت می‌دهند. وقتی صحبتم با «ویکی» در مورد مشکلی که با درک لزوم مردن عیسی داشت به پایان رسید، با سؤالاتی در ذهنم به سراغ کتاب کلاسیک آتاناسیوس رفتم.

پرســـش‌های خودم (جیمز) و پاسخ‌های آتاناســـیوس را به‌صورت دیالـــوگ درآوردم. بنابراین تصور کنید که به گذشـــته ســـفر کرده‌ایم و می‌خواهیم از آتاناسیوس چند پرسش دشـــوار در مورد تجسم، مرگ و رستاخیز عیسی بکنیم.

جیمز: آتاناســـیوس، پرســـش اغلب مردم این است که چرا عیسی باید انسان می‌شـــد و رنج کشیده، بر صلیب می‌مرد؟ چرا عیســـی به همین اکتفا نکرد که بـــه ما تعلیم دهد چطور زندگی کنیم تا خشنودی خدا جلب شود؟

آتاناسیوس: اگر بشر به ورطهٔ ***تباهی کامل*** سقوط نکرده بود، این روش مناســـب می‌بود. اگر ما انســـان‌ها صرفاً قانونی را شکسته بودیم، می‌توانستیم از آن توبه کنیم. اگر مشکل جهل بود، آنگاه آموزش می‌توانســـت راه‌حل ما باشـــد. اما مشکل

بشر بسیار عمیق‌تر از اینها است. ما فاسد و تباه شده‌ایم. درست مانند مرضی که نمی‌توان با نیروی اراده یا دانش آن را درمان کرد.

جیمز: چگونه ما دچار چنین مخمصه‌ای شدیم؟

آتاناسیوس: داستانش طولانی است، اما من تا جایی که امکان داشته باشد به زبان ساده و خلاصه برایت تعریف می‌کنم. خدا انسان‌ها را به‌صورت خود آفرید، و این یعنی آنکه آنها توانایی استدلال و آفریدن داشتند، و می‌توانستند خدا را بشناسند. آدم و حوا در آزادی کامل آفریده شدند تا با خدا مشارکت داشته باشند. اما خدا تنها یک فرمان به ایشان داده بود و آنها با فرمانبرداری از آن حکم، می‌توانستند محبت و قدردانی و اطاعت خودشان را به خدا نشان بدهند: آنها می‌توانستند از میوهٔ درخت معرفت نیک و بد نخورند. این درخت نمادی بود برای اشتیاق به خدا شدن، چون تنها خداست که حقیقتاً بر نیک و بد عارف است. به آنها هشدار داده شده بود که: «از درخت شناخت نیک و بد زنهار مخوری، زیرا روزی که از آن خوردی به یقین خواهی مرد» (پیدایش ۲:۱۷). آن دو از میوهٔ آن درخت خوردند و بلافاصله به معنای *روحانی* مردند. از حضور خدا رانده شدند و دیگر نمی‌توانستند در مشارکت راحت باغ عدن زندگی کنند. و متعاقب مرگ روحانی، فرایند مرگ جسمانی آنها هم شروع شد. ایشان نه تنها محکوم بودند که روزی جسماً بمیرند، بلکه اکنون در وضعیت تباهی هم زندگی می‌کردند.

جیمز: اما خدا می‌توانست آنها را ببخشد، درست نمی‌گویم؟

آتاناسیوس: نه، خدا نمی‌توانست از حکم خودش عدول کند. اما در عین حال هم نمی‌توانست بگذارد آفریدگان ارزشمندش نابود شوند. پس خدا که نیکو است، چه تدبیری باید می‌اندیشید؟ این یک تنگنای الاهی بود.

جیمز: اما آیا راه دیگری نبود که انسان‌ها بتوانند بدان وسیله خودشان را نجات دهند؟ آیا خدا نمی‌توانست از آنها بخواهد توبه کنند؟

آتاناسیوس: نه، توبه نمی‌توانست طبیعت کنونی آنها را که دیگر فاسد شده بود، عوض کند. حتی اگر از گناه کردن هم دست می‌کشیدند -که نمی‌توانستند- باز همچنان طبیعت فاسد شده را در درون خود یدک می‌کشیدند و زیر حکم مرگ بودند.

جیمز: پس راه‌حل این مشکل چیست؟

آتاناسیوس: نپرس راه‌حل این مشکل **چیست**، بلکه بپرس **کیست**. راه‌حل کسی نبود جز کلمهٔ خدا، که از همان ابتدا همه چیز را از هیچ آفریده بود. تنها او بود که می‌توانست مشکل بشر را حل کند. پس برای حصول به این مقصود، خدا که به بدن جسمانی محدود نمی‌شود یا زیر قدرت گناه نمی‌رود، پا به دنیای ما گذاشت. او جسم انسانی گرفت و درست مانند ما شد.

جیمز: اما چرا؟ آیا خدا نمی‌توانست به‌شکل دیگری ظاهر شود؟ چرا باید خدا بدن انسانی به خود می‌گرفت؟

آتاناسیوس: عیسی به این دلیل بدنی مانند بدن ما به خود گرفت که بدن‌های ما محکوم به مرگند. او بدن خود را به‌جای ما به مرگ سپرد و آن را به پدر تقدیم نمود. او این کار را از سر محبت بی‌شائبه‌ای که نسبت به ما داشت، انجام داد تا با مرگش همهٔ انسان‌ها بتوانند بمیرند و بدین‌وسیله حکم مرگ موقوف گردد. بدین‌ترتیب او می‌توانست مرگ را محو سازد.

جیمز: پس او جسم انسانی پوشید تا بتواند بمیرد؟ درست است؟

آتاناسیوس: آری. جز از طریق مرگ نمی‌شد تباهی را از میان برداشت. پس به همین‌خاطر، عیسی بدنی به خود گرفت که

قابلیت مردن داشته باشد. با تسلیم کردن این بدن به مرگ بود که او قربانی پاک و عاری از هر عیب و لکه‌ای را به خدا تقدیم نمود تا با تقدیم *این معادل*، برادران و خواهران بشری‌اش بتوانند از مرگ برهند. هر آنچه لازم بود انجام گیرد، او با مرگ خودش تحقق بخشید.

جیمز: کلمات «این معادل» را با تأکید خاصی ادا کردید. من متوجه منظورتان نمی‌شوم.

آتاناسیوس: فساد کامل را -که از زمان سقوط تاکنون وضعیت بشر بوده- تنها با تقدیم قربانی کاملاً بی‌فساد می‌توان باطل کرد. عیسی عاری از گناه بود.

جیمز: خوب این قربانی کاملاً بی‌فساد برای من چه می‌تواند بکند؟

آتاناسیوس: عیسی با انجام دادن کاری را که ما خودمان قادر به انجامش نبودیم، سقوط اولیه را باطل نمود! عیسی با قربانی کردن بدن خود برای ما دو کار کرد: اول به حکم مرگ که مانعی بر سر راه ما بود پایان داد، و دوم با بخشیدن امید رستاخیز به ما، برای زندگی‌مان سرآغازی به‌وجود آورد. پس می‌بینی که عیسی مرگ را نابود ساخت.

جیمز: اجازه بده به موضوعی مرتبط بپردازیم. چرا عیسی باید *بدین‌شکل* می‌مرد- بر صلیب؟ آیا نمی‌توانست طور دیگری بمیرد و باز به همان هدفش جامهٔ عمل بپوشاند؟

آتاناسیوس: عیسی باید با مرگی بسیار واقعی، غیرقابل انکار و در ملأ عام می‌مرد تا همه بتوانند شاهدش باشند. اگر کسی شاهد مرگ او نمی‌بود، هیچ‌کس رستاخیزش را باور نمی‌کرد. آن‌وقت به او لقب قصه‌گوی قصه‌گویان می‌دادند.

جیمز: ولی چرا باید او به این وضع شرم‌آور می‌مرد؟ مصلوب شدن دردناک‌ترین و تحقیرآمیزترین شیوهٔ اعدام است که جهان تا به حال به خود دیده. آیا او نمی‌توانست به‌طرز آبرومندانه‌تری بمیرد؟

آتاناسیوس: من می‌دانم که تو از اعدام روی صلیب نفرت داری، و باید هم داشته باشی. اما توجه داشته باش: در صلیب امری عظیم و متناقض‌نما رخ داده، زیرا مرگی که همه می‌پنداشتند عیسی را بی‌حرمت خواهد کرد، به لحظهٔ باشکوه غلبه بر مرگ تبدیل شد. اگرچه آنها برای کشتن او به شرم‌آورترین روش متوسل شدند، اما صلیب تا ابدیت به‌عنوان نماد جلال خدا به اهتزاز خواهد ایستاد. و نکتهٔ آخر اینکه، اگر او مصلوب نمی‌شد، چگونه می‌توانست کل دنیا را در آغوش بگیرد، زیرا **تنها بر صلیب است که انسان با دست‌های باز جان می‌سپارد؟**

آیا در سخنان آتاناسیوس در این گفتگو نکته‌ای بود که برای‌تان مفید بوده یا به شما بینشی تازه بخشیده باشد؟

خطر مورد محبت متقابل نبودن

خدا که کاملاً مختار است، اراده کرد که چون کودکی آسیب‌پذیر پا به دنیای ما بگذارد و در بزرگسالی هم متحمل توهین، شکنجه و اعدام شود. اگر حق با آتاناسیوس باشد که می‌گوید تنها راه‌حل مشکل بشر (یعنی فساد، بیگانگی با خدا و از دست دادن صورت و شباهت خدا) آن بود که خود خدا گام پیش بگذارد، باز این سخن به معنای آن نیست که خدا **مجبور** بود چنین کند. هیچ چیز نیست که خدا را مجبور به نجات دادن ما از این طریق کرده باشد. خدا با انتخاب این راه برای نجات ما در واقع خطر بزرگی را به جان خرید، بدین معنا که با وجود نشان دادن محبت، ممکن بود انسان‌ها محبتش را رد کنند.

یوحنا به ما می‌گوید: «او در جهان بود، و جهان به‌واسطهٔ او پدید آمد؛ اما جهان او را نشناخت. به ملک خویش آمد، ولی قوم خودش او را نپذیرفتند» (یوحنا ۱:۱۰-۱۱). این یک عبارت قدرتمند است چرا که

دربرگیرندهٔ چندین حقیقت اساسی است. اول اینکه «جهان به‌واسطهٔ او پدید آمد.» خدا جهان را به‌واسطهٔ عیسی آفرید و این عیسی است که همچنان کل جهان را با هم نگه می‌دارد.

> او صورت خدای نادیده است و فرزند ارشد بر تمامی آفرینش، زیرا همه چیز به‌واسطهٔ او آفریده شد: آنچه در آسمان و آنچه بر زمین است، دیدنی‌ها و نادیدنی‌ها، تخت‌ها و فرمانروایی‌ها، ریاست‌ها و قدرت‌ها؛ همه به‌واسطهٔ او و برای او آفریده شدند. او پیش از همه چیز وجود داشته، و همه چیز در او قوام دارد. (کولسیان۱:۱۵-۱۷)

دوم، «او در جهان بود.» خدا وارد شدن به دنیای ما، نفس کشیدن از هوای ما، و قرار گرفتن در معرض همهٔ دردها و رنج‌های زندگی بشری را آزادانه انتخاب کرد. سوم، «جهان او را نشناخت.» جلال اقنوم دوم تثلیث بر جهانیان پوشیده بود. خدا از طریق فروتنی بی‌نهایت این کار را انجام داده بود. و در نهایت، «قوم خودش او را نپذیرفتند.»

محبت یک‌طرفه شاید دردناک‌ترین تجربهٔ بشری باشد. اینکه کسی را محبت کنی و او در مقابل دلت را سخت بشکند، به‌راستی عذاب‌آور است. خدا درد محبت یک‌طرفه را چشید. بعضی‌ها به این مفهوم که خدا می‌توانسته درد را احساس کند، یا اصولاً می‌توانسته چیزی را احساس کند، معترض‌اند. روایت آنها بدیشان می‌گوید که کسی نمی‌تواند خدا را در معرض رنج و تغییر یا تحت تأثیر قرار دهد؛ یا به بیانی، نمی‌توان خدا را به حرکت آوَرد. در ظاهر امر چنین به نظر می‌رسد که این روایت قصد دارد از قدرت خدا صیانت کند. اما اگر خدا دیگران را محبت می‌کند («خدا جهان را آن‌قدر محبت کرد» [یوحنا ۳:۱۶])، پس به ناچار باید از یک‌طرفه ماندن محبتش نیز احساس درد کند. من متوجه شده‌ام که افرادی که با اعتقاد به احساس درد یا شادی خدا مشکل دارند، با اعتقاد به اینکه عیسی می‌تواند درد یا شادی را احساس کند هم مشکل دارند.

آیا تاکنون احساس کرده‌اید که محبت‌تان یک‌طرفه بوده است؟
آیا می‌توانید تصور کنید که خدا به خودش اجازهٔ تجربه کردن چنین دردی را داده باشد؟ توضیح بدهید.

من دوستی دارم به نام ریچ مالینز (Rich Mullins) که یک‌بار در وصف عیسی سرودی زیبا، با عنوان «پسری چون من/ مردی چون تو» سرایید. در این سرود او در شگفتی است که آیا عیسای کودک هم همان چیزهایی را احساس کرده که ما می‌کنیم:

آیا تو هم با گرسنگی بزرگ شدی؟
آیا تو هم زود رشد کردی؟
آیا زمانی که از جایی می‌گذشتی، دختر بچه‌ها یواشکی می‌خندیدند؟
آیا تو هم حیران بودی که ایشان به چه می‌خندند؟
آیا تو هم با سگی کشتی گرفته‌ای و دماغش را لیسیده‌ای؟
آیا تو هم زیر افشانهٔ فوارهٔ حوض بازی کرده‌ای؟
آیا هیچ در زمستان بر روی برف فرشته درست کرده‌ای؟
آیا تا به حال شده موقع بازی قایم باشک ترسیده باشی؟
آیا تا به حال شده وقتی زانویت زخم می‌شود، جلوی گریه‌ات را بگیری؟
آیا تا کنون شده که سنگی را از روی جویی آرام، پرت کرده باشی؟

روزی ریچ به من گفت که قسمت مورد علاقه‌اش در این سرود، آنجایی است که از درست کردن فرشته روی برف صحبت می‌کند. چرا؟ او گفت: «من دوست دارم تصویر کسی را که فرشتگان واقعی را آفریده، در حال درست کردن فرشته‌ها در برف مجسم کنم.»

من فکر می‌کنم که ما بدین‌خاطر با موضوع احساس کردن درد و شادی از سوی خدا مشکل داریم، که می‌پنداریم این احساسات دون

شأن خدا هستند. فکر می‌کنیم آسیب‌پذیر بودن نشانهٔ ضعف است. اما شاید چنین نباشد. شاید قدرت حقیقی در آسیب‌پذیری است. شاید فدا کردن جان در راه خیریت کسی دیگر نشانهٔ ضعف نباشد، بلکه برترین و بزرگترین قدرتی باشد که جهان به خود دیده است.

از خودگذشتگی چگونه می‌تواند نشانهٔ قدرت باشد، نه ضعف؟

محبتی بیش از این نیست

هنوز باید روی پرسش «چرا وقتی که ما سزاوارش نبودیم، خدا این کار را برای‌مان کرد؟» قدری تفکر کنیم. ادوارد یارنولد (Edward Yarnold) در پاسخ به پرسش «چرا خدا خواست عیسی مصلوب شود؟» می‌گوید: «شاید کسی پاسخ بدهد که طبیعت انسان به‌صورت خود خدا آفریده شده است. قانونی که بر دانهٔ گندم حکمفرما است طبیعت خود خدا را آشکار می‌کند: جلال خدا در فداکاری نهفته است. پس اعضای بدن مسیح در حیات آن سر سهیم هستند؛ همان سری که تاج جلال را حمل می‌کند، تاجی که از جنس خار است.»

در قلب جهان هستی یک اصل وجود دارد: *فداکاری بزرگترین کار است*. دانهٔ گندم باید بمیرد تا زندگی ببخشد. نظام هستی بازتاب‌دهندهٔ ماهیت خدایی است که آن را آفریده است. عیسی فرمود: «محبتی بیش از این وجود ندارد که کسی جان خود را در راه دوستانش فدا کند» (یوحنا ۱۵:۱۳).

به نظر می‌رسد که فدا کردن جان نشانهٔ ضعف است. اما فداکاری جنبه‌ای از محبت می‌باشد. در اول قرنتیان ۱۳:۴-۵ چنین می‌خوانیم: «محبت بردبار و مهربان است؛ محبت حسد نمی‌برد؛ محبت فخر نمی‌فروشد و کبر و غرور ندارد. رفتار ناشایسته ندارد و نفع خود را نمی‌جوید.»

فداکاری چطور می‌تواند بزرگترینِ کارها باشد؟

بیشتر ما با این روایت نادرست زندگی می‌کنیم که قدرت در اِعمال سلطه و کنترل نهفته است. اما اینها برترین اَشکال قدرت به‌شمار نمی‌روند. قدرت خدا در ضعف به کمال می‌رسد (۲قرنتیان ۹:۱۲). قدرت یک دانه زمانی آشکار می‌شود که دانه بمیرد. قدرت خدا به صریح‌ترین شکل، بر صلیب به نمایش گذاشته می‌شود.

خدای پسر در نهایت فروتنی پا به جهان ما می‌گذارد، برای مدت سی سال زندگی کاملاً معمولی‌ای را سپری می‌کند، همهٔ تجربیات بشری را تجربه می‌کند و با زندگی و تعالیمش و سرانجام با فداکاری‌اش جهان را متوجه پدرش می‌سازد: او جان خود را برای همهٔ دنیا فدا می‌کند؛ برهٔ خدا گناه جهان را برمی‌دارد. عبارت «من خودم را فدای خیریت شما می‌کنم» بیانگر احساس خداست. و ما در لحظات کوچک فداکاری خودمان، حتی اگر شده برای چند دقیقه چیزی را احساس می‌کنیم که خدا احساس می‌کند (آزادی، رهایی، نشاط، هدف، معنا).

او از این بیشتر چه می‌توانست برای ما بکند؟

برنان منینگ نویسنده و خطیب، در مورد اینکه چرا نامش را «برنان» گذاشتند، داستان جالبی تعریف می‌کند. در دوران رشد، بهترین دوستش رِی (Ray) بود. آنها کارهای‌شان را با هم انجام می‌دادند: زمانی که نوجوان بودند، با هم ماشین خریدند، به اتفاق هم با دو دختر قرار ملاقات گذاشتند، با هم به دانشگاه رفتند و غیره. آنها حتی برای خدمت در ارتش با هم نام‌نویسی کردند، با هم به اردوگاه آموزش نظامی رفتند و با هم در خط مقدم جبهه جنگیدند. یک شب هنگامی که در سنگرهای کوچک معروف به لانهٔ روباه نشسته بودند، برنان شروع کرد به یادآوری روزهای گذشته در بروکلین و رِی هم در حال خوردن شکلات به حرف‌های او گوش می‌داد. ناگهان نارنجکی به درون سنگر افتاد. رِی نگاهی به برنان کرد، لبخندی زد و شکلاتش را گوشه‌ای پرت کرد و خودش را روی

نارنجک انداخت. نارنجک منفجر شد و رِی جان باخت، اما فداکاری‌اش جان برنان را نجات داد.

زمانی که برنان کشیش شد، به او گفتند که می‌تواند نام یکی از قدیسان را بر خود بگذارد. او به یاد دوستش رِی برنان افتاد. از این‌رو نام برنان را بر خود نهاد. سال‌ها بعد، برای دیدن مادر رِی راهی بروکلین شد. شبی تا دیروقت بیدار مانده چای می‌نوشیدند که برنان از مادر رِی پرسید: «آیا فکر می‌کنی رِی مرا دوست داشت؟» خانم برنان از روی کاناپه بلند شد، انگشتش را برابر صورت برنان تکان داد و فریاد زد: «خدای من! دیگر از این بیشتر چه می‌توانست برایت بکند؟» برنان می‌گوید که در آن لحظه او اپیفانی (Epiphany- «تجلی یا آشکار شدن» اصطلاحاً در مورد تجلی یا ظهور ملموس خداوند به‌کار برده می‌شود- م.) را تجربه کرد. او خودش را تصور کرد که در برابر صلیب عیسی ایستاده، غرق در این اندیشه که ***آیا خدا به‌راستی مرا دوست دارد؟*** و مریم مادر عیسی به پسرش اشاره کرده می‌گوید: «خدای من! دیگر از این بیشتر چه می‌توانست برایت بکند؟»

> وقتی دربارهٔ قدرت خدا حرف می‌زنیم، اغلب به اعمال عظیمی که خدا انجام داده فکر می‌کنیم، و نه به تجسم و بر صلیب شدن او. چرا؟

صلیب عیسی طریقی است که خدا به‌وسیلهٔ آن هرچه در چنته داشت برای ما رو کرد. با وجود این، باز اغلب با حیرت از خود می‌پرسیم ***آیا خدا به‌راستی مرا دوست دارد؟ آیا من برای خدا مهم هستم؟ آیا خدا به من اهمیت می‌دهد؟*** و مادر عیسی در پاسخ به شما می‌گوید: «دیگر از این بیشتر چه می‌توانست برای‌تان بکند؟»

در بهترین لحظه‌هامان، زمانی که با میل و رضا نیازهای خود را فدای خیریت دیگران می‌کنیم، به قول ادوارد یارنولد با صورت خدا شریک می‌شویم. ما به‌صورت خدا آفریده شده‌ایم، و او هم با میل و رضای قلبی خویشتن را فدای دیگران ساخت. هرچه بیشتر به شناخت خدا

نایل گردیم، و بیشـــتر ماهیت حقیقی خود را بفهمیم، فداکاری برای‌مان طبیعی‌تر خواهد شد.

برنان منینگ با اینکه داســـتان مســـیحیت را می‌داند، باز اقرار می‌کند که در اندیشـــه فرورفته بود که آیا خدا به‌راســـتی او را دوست دارد؟ آیا شما تا به حال به این فکر افتاده‌اید که آیا خدا به‌راســـتی دوست‌تان دارد؟ اگر چنین است، یکی از راه‌هایی را که کمک‌تان کرد تا پاسخی صریح پیدا کنید، بیان نمایید.

داستان کسانی که برای خیریت دیگران دست به فداکاری زده‌اند، عمیقاً در روح بشـــری طنین‌انداز است. ما چنین داســـتان‌هایی را در ادبیات و فیلم‌ها شـــاهد هســـتیم. در کتاب ***شـــیر، جادوگر و کمد***، اثر سی. اس. لوئیس، اصلان شـــیر بزرگ، که نمادی از مسیح است، با پیشنهاد تقدیم کردن جانش به‌عنوان بهای خطایای ادموند (Edmund)، سر جادوگر سفید (شـــیطان) کلاه می‌گذارد. جادوگر سفید با این تصور که برای همیشه بر اصلان و قلمرو او پیروز شـــده، با خوشـــحالی قبول می‌کند. اما جادوگر سفید از وجود «جادوی ژرف» خبر ندارد: هر بیگناهی که با میل و اختیار جان خود را در راه گناهکاری بدهد، چنان انرژی نیرومندی ایجاد می‌کند که حتی از مرگ هم قوی‌تر اســـت. این همـــان متناقض‌نمایِ (paradox) بزرگ فداکاری است.

متناقض‌نمایِ فداکاری

زمانی که عیســـی تخت آســـمانی خود را ترک کرده، انســـانیت ما را بر خـــود گرفت و نهایتاً با اعدام روبه‌رو شـــد، از نیرومندترین فرد به ضعیف‌ترین تبدیل گشـــت. پولس با به‌کار بـــردن کلمات زیبای یکی از سرودهای اولیه مسیحی این مسئله را تشریح نموده است:

او که همذات با خدا بود،
از برابری با خدا به نفع خود بهره نجست،

بلکه خود را خالی کرد و ذات غلام پذیرفته،
به شباهت آدمیان درآمد.
و چون در سیمای بشری یافت شد
خود را خوار ساخت و تا به مرگ،
حتی مرگ بر صلیب مطیع گردید.
پس خدا نیز او را به غایت سرافراز کرد
و نامی برتر از همهٔ نام‌ها بدو بخشید،
تا به نام عیسی هر زانویی خم شود،
در آسمان، بر زمین و در زیر زمین،
و هر زبانی اقرار کند
که عیسای مسیح «خداوند» است،
برای جلال خدای پدر. (فیلیپیان ۲:۶-۱۱)

این همان متناقض‌نماییِ فداکاری است: عیسی با خالی کردن و فروتن ساختن خود و مطیع شدنش، «به غایت سرافراز» شد. زمانی که از عیسی پرسیدند در پادشاهی خدا بزرگ‌ترین فرد چه کسی است، او در پاسخ فرمود: «هر که خود را همچون این کودک فروتن سازد، در پادشاهی آسمان بزرگ‌تر خواهد بود» (متی ۱۸:۴). بزرگ‌ترین‌ها آنهایی هستند که **خادم** باشند. این روایت با آموزه‌های پادشاهی این جهان در تضاد مستقیم قرار دارد، زیرا در پادشاهی این جهان کسانی بزرگ‌ترین هستند که **مخدوم** باشند.

هنگامی را توصیف کنید که شخصی برای خوشبختی شما دست به فداکاری زده است. به موقعی فکر کنید که خودتان برای شخص دیگری فداکاری کرده‌اید. چه احساسی داشتید؟ آیا این احساس می‌تواند نشانهٔ آن باشد که شما «به‌صورت خدا آفریده شده‌اید»؟

بخشیدن شخص دیگر کاری می‌کند که ما ضعیف یا آسیب‌پذیر جلوه کنیم، اما در واقع بخشیدن نشانگر قدرت و توان بالا است. وقتی قربانیان

می‌بخشند، به پیروزمندان تبدیل می‌شوند؛ نه پیروز **بر دیگران**، بلکه به **نفع** دیگران. این ضعف ما است که نمی‌گذارد توانایی بخشیدن دیگران را داشته باشیم. ترس ما را از تسلیم و فداکاری بازمی‌دارد. اما کسانی که «مسیح در ایشان سلوک دارد»، زیستن و بخشیدن مانند عیسی را می‌آموزند. عیسی صرفاً الگویی برای تقلید و تأسی نیست، بلکه او منبع قدرتی است که می‌توان بدو تکیه کرد. ما به‌واسطهٔ عیسی قادر به انجام هر کاری هستیم، زیرا او ما را نیرو می‌بخشد (فیلیپیان ۱۳:۴).

آسمان به زیر آمد و بر زمین بوسه زد

بگذارید به داستان خواهرم «ویکی» و پرسشــش بازگردیم: «چرا عیسی می‌بایست می‌مرد؟» عیسی **نمی‌بایست** می‌مرد، او مردن را **انتخاب کرد**. پدر، پســر و روح‌القدس در هماهنگی با یکدیگر عمل کردند تا به داد جهانی ســقوط‌کرده و درهم‌شکسته برسند و آن را از نو احیا کنند. خدا برای ما کاری کرد که خودمان هرگز قادر به انجامش نبودیم. صلیب نماد محبت و فداکاری خدا اســت. عیسی وضعیت انسانی ما را بر خود گرفت و آن را شفا داد، و با این کارِ خود عمق محبت خدا نسبت به همهٔ آفریدگانش را آشکار ساخت.

در اینجا یک اصل کلیدی مربوط به پادشــاهی خدا وجود دارد: آنچه می‌گذاریم از دســت برود، هرگز گم نمی‌شود بلکه تبدیل به چیز زیبایی می‌گردد. عجیب نیست که آخور و صلیب دو نمونه از زیباترین تصاویری هستند که جهان تاکنون دیده اســت. در واقعهٔ تجسم، خدا که میلیون‌ها کهکشان در حال حرکت را آفریده، آسیب‌پذیرشدن را انتخاب کرد، و با این کار آسمان به زیر آمد و بر زمین بوسه زد. در رویداد صلیب، خدا که نامیرا بود، خویشــتن را تابع مرگ ساخت، و با این کار کل جهان را نزد خود برافراشت.

«ویکی» پس از شــش ماه مطالعه و تفکــر در باب صلیب، و در باب سرشــت خدایی که خود را فدا می‌ســازد، برایم نامهٔ زیبایی نوشــت و تشــریح نمود که چطور بالاخره در ســن پنجاه و شش سالگی توانسته

بفهمد که اصلاً چــرا باید رویداد صلیب پیش می‌آمــد. او هدیه‌ای هم ضمیمهٔ نامه‌اش کرده بود. بسته را باز کردم و درون آن یک کار هنری زیبا دیدم به‌شکل صلیب، که با افتخار آن را روی تاقچه قرار داده‌ام، در جایی که مرتباً بتوانم ببینمش. هر بار که چشــمم به آن صلیب می‌افتد، خدا را شــکر می‌کنم که برای خاطر ما، با میل و اختیار تن به مردن داد. عیســی چه درســت می‌گفت، هنگامی که چنین نبوت کرد: «و من چون از زمین برافراشته شوم، همه را به‌سوی خود خواهم کشید» (یوحنا ۳۲:۱۲).

خواندن انجیل یوحنا

دالاس ویلارد در کتاب ***دسیسهٔ الاهی*** می‌نویسد: «بدین‌ترتیب، کلید محبت کردن خدا این است که عیسی را ببینیم، و او را با همهٔ کمال و شفافیت ممکن در ذهن‌مان نگه داریم.» بهترین راه برای انجام این کار خواندن اناجیل است. در هر چهار انجیل ما با عیسی روبه‌رو می‌شویم، و عیسی را به روش‌هایی چشمگیر ***می‌بینیم***. من همیشه از نحوهٔ پدیدار شدن عیسی در اناجیل شگفت‌زده می‌شوم. برجستگی این نوشته‌ها در توانایی‌شان در به تصویر کشیدن عیسی به‌گونه‌ای صریح و شفاف است.

این هفته از شما می‌خواهم چند ساعتی را برای خواندن کل انجیل یوحنا اختصاص دهید. کمتر پیش می‌آید که ما یکی از کتاب‌های کتاب‌مقدس را یکجا بخوانیم. ما معمولاً بخش‌های کوچکی از یک کتاب یا قطعه پرستشی کوتاهی را بر مبنای یک آیه می‌خوانیم. با یکجا خواندن کل یک کتاب، کل داستان اعم از سرآغاز، میانه و پایان آن را تجربه می‌کنیم. شاید برای بعضی‌ها این پرسش پیش بیاید که ***چرا انجیل یوحنا؟ و چرا یکی دیگر از اناجیل نه؟*** انجیل یوحنا، منحصربه‌فرد است. این انجیل با پیشگفتاری شروع می‌شود که با ما دربارهٔ ***لوگوس*** (Logos)، کلمه یا پسر خدا که «جسم گردید و میان ما ساکن شد» سخن می‌گوید. یوحنا با یک سری داستان‌های منحصربه‌فرد تصویری بدیع از عیسی ارائه می‌کند. اما از همه مهمتر، انجیل یوحنا به‌روشنی رابطهٔ عیسی را با پدر آسمانی‌اش به تصویر می‌کشد.

من پیشنهاد می‌کنم انجیل یوحنا را به چهار بخش تقسیم کنید و پنج تا هفت باب را در یک نشست بخوانید. من گروهی را می‌شناسم که به نوبت کتاب را با صدای بلند می‌خوانند. مراقب باشید که با مراجعه پیوسته

به یادداشت‌های توضیحی (البته اگر کتاب‌مقدس همراه با توضیحات یا زیرنویس دارید)، گرفتار وسوسه تبدیل کردن این قرائت به مطالعه کتاب‌مقدس نشوید. اگر در حین خواندن با پرسش‌هایی آنی مواجه شدید (مثلاً «چرا عیسی آب را به شراب تبدیل ساخت؟»)، می‌توانید آنها را یادداشت کنید و در زمانی دیگر به دنبال پاسخ برای آنها بگردید. در حال حاضر من از شما می‌خواهم که صرفاً انجیل یوحنا را بخوانید، گویی دارید کتاب داستان می‌خوانید. این کار برای خیلی‌ها تمرینی پرچالش محسوب خواهد شد، اما بسیار سودمند است.

برای تأمل

صرف‌نظر از اینکه این مطالب را با دیگران می‌خوانید یا در تنهایی، پرسش‌های زیر به شما در تأمل و تفکر در مورد تجربه‌تان کمک خواهند کرد. در هر حال، شاید ایدۀ بدی نباشد که در دفترچه‌تان به این پرسش‌ها پاسخ دهید. اگر با گروهی جمع می‌شوید، دفترچۀ یادداشت را همراه خود ببرید تا به شما در به یاد آوردن تجارب‌تان کمک کند و بتوانید آنها را با دیگران در میان بگذارید.

۱) آیا توانستید در این هفته تمرین خود را انجام دهید؟ اگر توانستید، توضیح بدهید که در موردش چه احساسی دارید.

۲) از طریق آن تمرین چه چیزی در مورد خدا یا خودتان یاد گرفتید؟

۳) عبارت، داستان یا آیۀ دلخواه‌تان در انجیل یوحنا چه بود؟

فصل هشتم

خدا تبدیل می کند

وقتی شـــنیدم که کری (Carey) در کانون شـــادی یک کلیسای جدید تعلیم می‌دهد، از آخرین باری که او را دیده بودم ســـال‌ها می‌گذشـــت. او به من زنـــگ زد و وقت گرفت تا بیاید و مـــرا ببیند، و من از دیدنش خوشـــحال شـــدم. کری تاجری موفق بود و آن روز هم کت و شلوار و کراوات همیشـــگی‌اش را بر تن داشت. در این کسوت، دستبند ارغوانی رنگش WWJD ("What Would Jesus do?" - «**اگر عیســی به‌جای من بود چه می‌کرد؟**») بیشـــتر خودنمایی می‌کرد. پس از احوال‌پرسی گفتم: «افتخار این دیدار را مدیون چه چیزی هســـتم؟» ناگهان چهرهٔ کری غمگین شد. تازه یاد چیزی افتاده بود که او را به اینجا کشانده بود.

او گفت: «من واقعاً به کمک شما احتیاج دارم.»

جواب دادم: «اگر کاری از دستم ساخته باشد، حتماً انجام می‌دهم.»

گفت: «راســـتش من در رابطه با راه رفتن با خدا دچار مشکل شده‌ام. ظاهراً هرچه بیشتر سعی می‌کنم، اوضاع بدتر می‌شود. خانواده‌ام خوبند و کارم هم خوب پیش می‌رود، اما در رابطه‌ام با خدا به آخر خط رسیده‌ام.»

گفتم: «معمولاً جای درســـتی است»، اما او نگاهی حاکی از سرگیجی به من انداخت.

گفت: «بگذارید مشـــخص‌تر توضیح بدهم. مـــن دارم در نبرد با گناه شکســـت می‌خورم. کار و بارم سکه است. زیاد ســـفر می‌کنم و اوقات بســـیاری را در هتل‌ها می‌گذرانم. پورنوگرافی برایم تبدیل به وسوســـه بزرگی شده است، و من هرازگاه تسلیمش می‌شوم. واقعاً احساس تقصیر می‌کنم، از خدا طلب بخشـــایش می‌کنم، و قـــول می‌دهم که دیگر هرگز تکرار نشـــود. حتی این موضوع را پیش همسرم اعتراف کردم، و او هم

خیلی عصبانی شد، اما البته درکم کرد. او می‌داند که این خودِ واقعیِ من نیست.»

میان حرفش پریدم و پرسیدم: «مگر تو کی هستی؟»

«خُب، یک ایماندار مسیحی هستم.»

پرسیدم: «و این یعنی چه؟»

گفت: «خُب، یعنی اینکه من به عیسی ایمان دارم و می‌کوشم از فرمان‌های او پیروی کنم. به کلیسا می‌روم، کتاب‌مقدس می‌خوانم و هرگاه بتوانم ساعتی وقت آزاد پیدا کنم، زمانی را به دعا و پرستش اختصاص می‌دهم. می‌دانید، سعی می‌کنم مرتکب گناه نشوم؛ من سعی می‌کنم آدم خوبی باشم، اما می‌دانم که در اعماق وجودم هنوز انسانی گناهکار هستم.»

گفتم: «کری، من شک ندارم که تو سعی‌ات را می‌کنی، و حس می‌کنم که خیلی وقت‌ها با همهٔ وجودت هم تلاش می‌کنی، اما این هیچ کمکی نمی‌کند.»

او گفت: «دقیقاً. با خودم فکر کردم اگر این دستبند را به‌دستم کنم و مرتباً به خودم یادآوری کنم که باید مثل عیسی عمل کنم، اوضاع بهتر خواهد شد. اما نمی‌شود.»

گفتم: «بگذار ببینم همه چیز را درست متوجه شده‌ام یا نه. تو مسیحی هستی، اما در عین حال گناهکار هم هستی. درست است؟»

گفت: «بله.»

پرسیدم: «خُب اگر گناهکار هستی، پس چه رفتاری باید برای تو معمول باشد؟»

گفت: «راستش به گمانم گناه کردن. اما این نباید درست باشد.»

گفتم: «به تصور من هم نباید درست باشد، کری. علت اینکه به‌نظر نمی‌آید درست باشد این است که درست نیست. برخورد تو با قضیه همیشه به شکست می‌انجامد، درست است؟»

او تأیید کرد: «درست است.»

گفتم: «شاید راه دیگری وجود داشته باشد. من خوشحال می‌شوم زمانی را با تو روی این مسئله کار کنم. اما این کار وقت‌گیر است. چیزی

نیست که فوراً درست شـود. هیچ قرص جادویی‌ای هم در کار نیست. مستلزم آن است که ذهنت را عوض کنی، هویتت را عوض کنی و طریقهٔ درکت را از معنای زندگی مسیحی عوض کنی.»

او گفت: «به یک تعمیر و سرویس کامل شبیه است.»

گفتم: «نه، هرآنچه لازم است تو از پیش در اختیار داری. فقط نیازمند یک رویکرد جدید هسـتی. اگر روی این مسئله مایل به همکاری با من باشی، فکر می‌کنم نتیجهٔ بیشتری عایدت خواهد شد.»

کری گفت: «الآن حاضر به انجام هر کاری هسـتم. روی من حساب کنید.»

طی یک دورهٔ زمانی شـش ماهه من و کری با هم ملاقات داشتیم، و من شروع کردم به آموزش دادن اصول بنیادینی که در این فصل خواهید خواند. وضعیت کری به وضعیت مردان و زنان مسـیحی بسـیاری که سـعی می‌کنند عوض شـوند، اما در این راه توفیقی به‌دست نمی‌آورند، چندان بی‌شباهت نبود. مشـکل در عدم درک تأثیر رستاخیز عیسی بود. در فصل هفت به ماهیت فداکارانه و ازخودگذشـتگیِ خدای تثلیث، و به‌طور ویــژه بر صلیب نگاهی انداختیم. قربانی عیسـی، داوری خدا بر گناه بود، و آن را یک‌بار برای همیشـه انجام داد تا جهان را با خدا آشتی دهد (۲قرنتیان ۱۹:۵). اما داستان خدای خوب و زیبای ما به صلیب ختم نمی‌شـود. در روز سوم عیسـی از مردگان برخاست، و او که بر مرگ و گناه غلبه یافته، اکنون حیات خود را به کسانی پیشکش می‌کند که از وی پیروی نمایند. موضوع این فصل از کتاب، نیروی رستاخیز است، حقیقتی که مسیحیان معدودی آن را درک می‌کنند و حتی مسیحیان کمتری بدان تکیه می‌نمایند.

روایت نادرست: من گناهکار هستم

داستان کری نمونهٔ کمیابی نیست. همهٔ ما ممکن است با کشمکش‌های او به‌نحوی دست به گریبان باشیم، تنها شاید نوع وسوسه‌ها و گناهان فرق داشته باشد. مسـیحیان، یعنی آنهایی که مسیح را به‌عنوان خداوند خود

پذیرفته‌اند و در جهت پیروی از او می‌کوشـــند، خود را درگیر کشمکش می‌یابند. ما همه می‌دانیم که گناه بد است و هیچ‌وقت نمی‌گوییم: «امروز قصد دارم گناه کنم.» و با وجود این مکرراً خودمان را در حال ارتکاب گناه می‌یابیم، شاید نه از آن گناهان به اصطلاح بزرگ، بلکه گناهان «کوچک» (دروغ مصلحت‌آمیز، حسد بردن به دارایی‌های همسایه، نگرانی مفرط، داوری کردن دیگران). ما آن‌گونه نیستیم که باید باشیم.

شیوع و استیلای ظاهریِ گناه در زندگی ما باعث می‌شود مانند کری به این نتیجه برسیم که هویت‌مان از اساس «گناهکار» است. یقیناً «گناهکار» بودن واقع‌گرایانه‌تر اســـت تا «قدیس» بودن. کی، من؟ قدیس؟ شـــوخی می‌کنی. تجربهٔ ما این روایت را تأیید می‌کند که ما ســـراپا گناهکاریم. این منطقی‌تر به نظر می‌رسد: من گناهکار هستم، و این واقعیت توجیه می‌کند که چرا این‌قدر زیاد گناه می‌کنم.

الاهی‌دانان بزرگ که به‌طور قطع آدم‌هایی باهوش‌تر از ما هســـتند، چنین نتیجه گرفته‌اند که اصل و جوهر ما گناه‌آلود است. مارتین لوتر، در فرمول‌بندی شعار اصلاح‌گرانهٔ معروف خود گفت که مســـیحیان "simul justus et peccator" هستند، که معنی‌اش می‌شـــود: «همزمان پارسا و گناهکار.» این روش لوتر برای استدلال علیه این عقیده بود که با اعمال‌مان می‌توانیم شایستگی لازم برای نجات را به‌دست آوریم. ما نجات می‌یابیم، پارسا شمرده می‌شویم و با خدا آشتی داده می‌شویم، و در عین حال گناهکار هم هستیم.

روایت «من گناهکار هســـتم» را کی شنیده‌اید؟ کی آن را به‌کار برده‌اید؟

با وجود اینکه ایدهٔ گناهکار بودن مســـیحیان حقیقی به نظر می‌رسد و الاهی‌دانان گذشـــته و حال نیز آن را به‌روشنی بیان کرده‌اند، اما من به این نتیجه رســـیده‌ام که این تعلیم غلط است. غلط است چون روایتی نیست که در عهدجدید آمده باشـــد. همچنین غلط است زیرا به‌کلی غیرمنطقی،

متناقض و متعارض است. به قول دیوید سی. نیدهم (David C. Needham): «چه چیزی دلسردکننده‌تر از اینکه مسیحی باشی و با خودت بیندیشی که پیش از هر چیز گناهکاری خودمحوری، در صورتی که هدفت در زندگی پدید آوردن تقدسی خدامحور است؟»

این همان کشمکشی است که کری در وجود خود یافته بود، هرچند آن را به‌گونه‌ای دیگر توصیف کرد. او به من گفت که گناهکار است، و با این حال عمیقاً با مسئلهٔ گناهش مشکل دارد. مثل درخت سیبی است که با سیب‌هایی که بر شاخه‌هایش رشد می‌کنند، مشکل داشته باشد. تعلیمی که می‌گوید ما ذاتاً و از ریشه گناهکار هستیم، منجر به شکست می‌شود. من اعتقاد دارم اکثر مسیحیان درک ناقصی از هویت خود در مسیح دارند، و همین درک ناقص برای‌شان باعث دلسردی بسیار می‌شود و زندگی مسیحیِ کم‌عمقی به‌بار می‌آورد.

کری بدین‌خاطر پیش من آمد که از اعمال خود سرخورده و مأیوس شده بود. اما وقتی من در او نگریستم، چیز دیگری دیدم. من یکی از فرزندان خدا را دیدم، کسی که مسیح در او سلوک دارد، یکی از اهالی ابدیت که به خون مسیح خریداری شده و قدرت و حضور خدا در او دمیده شده، اما زندگی توأم با غم، ترس و شکست را تجربه می‌کند. چیزی که من از کری خواستم این نبود که از رفتار ناپسندش دست بکشد، بلکه خواستم در مسیح زندگی عمیق‌تری داشته باشد؛ زندگی توأم با پری، گرمی، خوشی و قدرتی که او تا آن زمان تجربه نکرده بود. برای این کار، ما می‌بایست زمان زیادی را با یکدیگر صرف مطالعهٔ کتاب‌مقدس می‌کردیم. روایت «من گناهکار هستم» او عمیقاً در ذهنش نقش بسته بود. فقط انبوهی از متون کلام خدا می‌توانست روایت نادرستش را به او خاطرنشان کند.

روایت عهدجدید: من قدیس هستم

در خلال انجام این کار می‌بایست روایت عیسی را جایگزین روایات نادرست می‌کردیم. پیشتر اشاره کردم که خدا ما را با خودش آشتی داده

اســـت تا بتوانیم با او در پادشاهی‌اش زندگی کنیم. این تازه شروع فرایند تبدیل شـــدن به قوم مقدسی اســـت که خدا انتظارش را از ما دارد. گرِگ جونز (Greg Jones) ضرورت این تغییر روایت را چنین بیان می‌کند:

> آمرزیده شدن از جانب خدا و وارد شدن به حیات پادشاهی خـــدا، یعنی انتقال یافتن از روایت گناهِ مرگ‌آفرین به روایت آشـــتی و مصالحه با خدا در مســـیح. و در این روایت اخیر گناهان ما بخشوده شده تا بتوانیم از طریق توبهٔ مادام‌العمر و بخشایش، مقدس شدن را بیاموزیم.

جونز درســـت می‌گویـــد؛ اول از همه، روایات ما بایـــد تغییر کنند. روایت «من گناهکار خیلی بدی هســـتم»، باید جایش را به روایتی بدهد که می‌گوید: «در مسیح من دیگر با گناه تعریف نمی‌شوم. من با خدا آشتی داده شده‌ام. گناه شکست خورده.»

عیسی نه تنها گناهان همهٔ مردمان را در همهٔ اعصار می‌بخشاید، بلکه قدرت خودِ گناه را نیز در هم شکســـته اســـت. این بدان معنی نیست که همه نجات می‌یابند. فقط کســـانی که نام او را بخوانند این بخشـــایش را تجربه می‌کنند.

خـــدا نه تنها می‌خواهد که ما با او آشـــتی کنیم، بلکه می‌خواهد ما را تبدیل ســـازد. او نه فقط ***حس تقصیر*** گناه، بلکه ***قدرت*** گناه را هم از میان برداشـــت. پیروان مسیح نه تنها شایســـتگی دریافت کار او بر صلیب را می‌یابند، بلکه با ایمان خود عملاً در مصلوب شـــدن او شریک می‌شوند. پولس در این رابطه می‌گوید: «زیرا می‌دانیم آن انسان قدیمی که ما بودیم، با او بر صلیب شـــد تا پیکر گناه درگذرد و دیگر گنـــاه را بندگی نکنیم» (رومیان ۶:۶). ما نه فقط بخشـــوده شـــده‌ایم، بلکه در مرگ و رستاخیز مسیح نیز شـــراکت داریم. نه اینکه من سعی دارم مانند عیسی زندگی‌ای عاری از گناه داشـــته باشم؛ این خودِ عیسایِ عاری از گناه است که اکنون در من زندگی می‌کند.

هر چند وقت یک‌بار با این پیام روبه‌رو می‌شوید که شما «کسی هستید که مسیح در وجودتان سلوک دارد»؟

عبارت ***در مسیح*** یا ***در خداوند***، ۱۶۴ بار در نامه‌های پولس تکرار شده است. آیا این واقعیت نباید ما را به‌سوی یافتن معنای «در مسیح» بودن رهنمون شود؟ به اعتقاد من این عبارت را روایت غالب دیگری که می‌گوید: «عیسی آن‌سو است و منِ گناهکار این‌سو»، تحت‌الشعاع قرار داده است. عهدجدید عیسی را از پیروانش جدا نمی‌داند. اتفاقاً کسانی که به عیسی اعتماد می‌کنند، او را در خود دارند. مسیحیان قومی هستند که مسیح در آنها ساکن است.

مسیحیان صرفاً گناهکاران آمرزیده شده نیستند، بلکه گونه‌هایی جدید به‌شمار می‌روند: افرادی که عیسی در ایشان مسکن گزیده است و از همان حیات جاویدانی برخوردارند که او دارد. عهدجدید دربارهٔ این موضوع هیچ ابهامی باقی نمی‌گذارد. برای تأیید این واقعیت چندین عبارت کتاب‌مقدسی وجود دارد. با دقت، لحنِ به‌کار رفته در آیات زیر را در توصیف هویت راستین پیروان مسیح، مورد توجه قرار دهید:

> خدا چنین اراده فرمود که بر ایشان آشکار سازد که این راز از چه جلال عظیمی در میان غیریهودیان برخوردار است، رازی که همانا ***مسیح در شماست***، که امید جلال است. (کولسیان ۲۷:۱)

> آن زمان که در گناهان و حالت ختنه‌ناشدهٔ نَفْس خود مرده بودید، خدا شما را ***با مسیح زنده کرد***. او همه گناهان ما را آمرزید. (کولسیان ۱۳:۲)

> زیرا من به‌واسطهٔ خود شریعت، نسبت به شریعت مردم تا برای خدا زیست کنم. با مسیح بر صلیب شده‌ام، و دیگر من نیستم که زندگی می‌کنم، بلکه ***مسیح است که در من زندگی می‌کند***. (غلاطیان ۱۹:۲–۲۰)

> پس اکنون برای آنها که ***در مسیح عیسی*** هستند، دیگر هیچ محکومیتی نیست. (رومیان ۱:۸)

> آیـــا نمی‌دانید که ***بدن شـــما معبد روح‌القدس اســـت*** که در شماست و آن را از خدا یافته‌اید، و دیگر از آن خود نیستید؟ (۱قرنتیان ۱۹:۶)
>
> اما اگر ***مســـیح در شماســـت***، هر چند بدن شما به علت گناه مرده اســـت، اما چون پارسا شمرده شده‌اید، روح برای شما حیات است. (رومیان ۱۰:۸)
>
> زیرا مردید و ***زندگی شما*** اکنون ***با مسیح در خدا پنهان است.*** (کولسیان ۳:۳)

با وجود این که اینها تنها نمونه‌هایی اندک از آیات کلام خدا هســـتند که توضیح می‌دهند مسیحیان «در مســـیح‌اند»، اما همین تعداد هم برای کری کافی بود تا بفهمد فرضیاتش اشـــتباه بوده‌اند. او به من گفت: «من هرگز حتی فکرش را هم نمی‌کردم که عیســـی در من باشد.» از همین جا بود که من دریافتم اکثر مسیحیان این مطلب را نمی‌دانند.

همهٔ مخلوقات تازه

به مجردی که کری دید و متقاعد شـــد که عهدجدید به کرات تعلیم می‌دهد که مسیح در مسیحیان ساکن است، پرسش بعدی‌اش سرراست و دقیق شد و اصل مطلب را نشانه رفت. او پرسید: «در مسیح بودن یعنی چه؟» برای پاسخ دادن به پرسش او، هر دو با هم شروع کردیم به بررسی دقیق‌تر یک آیه: «پس اگر کسی در مسیح باشد، ***خلقتی تازه*** است. چیزهای کهنه درگذشت؛ هان، همه چیز تازه شده است!» (۲قرنتیان ۱۷:۵).

کری در ارتباط با این آیه چند پرســـش مطـــرح کرد: «خدا چطوری ایـــن کار را کرد؟ ***خلقت تازه*** دقیقاً چیســـت؟ و چه تفاوتی در زندگی ما به‌وجود می‌آورد؟»

در جوابش گفتم: «آیا تو می‌دانی پروانه چگونه پروانه می‌شود؟ قطعاً می‌دانی. این یک تشبیه بسیار خوب است. پروانه زمانی کرم ابریشم بوده؛ کرم! فقط می‌توانســـت بخزد. توانایی پرواز کردن نداشت. بعد وارد پیله

شـــد و تبدیل به شفیره گشت. جالب است که بدانی Chrysalis (شفیره) با Christ (مسیح) به‌طرز متناسبی همریشـــه است. سرانجام پیله پاره شده، پروانه از آن بیرون می‌آید، در حالی کاملاً تبدیل شـــده است. آن مخلوق کهنه درگذشـــت. اکنون مخلوق تازه از راه رسیده است. او که زمانی تابع نیـــروی جاذبه بود، حـــالا می‌تواند پرواز کند. مســـیحیان هم زمانی زیر سیطرهٔ گناه بودند، اما اکنون می‌توانند در آزادی زندگی کنند.»

او گفت: «جیم، واقعاً از این تشـــبیه خوشم آمد. فکر کنم موضوع را فهمیدم.»

گفتـــم: «حالا می‌توانی ببینی که چرا این‌قدر برایم دردناک اســـت که بسیاری از مسیحیان مطلب را نمی‌گیرند؟ هر وقت می‌شنوم که شخصی مســـیحی می‌گوید "من فقط گناهکاری هســـتم که محض فیض نجات یافته." می‌خواهم بگویم: "این حرف تو مثل این اســـت که پروانه بگوید، من فقط کرمی هستم که بال درآورده".»

هر دو خندیدیدیم. بعد من چنین نتیجه‌گیری کردم: «تو به‌عنوان پیرو مســـیح، کاملاً با خدا آشتی داده شده‌ای. خدا دیگر با تو بر مبنای گناهت برخورد نخواهد کرد. تو برای همیشه آمرزیده شده‌ای. همچنین تو دیگر مخلوقی کاملاً تازه هســـتی؛ وجود کهنه تو درگذشت، و اکنون با مسیح زنده شده‌ای. بالاخره اینکه، تو هرگز نخواهی مرد. عیسی با برخاستنش از مردگان، مرگ را مقهور کرد و به‌جای آن، تازگی، یعنی حیات جاودان را به تو ارزانی داشـــت. تو اکنون دیگر شـــخصی کاملاً تازه هســـتی که می‌توانی آســـمان را تجربه کنی و با آخرین نفس زمینی‌ات، به‌طور کامل جـــلال بیابی. این مثل یک هدیهٔ خوب و زیبا اســـت که تنها می‌تواند از طرف خدایی خوب و زیبا به‌دستت برسد.»

سطح آگاهی خودتان را نســـبت به حیات مسیح در وجودتان بیان کنید. توضیح بدهید که چگونه حیات مســـیح کلید هویت مسیحی شما است.

کری پرسید: «من حرف‌هایت را کاملاً متوجه می‌شوم. اما کمکم کن تا این را هم بفهمم که چرا هنوز با گناه دست به گریبان هستم. چرا پروانه هنوز می‌خواهد مانند کرم عمل کند؟»

گناه باقی می‌ماند اما نباید تسلط داشته باشد

در مسیح، ما برای زندگی تازه با عیسی برخیزانیده شده‌ایم. به ما هویتی تازه بخشیده شده است؛ هویتی که مسیح در آن سلوک دارد. ما روح‌القدس را دریافت کرده‌ایم که در ما مسکن (سلوک) گزیده است. ما مسیح را در بر کرده‌ایم (کولسیان ۳:۱۰). حالا دیگر ما شهروندان آسمانیم. اکنون روح ما همچون یکی از فرزندان محبوب خدا فریاد می‌زند: «اَبّا! پدر!» (رومیان ۱۵:۸). با این همه، حتی با وجود اینکه به لحاظ روحانی آدم‌های تازه‌ای شده‌ایم، اما هنوز در بدن‌های کهنه‌مان زندگی می‌کنیم، بدن‌هایی که بقایای گناه را در خود دارند. هنوز روایت‌های خودمان را داریم، هنوز خاطرات قدیمی و عادات قدیمی خودمان را. هنوز در دنیایی زندگی می‌کنیم که تمام‌قد در برابر حقیقت خدا به ضدیت ایستاده است. از این‌رو است که حتی پس از تولد تازه هم با گناه دست به گریبانیم.

کتاب‌مقدس این قضیه را به‌صورت کشمکش روح در برابر جسم توصیف می‌کند. کلمهٔ **جسم** (به یونانی sarx) به زیستن جدا از خدا دلالت می‌کند. sarx یا نَفْس امّاره آن چیزی است که وقتی ارتباط‌مان با خدا قطع است و به راه خود می‌رویم، به بار می‌آوریم. پولس می‌نویسد: «زیرا تمایلات نَفْس برخلاف روح است و تمایلات روح برخلاف نَفْس؛ و این دو بر ضد هم‌اند، به‌گونه‌ای که دیگر نمی‌توانید هر آنچه را که می‌خواهید، به‌جا آورید» (غلاطیان ۱۷:۵). پولس این را خطاب به مسیحیان تولد تازه یافته نوشت، کسانی که «مسیح در آنها ساکن است.» جدال میان نَفْس امّاره (sarx) و روح با تعمید آب گرفتن ما پایان نمی‌پذیرد؛ راستش را بخواهید، دقیقاً از همان موقع تازه آغاز می‌شود.

جان وسلی (John Wesley)، بنیانگذار جنبش متدیست مطلب را بدین‌گونه بیان می‌کند: «متولدان در مسیح مقدس‌اند، اما نه به‌طور کامل.

از گناه نجات یافته‌اند، اما نــــه کاملاً. گناه همچنان باقی می‌ماند، اما دیگر تسلطی ندارد ... ما "به‌واسطهٔ خون صلیب با خدا آشتی داده شده‌ایم" و از همان لحظه ... جسم دیگر بر ما سیطره ندارد.» ژان کالون (John Calvin) اصلاحگر هم نوشــــتهٔ مشــــابهی دارد: «از آنجایی که برای مدتی دراز در قفس تن‌مان محبوس شده‌ایم، آثار گناه کماکان در ما باقی خواهند ماند؛ اما اگر وفادارانه به وعده‌هایی که خدا در هنگام تعمید می‌دهد، اســــتوار بمانیم، آثار گناه دیگر بر ما سلطه یا حاکمیتی نخواهند داشت.»

در زندگی زمینی آثار و نشانه‌های گناه همچنان با ما باقی می‌مانند.

ما به‌طرز جدایی‌ناپذیری با جسم رستگاری‌نیافته‌مان به هم پیوسته‌ایم. بدن‌های ما فانی است. نه تنها اســــتخوان‌ها و ماهیچه‌ها، غدد و حواس، بلکه ذهن و احساســــاتمان هم. این مجموعهٔ گسترده و پیچیده از عناصر الکتریکی و شیمیایی، به لحاظ فرهنگی، ژنتیکی، شیطانی (در مواقعی)، جغرافیایی و آسیب‌شناختی تحت تأثیر فناپذیری است.

نَفْس امّاره (sarx) نباید بر ما مســــلط باشد، ولی زمانی که ارتباط‌مان با مسیح قطع می‌شود، پذیرای خواسته‌هایش می‌شویم. تکرار اعمال گناه‌آلود از نیازهایی ناشی می‌شوند که در اشتیاق ارضا شدن هستند اما نمی‌توانند ارضا شــــوند. با این حال، ما -که دیگر زیر گناه نیستیم (رومیان ۶:۱۴)- به‌ســــوی گناه کشیده می‌شویم تا چیزی را که بدان احساس نیاز می‌کنیم، بیابیم.

این خیلی مهم است چون بسیاری از مسیحیان، مثل کری، از ظرفیتی که پس از ایمان آوردن، برای ارتکاب به گناه دارند، حیرت‌زده می‌شوند. با اینکه گناه عملاً پیش از ایمان آوردن نیز هنجار به‌شمار نمی‌رفت (حتی بی‌ایمانان هم در مورد گنــــاه نمی‌گویند: «آه، واقعاً که گناه زندگی را بهتر می‌کند!»)، اما گناه کردن پس از ایمان آوردن به مســــیح بیشــــتر موجب تشــــویش می‌شود. آگاهی از این کشــــمکش و انتظارش را داشتن، برای رویارویی با آن به مــــا کمک خواهد کرد؛ و دیگر غافلگیر نمی‌شــــویم. پیش‌آگاهی به ما کمک می‌کند تا خود را از قبل مسلح سازیم.

توضیح بدهید که چگونه ممکن است با اینکه گناه همچنان در وجود شخص مسیحی باقی مانده است، قدرتش درهم‌شکسته و دیگر نباید بر او مسلط باشد.

جان وسلی می‌گوید که برای آماده بودن در برابر گناه، باید در نظر داشته باشیم که بقایای آن هنوز وجود دارد. به نظر وسلی پندارِ اشتباهِ مصونیت در برابر گناه «ما را به خواب غفلت فرو برده، نمی‌گذارد در مقابل طبیعت شیطانی- معشوقی که به ما گفته‌اند رفته است، حال آنکه هنوز در آغوش‌مان خفته- به دیده‌بانی و مراقبت مشغول باشیم. غفلت سپر ایمانداران ضعیف را از هم می‌درد، از ایمان محروم‌شان می‌سازد، و در برابر حملات دنیا، جسم [نَفْس امّاره] و شریر، بدون حفاظ رهای‌شان می‌کند.» البته بهترین راه برای جلوگیری از شکست در برابر وسوسه این است که به مسیح که در ما سلوک دارد، وفادار بمانیم. عیسی خود فرمود که لازم است در او بمانیم.

راه و روش نوین زندگی: سلوک در مسیح

از آنجایی که من اکنون شخصی جدید و خلقتی تازه شده‌ام، پس باید به شیوه‌ای نوین هم زندگی کنم. من به‌عنوان کسی که عیسی در درونش سلوک دارد، اکنون می‌توانم آن‌گونه زندگی کنم که عیسی زندگی می‌کرد: با وابستگی محض به خدا، در رابطه‌ای عمیق و صمیمی با او، با تکیهٔ کامل به خدا- نه بر نیروی اراده‌ام- برای داشتن زندگی مسیحی. عیسی برای تشریح این روش نوینِ زندگی از تمثیل تاک استفاده نمود:

> در من بمانید، و من نیز در شما می‌مانم. چنانکه شاخه نمی‌تواند از خود میوه آورد اگر در تاک نماند، شما نیز نمی‌توانید میوه آورید اگر در من نمانید. من تاک هستم و شما شاخه‌های آن. کسی که در من می‌ماند و من در او، میوهٔ بسیار می‌آورد؛ زیرا جدا از من، هیچ نمی‌توانید کرد. (یوحنا ۱۵:۴-۵)

عیســـی (تاک) نیروی حیات‌بخشی است که در وجود ما (شاخه‌ها) جریان دارد، و بدین‌ترتیب اســـت که ما میوه (محبت، شادی، آرامش، و غیره [غلاطیان ۵:۲۲]) به بار می‌آوریم. شاخه‌ها اگر از تاک بریده شوند، دیگـــر نمی‌توانند میوه دهند. همان‌طور که نیروی باروری در شـــاخه‌ها نیست، قوت برای داشتن زندگی مسیحی هم در ما وجود ندارد. به‌راستی، ما جدا از عیسی هیچ نمی‌توانیم بکنیم.

از همین‌رو اســـت که پولس می‌گوید: «دیگر من نیســـتم که زندگی می‌کنم، بلکه مســـیح اســـت که در من زندگی می‌کند» (غلاطیان ۲:۲۰). وقتی ما خودمان را از مسیح جدا می‌سازیم، حیات او دیگر در ما جریان ندارد، درست مانند شـــاخهٔ بریده از تاک که دیگر زندگی در آوندهایش جاری نیست. ولی ما به معنای واقعی کلمه در طبیعت الاهی عیسی شریک و سهیم هستیم: «او به‌واسطهٔ اینها وعده‌های عظیم و گرانبهای خود را به ما بخشیده، تا از طریق آنها شریک طبیعت الاهی شوید و از فسادی که در نتیجهٔ امیال نفســـانی در دنیا وجود دارد، برهید» (۲پطرس ۱:۴). من خدا نیستم، اما به من طبیعتی نو داده شده است. با حیات و قدرت مسیح است که استعدادهای من شکوفا می‌شوند.

بعد از اینکه همهٔ اینها را برای کری توضیح دادم، او پرسید: «پس کلید کار، سلوک در مسیح است. چگونه این کار را بکنیم؟»

گفتم: «ســـلوک در مســـیح یعنی آرام و قرار گرفتن و تکیه کردن بر عیســـی، همان عیسایی که بیرون از وجود ما به داوری‌مان نایستاده، بلکه در درون ماســـت تا به ما نیرو ببخشـــد. هرچه عمیق‌تر نسبت به هویت خودمان در مسیح و حضور و قدرت او در خود آگاه باشیم، طبیعتاً بیشتر می‌توانیـــم در او ســـلوک کنیم. باید روایت درســـت را انتخاب کنیم، به تمرین‌های روحانی بپردازیم و آگاهی‌مان از حقیقت عمق بیشـــتری پیدا کند. در آخر این را هم اضافه کنم که راه عیسی آسان است. خود او گفت که یوغش راحت و بارش ســـبک اســـت (متی ۱۱:۳۰). ما معمولاً سعی می‌کنیم با قوت خودمان کاری را انجام دهیم که فکر می‌کنیم عیسی از ما می‌خواهد؛ درست مثل تو که آن دستبند را به دستت بسته‌ای. اما این کار

نشـــدنی است. در عوض، "ما قدرت هر چیز را داریم در او که ما را نیرو می‌بخشد" (فیلیپیان ۱۳:۴).»

چگونه در مسیح سلوک کنیم؟ آیا تا به حال این کار را کرده‌اید؟ فکر می‌کنید سلوک در مسیح تا چه اندازه بتواند در رویارویی با وسوسه‌ها کمک‌تان کند؟

هیچ‌کس نتوانسته این حقیقت را بهتر از جیمز اس. استوارت بیان کند. او در کتاب معروف خود، ***انسانی در مسیح*** (A Man in Christ)، چنین می‌نویسد:

> «مسیح در مــن» یعنی چیزی کامـلاً متفاوت بـا ایده‌آلی غیرممکن ... «مسیح در من» یعنی اینکه مسـیح از درون مرا تحمل می‌کند، مسـیح نیروی محرکی است که مرا پیش می‌برد، مسـیح به کل زندگی من ارج و وقار می‌بخشد و هر باری را بال می‌ســازد ... نه چون وزنــه‌ای که بر دوش من است، بلکه چون چیزی که بدان تولد یافته‌ام.

سگ‌های روستایی و سگ‌های شهری

آیا می‌دانید سـگ‌های روستایی با سگ‌های شهری چه فرقی دارند؟ این مثالی جالب در مورد هویت تازهٔ ما در مسـیح و نحوهٔ سپری کردنِ زندگی مسـیحی توسط ما است. سگ روسـتایی در فضای باز و وسیع زندگی می‌کند و برای گشتن آزادی عمل زیادی دارد. می‌تواند در امتداد جوی آب برود، با راسـوها کشتی بگیرد، زیر آفتاب بر علفزار بخوابد یا دنبال غذا بگردد. اولش چنین است، اما پس از مدتی همه چیز برای سگ روسـتایی یکنواخت می‌شـود: زندگی در همان مکان قدیمی؛ روزها از پس یکدیگر می‌گذرند؛ گوشـهٔ ایوان خانهٔ ارباب. کم‌کم گشتن در دشت و دمن برای سگ روسـتایی خسته‌کننده می‌شود و از این گشتن‌ها زخم و خراش بر تنش می‌نشـیند. بنابراین پس از مدتی ترجیح می‌دهد کنار

دست ارباب بماند. خدا را چه دیدی؟ شاید ارباب بیسکوئیتی مهمانش کرد یا دست نوازشی بر سر و شکمش کشید.

سگ شهری کاملاً متفاوت است. سگ شهری در خانه حبس است و بیرون رفتن برایش قدغن شده. سگ شهری تنها یک هدف دارد: بیرون رفتن! سگ شهری یاد گرفته که چه زمان و چگونه درها بازمی‌شوند، و چطور می‌شود به امید فرار به در ضربه زد. به محض آنکه در باز می‌شود، سگ شهری بیرون می‌دود. صاحب سگ شهری شاید دنبالش بدود یا حتی مجبور شود سوار ماشین شده خانه به خانه دنبال سگ فراری بگردد و مرتباً اسمش را صدا بزند و خواهش کند به خانه برگردد. اگر سگش را ببیند، احتمالاً باید بیسکوئیتی رشوه بدهد یا قلاده‌ای به گردنش بیندازد تا بتواند آن را به خانه برگرداند.

آنهایی که به زندگی مسیحی به چشم مجموعه‌ای از قوانین و مقررات و امر و نهی فراوان نگاه می‌کنند، شبیه سگ‌های شهری هستند. من به تجربه دریافته‌ام که بسیاری از مسیحیان احساس در قید و بند بودن و محدود بودن می‌کنند و دوست دارند از مقررات بگریزند. می‌دانم، چون خودم هم یکی از آنها بوده‌ام. کسانی که هویت‌شان در مسیح را درک می‌کنند، مثل سگ‌های روستایی هستند. آنها خوب می‌دانند که زیر شریعت نیستند و می‌دانند که می‌توانند گناه کنند، و چون در گذشته گناه کرده‌اند، این را بهتر از دیگران می‌دانند. آنها بیشتر راضی به این هستند که نزدیک ارباب‌شان باشند. یکی از نویسندگان ارتودکس مطلب را بدین‌گونه بیان می‌کند: «زندگی روحانی زندگی بر پایه قوانین و احکام نیست، بلکه زندگی بر اساس مشارکت، مهربانی و محبت است، زندگی‌ای که با خدا آمیخته و ممزوج شده است.»

کدام‌یک از تمثیل‌های این کتاب در ارتباط با رابطهٔ ما با مسیح (اعم از تاک و شاخه‌ها، معبدی که روح‌القدس در آن ساکن است، پروانه، یا سگ‌های روستایی)، به بهترین شکل مفهوم ماندن در مسیح را توضیح می‌دهند و بیشتر از همه مایهٔ تشویق شما می‌شوند؟

مَسکَنِ پُرِیِ خدا

آنچه قبلاً گفتم شاید برای عده‌ای تکان‌دهنده به نظر برسد: مسیحیان «می‌توانند گناه کنند.» این بدان معنا نیست که ایشان می‌باید گناه کنند. ما برای گناه کردن آفریده نشده‌ایم؛ در واقع نسبت به آن مرده‌ایم. اما به‌طور قطع توانایی ارتکاب گناه را داریم و گناه هم می‌کنیم. ما مسیحیان زیر شریعت نیستیم (رومیان ۱۴:۶). هیچ مجموعه قوانین و مقررات یا فهرستی از «بکن، نکن» برای تعریف شخص مسیحی وجود ندارد. حس تقصیر نیز به‌عنوان انگیزش به مرور زمان تأثیرش را از دست داده است. اما این سخن بدان معنا نیست که ما هرچه دل‌مان بخواهد می‌توانیم انجام دهیم. پولس این مطلب را بدین‌گونه بیان می‌کند: «"همه چیز بر من جایز است"، اما همه چیز مفید نیست. "همه چیز بر من رواست"، اما نمی‌گذارم چیزی بر من تسلط یابد» (۱قرنتیان ۱۲:۶).

من برای انتخاب اینکه چه بکنم یا نکنم، آزاد هستم. ولی به این نکته توجه داشته باشید: ***آن انتخاب‌ها می‌باید در پرتو هویت من صورت بگیرند، نه اینکه تعیین‌کنندهٔ هویت من باشند.*** من کسی هستم که مسیح در او ساکن است، و همین باید در انتخاب‌هایم راهنمای من باشد. آیا این فعالیت برای من مفید است؟ آیا آن اقدام مرا اسیر می‌سازد؟ اینها پرسش‌هایی هستند که ما اکنون از خود می‌پرسیم. اکنون روح‌القدس است که ما را هدایت می‌کند، و رمز تقدس همین است. درک هویت راستین و عمل کردن بر اساس آن، انگیزه‌ای بس قوی‌تر از حس تقصیر است.

در این موقع به کری گفتم: «تماشای آن مزخرفات در تلویزیون، آیا حقیقتاً با هویت تو هماهنگی یا سنخیتی دارد؟»

گفت: «نه. قبلاً که فکر می‌کردم گناهکاری فاسدم، پاسخم مثبت بود. الآن می‌بینم که شخصی که فکر می‌کند گناهکار است، حتی اگر تلویزیون را هم خاموش کند، ممکن است ته دلش با حسرت مایل به روشن کردن دوبارهٔ آن باشد. اما کسی که می‌داند در مسیح کیست، می‌تواند یاد بگیرد که بدون پشیمانی و میل به برگشت، تلویزیون را خاموش کند.»

در آن لحظه فهمیدم که او متوجه مطلب شده است.

یکی از داستان‌های مورد علاقهٔ من، حکایت جان اهل کرونشتات (John of Kronstadt) است. او کشیشی ارتودکس و روس است که در سدهٔ نوزدهم زندگی می‌کرد؛ در دورانی که مصرف بی‌رویهٔ الکل امری فراگیر بود. هیچ‌یک از کشیشان جرأت نداشتند برای کمک به مردم از کلیسا بیرون بیایند. آنها همان‌جا منتظر نشسته بودند تا مردم خود به سراغ‌شان بروند. جان از سر محبت برای نجات مردم پا به خیابان‌ها گذاشت. مردم می‌گفتند که او افراد مست و بدبو را از توی جوی‌های خیابان بلند می‌کرده، زیر بازوان‌شان را می‌گرفته و بدیشان می‌گفته: «این دون شأن و منزلت شماست. قرار بوده که شما مَسکنِ پری خدا باشید.» من عاشق این جمله هستم: *قرار بوده که شما مَسکنِ پری خدا باشید*. این جمله توصیف‌کنندهٔ من و شما است. رمز سلوک در تقدس، پی بردن به هویت حقیقی‌مان است.

قدرت خدا در ضعف ما

ما هم می‌توانیم مانند جان کرونشتات به ایمانداران شکسته و ضعیف بگوییم: «شکستگی و ضعف شما معرف هویت شما نیست.» مسیح در شما سلوک دارد. قرار بوده که شما مَسکنِ پریِ خدا باشید. ما بدیشان همچون پسر گمشده خوش‌آمد می‌گوییم و آنها را به حقوق حقه‌شان می‌رسانیم، حتی اگر در پذیرش آن مشکل داشته باشند. و به آدم‌هایی نظیر کری- یعنی «برادرهای بزرگتر» خوب و درستکار، آنهایی که سخت می‌کوشند و شکست می‌خورند- نیز همان پیغام را می‌دهیم. برای آنهایی که در جهت کامل بودن دست و پنجه نرم می‌کنند، پیغام همان است: شما کسانی هستید که مسیح در آنها سلوک دارد. جلال شما نه در آنچه می‌کنید، بلکه در هویت شماست.

هم زخم‌خورده‌ها و هم شریعت‌زده‌ها لازم است حقیقتِ متناقض‌نمای عمیق‌تری را بشنوند: در ضعف ما است که قدرت خدا آشکار می‌شود! شکستگان و کوبیدگان احساس می‌کنند که دیگر چیزی

برای ارائه ندارند؛ شریعت‌زده‌ها احساس می‌کنند کمال‌شان بدان‌ها ارزش می‌بخشد. هر دو گروه در اشتباهند. ما در عین ضعف و شکستگی خدمت می‌کنیم. دیگران را از طریق آسیب‌پذیری خودمان شفا می‌دهیم، چون این درست همان جایی است که مسیح بیش از همیشه می‌درخشد. پس ما می‌توانیم به مردم چیزی بدهیم که بیش از همه بدان نیازمندند: یعنی عیسی را. هنری نوون (Henry Nouwen) می‌نویسد:

> مسئله این نیست که: چه تعداد از مردم شما را جدی می‌گیرند؟ چقدر قرار است انجام بدهید؟ آیا می‌توانید نتایجی را نشان دهید؟ بلکه این است: آیا شما عاشق عیسی هستید؟ ... در دنیای تنهایی و نومیدی ما، یک نیاز مبرم برای هر زن و مردی وجود دارد و آن نیاز به شناخت دل خدا است؛ دلی که می‌بخشاید، مراقب است، رسیدگی می‌کند و می‌خواهد شفا دهد.

این حقیقت را با کری در میان گذاشتم که قدرت خدا نه در کمال (که توهم و خیال باطل است)، بلکه در ضعف کامل می‌شود (۲قرنتیان ۹:۱۲). به او اطمینان دادم که دیگران هم می‌خواهند همان عیسایی را بشناسند و تجربه کنند که او می‌شناسد؛ همان عیسایی که خود وی زمانی او را شناخت که دست از تلاش برای کسب پذیرشش برداشت و به سادگی دریافتش کرد.

در زندگی خودتان، آیا این متناقض‌نمایی را تجربه کرده‌اید که مسیح از طریق ضعف و آسیب‌پذیری بیشتر می‌درخشد؟ آیا آن را در زندگی کسی که می‌شناسید دیده‌اید؟ توضیح دهید.

دوست و همکارم، پاتریک سل (Patrick Sehl) مدیر گروه خادمان دانشگاه فرندز (Friend University) است؛ دانشگاهی که من هم در آن تدریس می‌کنم. پاتریک خلاقیت عجیبی در بیان کردن موضوعات

انتزاعی و ذهنی به‌صورت عینی دارد. او می‌خواست نحوهٔ خدمت ما به دیگران را از طریق شکستگی‌مان با مثال توضیح دهد. بنابراین، به منظور تشریح این متناقض‌نمایی، یک جعبهٔ مقوایی برداشت و از شاگردانش خواست «جعبه را بزنند.» آنها جعبه را سوراخ سوراخ کردند، با لگد به این طرف و آن طرف پرتاب نمودند و پاره‌اش کردند. بعد او جعبه را روی میز و برابر دیدگان آنها گذاشت. او از قبل زیر جعبه چراغی تعبیه کرده بود. سپس چراغ کلاس را خاموش و چراغ زیر جعبه را روشن کرد. لازم نبود چیز دیگری بگوید. همه منظورش را فهمیده بودند. نور عیسی از میان شکستگی‌های ما بیرون می‌تابد!

مسیح را که در ماست به دیگران نیز بدهیم

روش برخورد عهدجدید با زندگی مسیحی بدین‌ترتیب است که اول به ما می‌گوید که هستیم و به چه کسی تعلق داریم، و بعد تشویق‌مان می‌کند تا به شیوه‌ای شایستهٔ آن هویت زندگی کنیم. کری توانست این را بفهمد و از آن به بعد زندگی‌اش تغییر کرد. او به‌طور خاص با معضل شهوت دست به گریبان بود، و من هم مشخصاً در مورد همان وسوسه با او گفتگو کردم؛ اینکه از کجا می‌آید و چگونه می‌توان با آن مقابله نمود. ولی همان فرایند در مورد هر گناه دیگری که ما را در خود احاطه کرده نیز کاربرد دارد. کتاب دوم از این سری کتاب‌ها، ***زندگی خوب و زیبا***، به‌طور مشخص به این قبیل کشمکش‌ها پرداخته، در مورد روش‌های مقابله با خشم، شهوت، دروغ‌گویی، طمع، نگرانی و نظایر آنها راهکارهایی ارائه می‌کند. اما فرقی نمی‌کند که شرارت از چه نوع است، هویت ما در مسیح مبنای کار ما برای مقابله با آنها است. درک این موضوع قدری زمان می‌برد. روایات کهنه را به سختی می‌توان عوض کرد. ***بهترین رویکرد آن است که در حقیقتِ هویت خودمان در مسیح بیشتر تأمل کنیم، انضباط‌های روحانی را که به حقایق مزبور عمق می‌بخشند، تمرین کنیم و بخشی از اجتماعی باشیم که آن حقایق را استحکام می‌بخشند.***

۱۹۶ فصل هشتم

چند سال بعد، کری برای دیدن من آمد. طی گفتگو، لبخند از لبانش دور نمی‌شد. او گفت: «به گمانم آن روزی که پی به مطلب بردم، درست روزی بود که می‌خواستم به مأموریت بروم. قبلاً عصبی می‌شدم و چنین دعا می‌کردم: "خداوندا، من نمی‌خواهم دوباره ناامیدت کنم." اما این بار هیچ اضطرابی نداشتم. وقتی به اتاق هتل رسیدم، به طرف تلویزیون رفتم و درهای کنسول را بستم و لبخند زدم. با خودم زیر لب چنین نجوا کردم: "من می‌دانم کی هستم. من فرزند خدا هستم. من مَسکنِ پری خدا هستم." هرگز وسوسه نشدم تلویزیون را روشن کنم تا حتی به تماشای اخبار بنشینم. به خودم مغرور نیستم. همان‌طور که آموخته‌ام، می‌دانم که گناه همچنان باقی است. اما دیگر بر من تسلطی ندارد. من از وقت آزادم برای مطالعه و استراحت استفاده کردم. می‌دانستم که ***می‌توانم*** گناه کنم، و می‌دانستم که خدا هنوز مرا دوست دارد. اما ***نمی‌خواستم*** گناه کنم. این زمانی بود که قضیه را فهمیدم و بالاخره در من ریشه زد. هرگز فکرش را هم نمی‌کردم که تا این اندازه ساده باشد.»

وی ادامه داد: «و از همه بهتر اینکه شجاعت پیدا کردم تا داستانم را با کسان دیگری هم در میان بگذارم. اولش می‌ترسیدم مورد داوری قرار بگیرم. اما چنین اتفاقی نیفتاد. در عوض، خیلی‌ها پیشم آمدند و از من خواستند کمک‌شان کنم. هنوز مدتی نگذشته بود که برای کمک به کسانی که با معضل شهوت دست به گریبان هستند، گروهی مسئول تشکیل دادم. هر هفته دور هم جمع می‌شدیم تا یکدیگر را تشویق کنیم. به یکدیگر یادآوری می‌کردیم که چه کسانی هستیم. تغییراتی که من دیده‌ام، فوق‌العاده هستند.»

یکی از کارهای خدا تغییر دادن نام افراد است: ابرام به ابراهیم، سولس به پولس. او نام من و شما را هم عوض می‌کند: از گناهکار به قدیس، از کسی که در انزوا زندگی می‌کند، به کسی که مسیح در او سلوک دارد. او شکسته را می‌گیرد و با فیضش مرمت می‌کند. او به‌واسطهٔ همان شکستگی‌های ما که واقعاً به فیض او نیاز دارند، به افراد دیگر کمک می‌کند.

پرورش روح

خلوت‌گزینی

هدف اصلی این فصل کمک به شما برای درک هویت‌تان بوده است. مسیحیان کسانی هستند که مسیح در وجودشان سلوک دارد. اما از آنجایی که احتمال دارد ما احساسی را که نسبت به خود داریم بر پایهٔ روایات نادرست («من واقعاً خوب هستم»، «من واقعاً بد هستم»، «من زیبا هستم»، یا «من چاق هستم») بنا کرده باشیم، لازم است فعالیتی در پیش بگیریم تا به تجربهٔ این روایت جدید کمک کند، یعنی خلوت‌گزینی.

خلوت‌گزینی یعنی سپری کردن زمانی به دور از دیگران. ما معمولاً خلوت را وقتی تجربه می‌کنیم که بر حسب تصادف کسی اطراف‌مان نیست. اما این خلوت‌گزینی مورد نظر من نیست. خلوت مؤثر زمانی است که آگاهانه و به عمد با خودمان و خدا تنها باشیم. در این مواقع است که خدا در حیطهٔ هویت ما، دست به عملی قدرتمند می‌زند. دالاس ویلارد می‌نویسد:

> با ورود به سکوت و خلوت‌گزینی، از مطالبه کردن از خدا دست می‌کشیم. همین که خدا خداست و ما از آنِ او هستیم، کفایت می‌کند. می‌آموزیم که روح داریم، که خدا اینجا است، و این جهان «سرای پدر من» است. این معرفت از خدا به‌طور فزاینده‌ای جای مشغولیات مفرط و خودبزرگ‌بینی را که سکان هدایت اکثر انسان‌ها، و از جمله مذهبیون را در دست دارد، می‌گیرد.

وقتی برای مدتی از مردم کناره می‌گیریم، دیگر کسی نیست تا روی ما تأثیر بگذارد، عقایدی را در ذهن ما بکارد و تصور ما را از زندگی دستخوش فراز و نشیب سازد. بگذارید مثالی بزنم. چند سالی بود که

برای گذراندن نصف روزی در خلوت و تنهایی راهی سفرهای پراکنده به کلبه‌ای در نواحی نزدیک می‌شدم و اوقاتم را به استراحت و دعا می‌گذراندم. روی میز تحریر کلبه نشانی قرار داشت:

به این خلوت‌گاه خوش آمدید
با خیال راحت نقاب‌تان را بردارید

چون کسی آن اطراف نبود، می‌توانستم خودم باشم. هیچ نیازی نبود باهوش یا شوخ‌طبع یا زیرک جلوه کنم. و بعد از آنکه با خودم روبه‌رو می‌شدم، در مقابل خدا قرار می‌گرفتم. و خدا- نه دنیا، نه دوستان یا اعضای خانواده‌ام- شکل دادنِ هویتم را آغاز می‌کرد.

کلامی خطاب به اشخاص برون‌گرا

بدون شک برخی از ما از خلوت‌گزینی احساس اضطراب خواهیم کرد. پاتریک سل، یکی از دوستان و همکارانم که قبلاً از او یاد کردم، به من گفت: «از میان همهٔ تمرین‌هایی که تو طی سالیان به من آموخته‌ای، این یکی از همه برایم سخت‌تر بوده است.» پاتریک آدمی برون‌گرا و اجتماعی است؛ عاشق آن است که با مردم باشد، و از تنهایی خوشش نمی‌آید. وی همچنین، به اعتراف خودش از عدم تمرکز رنج می‌برد، یعنی مدام حواسش پرت می‌شود. مادامی که با مردم یا سرگرم کار کردن روی پروژه‌ای است، ذهنش متمرکز می‌ماند. اما در خلوت، فکرش از کنترل خارج شده به هر سوی کشیده می‌شود. طی سال‌ها آموخته‌ام که افرادی نظیر پاتریک در اکثریت هستند.

برای درون‌گرایان که در خلوت آرامش و آسودگی خیال می‌یابند، یکی دو ساعت تنها بودن لذت‌بخش است. در کلاسم خانمی بود که می‌گفت: «فقط همین؟ یکی دو ساعت؟ من معمولاً به پنج ساعت خلوت نیاز دارم تا بتوانم به معنای واقعی با خدا ارتباط برقرار کنم.» تیپ شخصیتی و خلق‌وخوی فردی، احتمالاً بیش از هر تمرین روحانی دیگری، در خلوت‌گزینی نقش مهمی ایفا می‌کند.

این بدان معنا نیست که برون‌گرایان باید سعی کنند از خلوت‌گزینی خودداری کنند. درست برعکس. تفاوت در شیوهٔ رویکرد است. اگر شما هم مثل پاتریک هستید، در ابتدا زیاد به خودتان سخت نگیرید. هر بار فقط با پنج تا ده دقیقه شروع کنید. یک فنجان نوشیدنی خوب بردارید، جایی بنشینید و خود را رها کنید. تا جایی که می‌توانید بی‌حرکت بمانید. در حالی که مشغول تجربه کردن خلوت هستید، آزادید تا موسیقی آرامی را در پس‌زمینه بشنوید یا سرگرم کاری ساده شوید که متمرکز نگه‌تان دارد؛ کاری مانند شستن لباس یا اتو کردن یا شستن ظرف‌ها. زیاد خودتان را در قید و بند مقررات قرار ندهید. اگر احساس ناراحتی می‌کنید، دعای شکرگزاری بخوانید و به کاری که پیش از خلوت بدان مشغول بودید، بازگردید. هدف کمک کردن به شما است تا نحوه راحت بودن در تنهایی با خدا را یاد بگیرید.

هویت شما در مسیح

در خلال زمانی که در خلوت می‌گذرانید، ممکن است بخواهید آیات زیر را در مورد هویت خود در مسیح بخوانید. به آهستگی آیه‌ای را بخوانید و چند دقیقه‌ای را صرف اندیشیدن در مورد آن نمایید. عجله نداشته باشید یا سعی نکنید چیزی را به انجام برسانید. فقط به ذهن‌تان اجازه بدهید بر حقایق کتاب‌مقدس در ارتباط با هویت حقیقی‌تان انگشت تأکید بگذارد. این کار افکار شما را متمرکز ساخته، به حقایقی که در این فصل مطرح شدند، عمق می‌بخشد.

- من فرزند خدا هستم: «به همهٔ کسانی که او را پذیرفتند، این حق را داد که فرزندان خدا شوند، یعنی به هر کس که به نام او ایمان آورد.» (یوحنا ۱۲:۱)
- من پارسا شمرده شده‌ام، و با خدا در صلح به‌سر می‌برم: «پس چون از راه ایمان پارسا شمرده شده‌ایم، میان ما و خدا به‌واسطهٔ خداوندمان عیسای مسیح صلح برقرار شده است.» (رومیان ۱:۵)

• من از محکومیت آزادم: «برای آنها که در مسیح عیسی هستند، دیگر هیچ محکومیتی نیست.» (رومیان ۱:۸)

• من با عیسی زنده شده‌ام: «آن زمان که در گناهان و حالت ختنه‌ناشدهٔ نَفْس خود مرده بودید، خدا شما را با مسیح زنده کرد. او همهٔ گناهان ما را آمرزید.» (کولسیان ۱۳:۲)

• من نمی‌توانم از محبت خدا جدا باشم: «زیرا یقین دارم که نه مرگ و نه زندگی، نه فرشتگان و نه ریاست‌ها، نه چیزهای حال و نه چیزهای آینده، نه هیچ قدرتی، و نه بلندی و نه پستی، و نه هیچ چیز دیگر در تمامی خلقت، قادر نخواهد بود ما را از محبت خدا که در خداوند ما مسیح عیسی است، جدا سازد.» (رومیان ۳۸:۸-۳۹)

• من با مسیح در قلمرو آسمانی نشسته‌ام: «خدا ... به‌خاطر محبت عظیم خود به ما، ... ما را با مسیح زنده کرد ... و با مسیح برخیزانید و در جای‌های آسمانی با مسیحْ عیسی نشانید.» (افسسیان ۴:۲-۶)

• من در روح هستم، نه در جسم: «اما شما نه در حاکمیت نَفْس، بلکه در حاکمیت روح قرار دارید، البته اگر روح خدا در شما ساکن باشد.» (رومیان ۹:۸)

• عیسی زندگی من است: «چون مسیح که زندگی شماست، ظهور کند، آنگاه شما نیز همراه او با جلال ظاهر خواهید شد.» (کولسیان ۴:۳)

• من به‌صورت تصویر مسیح دگرگون خواهم شد: «همهٔ ما که با چهرهٔ بی‌حجاب، جلال خداوند را، چنان که در آینه‌ای، می‌نگریم، به‌صورت همان تصویر، از جلال به جلالی فزونتر دگرگون می‌شویم؛ و این از خداوند سرچشمه می‌گیرد که روح است.» (۲قرنتیان ۱۸:۳)

برای تأمل

صرف‌نظر از اینکه این مطالب را با دیگران می‌خوانید یا در تنهایی، پرسش‌های زیر به شما در تأمل و تفکر در مورد تجربه‌تان کمک خواهند کرد. در هر حال، شاید ایدهٔ بدی نباشد که در دفترچه‌تان به این پرسش‌ها پاسخ دهید. اگر با گروهی جمع می‌شوید، دفترچهٔ یادداشت را همراه خود ببرید تا به شما در به یاد آوردن تجارب‌تان کمک کند و بتوانید آنها را با دیگران در میان بگذارید.

۱) آیا توانستید در این هفته تمرین خود را انجام دهید؟ اگر توانستید، توضیح بدهید که در موردش چه احساسی دارید.

۲) از طریق آن تمرین چه چیزی در مورد خدا یا خودتان یاد گرفتید؟

۳) خلوت‌گزینی به ما اجازه می‌دهد در توانایی برای «برداشتن نقاب‌هایمان» رشد کنیم و در حضور خدا صرفاً همان کسی باشیم که حقیقتاً هستیم. آیا این سخن توصیف‌کنندهٔ تجربه شما از این تمرین است؟ توضیح دهید.

فصل نهم

چگونه خیارشور درست کنیم

یک شب من و پسرم، جیکوب (Jacob) تصمیم گرفتیم به تماشای کنسرت کلیسایی برویم. کمی زودتر از خانه بیرون آمدیم تا در میان راه به یکی از کافه‌های محلی رفته، برای او نوشابه و برای خودم لیوانی قهوه بگیریم. چند ماهی می‌شد که در این فکر بودم که از سرعت رویدادها کم کنم تا بتوانم بیشتر طعم لحظات زندگی را بچشم. از این رو خوشحال بودم که به‌جای عجله کردن‌های همیشگی، توانسته‌ام برای گذراندن ساعاتی با پسرم، حاشیه‌ای به‌وجود آورم.

هر کدام نوشیدنی خودمان را گرفتیم و گوشه‌ای نشستیم تا از آن لحظه لذت ببریم. اما جیکوب نوشابه‌اش را فوراً سرکشید و با بی‌قراری‌های معمول نوجوان‌ها بی‌صبرانه گفت: «بجنب بابا، بزن بریم.»

«ولی هنوز پانزده دقیقه وقت داریم.»

او خواهش کرد: «پس پاشو بریم جای دیگر.»

«آخر چرا؟ می‌خواهم آرام بنشینم و از قهوه‌ام لذت ببرم.»

«پاشو، خواهش می‌کنم. حوصله‌ام سر رفت.»

من خیلی در مورد «بیماری عجله» آمریکایی فکر کرده بودم؛ در مورد همیشه در شتاب بودن و عللی که در پشت آن نهفته است. عجله یک‌جور حالت درونی است که لزوماً از شرایط بیرونی ناشی نمی‌شود؛ سر رفتن حوصله یکی از نشانه‌های آن است. راه‌حل مشکل بر خلاف انتظار است: همان جایی که هستید، بمانید.

گفتم: «با تو معامله‌ای می‌کنم. به محض اینکه به پنج چیز این کافه توجه کردی که قبلاً هرگز متوجه‌شان نشده بودی، از اینجا می‌رویم.» او قبلاً پنج شش باری به آن کافه رفته بود.

جیکوب پرسید: «منظورت چیست؟»

«به اطرافت خوب نگاه کن. به دیوارها، به سقف، و دنبال پنج چیز بگرد که قبلاً واقعاً به آنها هیچ توجه نکرده بودی.»

سرش را بالا گرفت و به سقف خیره شد. به سایبان اشاره کرد و گفت: «خب، من هرگز متوجه آن چیز زرد رنگ نشده بودم.»

گفتم: «خوب است. ادامه بده.»

به اطرافش نگاه انداخت: «آنجا یک پیش‌بند را به دیوار آویخته‌اند. قبلاً هرگز آن را ندیده بودم. آه، و آنجا هم عکس سگی را روی دیوار کوبیده‌اند.»

«این شد سه تا. هنوز دو تا دیگر مانده.»

«اوم، خب ... آن چراغ‌های قهوه‌ای رنگ، هرگز به آنها توجه نکرده بودم. و ... کف زمین، کاشی‌ها سیاه و خاکستری دارد. قبلاً متوجه آنها هم نشده بودم.»

گفتم: «آفرین!»

اما حالا اتفاق جالبی افتاده بود. او به‌جای اینکه بخواهد فوراً از مغازه خارج شود، به جستجو در اطرافش ادامه می‌داد. حالا دیگر چهرهٔ مضطربش آرام، و حتی علاقه‌مند به نظر می‌رسید. شاید به دلیل این واقعیت بود که من موضوع را به بازی تبدیل کرده بودم، اما شاید هم نه. شاید او به‌راستی به کشف چیزی نایل شده بود که تمام این مدت در بیخ گوشش قرار داشت.

«بسیار خوب جیکوب. تو می‌دانی که بابای عجیب و غریبت همیشه سعی دارد چیزی به تو یاد بدهد. چه نکته‌ای در این تمرین کوچک بود؟»

چند ثانیه‌ای مکث کرد و بعد گفت: «بایست و به پدیده‌های دنیا توجه کن.»

در پاسخش گفتم: «آفرین! چرا این نکته مهم است؟»

«حدس می‌زنم به‌خاطر این باشد که دنیا پر است از چیزهایی که ارزش توجه کردن دارند.»

پسرم عاقل‌تر شده بود! به او بالیدم.

گفتم: «درست است و من هم می‌خواستم چیزی را به تو نشان بدهم که خودم چند ماه پیش یاد گرفته بودم. می‌بینی، ما مضطرب می‌شویم و می‌گوییم حوصله‌مان سر رفته، اما آنچه که در واقع اتفاق می‌افتد این است که ما به اطراف‌مان توجه نمی‌کنیم؛ ما در لحظهٔ حال زندگی نمی‌کنیم. و به این دلیل در حال زندگی نمی‌کنیم که خیال می‌کنیم لحظهٔ حال جالب نیست. در صورتی که هست! تو تازه کشف کردی که بایستی و به پدیده‌های دنیا توجه کنی. تو می‌توانی حس بی‌حوصلگی را از بین برده، شروع کنی به لذت بردن از زندگی.»

«آره. فهمیدم بابا. حالا می‌توانیم برویم؟»

خوب. ما قدری کند یاد می‌گیریم. اما لااقل شروع خوبی بود.

روایت نادرست: بهترین کار، روش مارتا است

عیسی به‌طور خاص چیز زیادی در مورد عجله، مشغولیت و حواس‌پرتی نفرموده، اما در اناجیل روایتی هست که به‌طور مستقیم به این مسائل می‌پردازد: داستان دو خواهر به نام‌های مریم و مارتا. آنها با برادرشان ایلعازر در بیت‌عنیا زندگی می‌کردند، و از قرار معلوم عیسی هروقت در آن شهر بود، در خانهٔ آنها اقامت می‌گزید. زمانی که عیسی و شاگردانش برای شام آمدند، مارتا هراسان شد. خیلی کارها بود که باید انجام می‌داد و زمان کافی هم برای انجام آن همه کار نداشت، پس می‌بایست عجله کند. خواهرش ترجیح داد به‌جای کمک به او در تدارک‌های لازم، نزد پاهای عیسی بنشیند و به تعالیم او گوش بسپارد. مارتا در این مورد از مریم گله کرد و از عیسی خواست مریم را به‌خاطر کمک نکردنش، سرزنش کند: **«اما مارتا به جهت زیادتی خدمت مضطرب می‌بود.** پس نزدیک آمده، گفت: "ای خداوند، آیا تو را باکی نیست که خواهرم مرا واگذارد که تنها خدمت کنم؟ او را بفرما تا مرا یاری کند."» (لوقا ۱۰:۴۰).

بیش از اندازه مسئولیت پذیرفتن، مشغولیت و دل‌نگرانی پدیده‌هایی نیستند که خاص جامعهٔ معاصر باشند. مارتا هم با همین معضل دست به

گریبان بود که ما هر روزه با آن روبه‌رو هستیم. آیا ما هم مسئولیت‌های بیش از حد بر دوش نمی‌گیریم؟ و یا آن‌قدر نگران چیزهای نادرست نمی‌شویم که مهمترین چیزها را از دست می‌دهیم؟

نیاز به سرعت

شتاب و دل‌مشغولی چیزهای جدیدی نیستند، اما چنین به نظر می‌رسد که ما در زمانهٔ خودمان آنها را به کمال رسانیده‌ایم. ما بیش از هر زمان دیگر در تاریخ، دچار وسواس بهره‌وری، سرعت و کارایی شده‌ایم. جرمی ریفکین (Jeremy Rifkin)، اقتصاددان و نویسنده چنین می‌نویسد:

> ما ملتی هستیم که عاشق سرعتیم. تند رانندگی می‌کنیم، تند می‌خوریم، تند عشق‌ورزی می‌کنیم. ما گرفتار وسواس شکستن رکوردها و کوتاه کردن مدت زمان هستیم. ما زندگی‌مان را خلاصه، تجربه‌هامان را چکیده و افکارمان را فشرده می‌کنیم. فرهنگ ما با یادداشت‌های تذکر و تبلیغات احاطه شده است. اگرچه برخی فرهنگ‌ها معتقدند عجله کار شیطان است، ما متقاعد شده‌ایم که سرعت نشانهٔ هشیاری، قدرت و موفقیت است. آمریکایی‌ها همیشه در حال عجله هستند.

به اعتقاد من او درست می‌گوید. هرچه شتاب‌زده‌تر پیش برویم، کمتر از زندگی لذت خواهیم برد.

میان عجله کردن و توجه کردن به دنیای پیرامون‌مان و قانع بودن چه رابطه‌ای وجود دارد؟

البته سرعت به خودی خود چیز بدی نیست. من عاشق اینترنت پرسرعت هستم. مشکل در سرعت نیست. مشکل در عشق ما به سرعت است. عدم بردباری ما زندگی را دچار ابهام سرگیجه‌آوری کرده است و در نتیجه، زندگی روحانی ما هم از فروغ افتاده است. اگرچه بیشتر تلاش

می‌کنیم، اما از لحاظ روحانی خالی و عمیقاً سرخورده می‌شویم. چنین زندگی‌ای نمی‌تواند زندگی سالمی باشد.

یک بار دیگر جرمی ریفکین انگشت خود را روی مشکل ما می‌گذارد:

> عجیب است که در فرهنگی که تا این اندازه نسبت به صرفه‌جویی در زمان متعهد است، ما بیش از پیش احساس می‌کنیم که از چیزهای بسیاری که برای‌مان ارزشمندند، محروم شده‌ایم ... به‌رغم به اصطلاح کارایی‌مان ... این‌طور به نظر می‌رسد که برای خودمان زمان کمتری داریم و برای یکدیگر حتی زمانی کمتر.... سرعت زندگی را تند کرده‌ایم تا فقط کمتر صبور باشیم. بیشتر سازماندهی شده‌ایم تا کمتر خودانگیخته و کمتر شاد باشیم. برای آینده آمادگی بیشتری پیدا کرده‌ایم، اما کمتر از زمان حال لذت می‌بریم و روی گذشته تأمل می‌کنیم ... امروزه ما اطراف خودمان را با آلات و ادوات فنیِ صرفه‌جویی در زمان احاطه کرده‌ایم، تا فقط از نقشه‌هایی که نتوانسته‌ایم عملی‌شان سازیم، قرارهایی که نتوانسته‌ایم به آنها وفا کنیم، برنامه‌هایی که نتوانسته‌ایم تحقق ببخشیم، و ضرب‌الاجل‌هایی که پیش از تکمیل کار رسیده‌اند، بیشتر کلافه شویم.

چگونه گرفتار چنین مخمصه‌ای شدیم؟

راهبان و ساعت‌ها

ساعت را راهبان اختراع کردند. دلیل این کار آن بود که بتوانند به اوقات دعا و کارشان نظم و سامانی ببخشند. کتاب ***قواعد بندیکت قدیس*** (Rules of Saint Benedict) که در سدهٔ ششم میلادی به رشتهٔ تحریر درآمده، دربرگیرندهٔ این کلمات است: «بی‌کاری دشمن روح است، از این‌رو کل جماعت می‌باید در اوقات معین مشغول کار یدی باشند و در دیگر اوقات هم به راز و نیاز با خدا (lectio divina) بپردازند.»

به‌زعم بندیکت قدیس، دو فعالیت به روح اعتلا می‌بخشند: کار و دعا. و به‌طور قطع چنین است. ساعت به راهبان امکان می‌داد تا به‌شکلی دقیق به فعالیت‌های روزانهٔ خود نظم بدهند. هر روز یکی از راهبان مأمور بود مراقب ساعت باشد و در ساعات تعیین شده ناقوس را برای کار و دعا به صدا درآورد.

این عقیده که «بی‌کاری دشمن روح است» در صومعه‌ها همه‌گیر شد. راهبان احساس می‌کردند که سخت کار کردن طریقی است برای خدمت به خدا. اما با وجود کار سخت، روزی چهار تا پنج ساعت را هم به خواندن و دعا کردن اختصاص می‌دادند، که راهی بود برای برطرف کردن اضطراب. آنها ساعت داشتند، ولی به بیماری عجله مبتلا نبودند. چند سده گذشت و کم‌کم وضع عوض شد. در خلال سدهٔ بیستم بیماری عجله به بیماری روحانی شمارهٔ یک روزگار ما تبدیل شد.

در سال ۱۳۷۰ میلادی یک ساعت عمومی در شهر کلن آلمان نصب کردند. در شهر فرمانی صادر کردند که طی آن ساعات کار روزانه و ساعات منع رفت و آمد برای اولین‌بار تعیین شده بود. بدین‌ترتیب، زمان ساعت بر زمان طبیعی برتری پیدا کرد. زمان طبیعی ارگانیک است: نور و تاریکی، بهار و تابستان و پاییز و زمستان، و خورشید و ماه گذر زمان را نشان می‌دهند. اما ساعت، ابزاری مصنوعی برای اندازه‌گیری زمان، و تقسیم زمان طبیعی به ثانیه‌ها و دقیقه‌ها و ساعت‌ها است.

راهبان ساعت را اختراع کردند، ولی ما نمی‌توانیم به‌خاطر وسواس‌مان در سرعت ایشان را سرزنش کنیم. تکنولوژی راه خطا در پیش گرفته است. با اختراع ماشین، کل نگرش بشر به مسئلهٔ کار و سودجویی دستخوش دگرگونی شد. ماشین مدلی است از سودجویی: بی‌وقفه و خستگی‌ناپذیر کار می‌کند تا زمانی که از کار بیفتد. پر واضح است که ماشین ساخته شد تا به ما کمک کند کارگرانی بهتر با سوددهی بیشتر داشته باشیم، اما این اختراع پیامدهای ناخواسته‌ای هم داشت. ما «ماشین را اختراع کردیم و سپس آن را مدلی برای زندگی قرار دادیم.»

ما به‌جای آنکه بشـــر را موجودی زنده، ارگانیک، انعطاف‌پذیر، سیال، و طراحی شده برای استراحت و سرگرمی، خنده و یادگیری ببینیم، او را به مثابه ماشینی دیگر دیدیم. هر چه شبیه ماشین باشد، بهتر. از اهمیت تفکر و اوقات فراغت کاسته شد. و بعد فردریک ویلسن تیلور (Frederick Wilson Taylor) از راه رسید و روایت را بیش از پیش تغییر داد.

در نخستین دهۀ سدۀ بیستم میلادی تیلور یک زمان‌سنج (کرونومتر) را به کارخانۀ فولاد میدویل (Midvale) در فیلادلفیا برد. او با اجازۀ صاحب کارخانه، کار روزانه را به چند وظیفۀ متعدد تقســـیم کرد و برای کارگران هم زمانی جهت انجام آن وظایف تعیین نمود. سپس کوشید برای بالاتر بردن کارایی، که او نامش را «سیســـتم» گذاشـــته بود، راه‌هایی پیدا کند. کارگران از سیســـتم بیزار بودند، اما راندمان کار به‌سرعت بالا می‌رفت. تیلور در سال ۱۹۱۱، این کلمات وحشتناک را در رساله‌ای با عنوان ***اصول مدیریـــت علمی*** نوشت: «در گذشته، انسان اول بود، در آینده سیستم باید اول باشد.»

میان تکنولوژی و بیماری عجله چه رابطه‌ای وجود دارد؟

غول فوریت، حتی در کلیساها

در مورد آینده حق با تیلور بود؛ «سیســـتم» قطعاً حرف اول را می‌زند. بدون تردید ما در برابر خدایِ ســـودجویی ســـر خم کرده و سلامتی‌مان را قربانی نموده‌ایم تا او را خشـــنود ســـازیم. «سیستم تیلور» هنوز هم به فراوانی مورد اســـتفادۀ ما اســـت؛ هنوز هم نظام اخلاقـــی تولید صنعتی به‌شمار می‌رود. امشب به‌جای آنکه شـــامم را از پنجرۀ ماشینم سفارش دهم، وارد ساندویچ‌فروشـــی شدم و آن را گرفتم. چرا؟ صف ماشین‌های مشـــتریان خیلی طولانی بود. می‌خواستم ســـاندویچم را زودتر بگیرم. همچنان که با بی‌صبری منتظر غذایم بودم، متوجه اعلام دیجیتالی پشت پیشخوان شدم: «میانگین زمان سرویس دهی: ۴۵ ثانیه.»

مدیر رستوران با فریاد دستورهایی را به کارکنان خط آماده‌سازی ساندویچ می‌داد و ملتمسانه از آنها می‌خواست عجله کنند. علت؟ حقوق مدیر بسته به میانگین زمان خدمت‌رسانی است. رستوران بر پایهٔ روایت غالب فردریک تیلور بنا شده است. جملهٔ کوتاه بن فرانکلین («وقت طلاست»)، هم بخشی از روایت نادرست است. البته که وقت طلا نیست. روایتی که در پس نقل‌قول فرانکلین وجود دارد این است که تولید ملاک ارزش است. در نتیجه، ما زیر جبر «غول فوریت (یا اضطرار)» زندگی می‌کنیم. این غول فوریت، وسواس مدرنِ چندکارِگی (Multitasking)، یعنی انجام چندین کار در زمان واحد را به بار می‌آورد.

ورد زبان دنیای مادی‌گرای ما این جمله است: «ارزش تو به اندازهٔ همان چیزی است که تولید می‌کنی.» این به روایتی منجر می‌شود که می‌گوید آنچه ما تولید می‌کنیم تعیین‌کنندهٔ ارزش ماست، و بنا بر همین استدلال هرچه بیشتر تولید کنیم، ارزشمندتریم. آنچه دیروز کرده‌ایم، دیگر کهنه شده است؛ آنچه اهمیت دارد کاری است که امروز انجام می‌دهیم.

آیا شما هم زیر جبر فوریت زندگی می‌کنید؟ چرا؟

من اخیراً در مورد پدیدهٔ تازه‌ای موسوم به «همه‌کارِگی» (Omni-Tasking) مطلبی خواندم. همه‌کارِه‌ها معتقدند که می‌توانند در آنِ واحد بیش از یک کار انجام دهند؛ آنها همزمان تقریباً ***همه کار*** می‌کنند! اگر چنین مشکلی در کلیساهای ما وجود دارد، تقصیرش بر گردن ما است. بسیاری از مسیحیان حاشیه نداشتن زندگی‌شان را به پرمشغله بودن کلیسای‌شان نسبت می‌دهند. کلیساها گاهی تنها با یک دگرگونی کوچک زیر نفوذ روایت فرد تیلور قرار می‌گیرند و عمل می‌کنند: ***کلیسا (نه سیستم) مهمتر از فرد است.*** خود من شخصاً چند مرد و زن مسیحی متعهد را می‌شناسم که زیر بارهای سنگینی که کلیسا بر دوش آنها نهاده، تقریباً له شده‌اند. از آنجایی که این افراد وظایف‌شان را خیلی خوب انجام می‌دادند، کلیسا از ایشان خواست تا مسئولیت‌های

بیشتری بر عهده بگیرند و در برنامه‌های کلیسایی بیشتری یاری برسانند. آنها آن‌قدر پرکار شدند که سرانجام از پا درآمدند.

شیطان همیشه به‌صورت موجودی شرور و شاخ‌دار، هیولای وحشتناک یا شهوت ظاهر نمی‌شود. او گاه به‌سادگی در قالب روایتی نادرست (مثلاً تولید برابر است با ارزش) به ذهن‌های ما راه می‌یابد. وقتی روایت مزبور در ذهن ما ریشه کند، ناخودآگاه رهسپار نابودی شده‌ایم. این روایت حتی می‌تواند ظاهری نسبتاً مسیحی هم داشته باشد. اصلاً برای همین است که ما اغلب متوجه نادرست بودنش نمی‌شویم. حتی ممکن است تصور کنیم که داریم کار درستی انجام می‌دهیم. اما یک روز می‌رسد که از خواب غفلت بیدار می‌شویم و درمی‌یابیم که مهم‌ترین چیزها، یعنی وقت گذراندن با خدا و خانواده و سلامت تن و روان‌مان را در مذبح دستاورد (یا موفقیت کلیسای‌مان) قربانی کرده‌ایم. و در ازای چنین قربانی گران‌بهایی هیچ دستاوردی نیز نداریم.

این روایت به‌خصوص نیز مانند اکثر روایت‌های نادرست دیگر، دربرگیرندۀ میزانی از حقیقت است. به‌طور قطع مفید بودن و درست انجام دادن کارها خوب است. کتاب‌مقدس پر است از اندرزهای متعدد در مورد جدیت و سخت‌کوشی در کار. مردم هم وقتی در صدد عضویت در کلیسایی برمی‌آیند، قول می‌دهند که با دعاها و حضورشان، و با هدایا و خدمات‌شان به کلیسا خدمت کنند. ولی باید اطمینان داشته باشیم که خدا ما را فرانخوانده تا بار زیادی بر دوش‌مان بگذارد. این خود ماییم که با پیروی از روایت غالبی که موفقیت و دستاورد را مهم‌تر از سلامت جان‌مان می‌داند، زیر بار پرمشغلگی می‌رویم.

انبیای واقعاً بد

در سال ۱۹۶۷، آینده‌گرایان به یکی از کمیسیون‌های فرعی سنا گفتند که به مدد پیشرفت‌های فناوری تا سال ۱۹۸۵، آمریکایی‌ها فقط هفته‌ای بیست و دو ساعت و فقط بیست و هفت هفته در سال کار خواهند کرد. هر کارگر به‌طور میانگین در سن سی‌وهشت سالگی بازنشسته خواهد

شد! ***آنهـــا پیشگویی کردند که ما زمان فراوانی در اختیار خواهیم داشت.*** واقعیت این است که از سال ۱۹۷۳ تا کنون اوقات فراغت در آمریکا ۳۷ درصد کاهش یافته است. چگونه چنین چیزی ممکن است؟

هیچ‌کس نمی‌تواند زمـــان را ذخیره یا پس‌انداز کند؛ ما تنها می‌توانیم آن را صرف و سـپری کنیم. نمی‌توانیم زمـــان را در بطری حبس کنیم تا بعـداً از آن اســتفاده نماییم. فناوری، زمانی را کـــه می‌باید صرف انجام کارهای به‌خصوصی بکنیم، کاهش می‌دهد. به لطف وجود «مایکرو وِیو» می‌توانیم سـیب‌زمینی را بسیار سـریع‌تر از زمانی که در تنورهای سنتی طول می‌کشـد، بپزیم. ویرایش مقاله در کامپیوتر سریع‌تر از دوباره تایپ کردن آن با ماشین تایپ است. ایمیل به من امکان می‌دهد تا با دوستی که در انگلســتان زندگی می‌کند، ظرف تنها چند ثانیه ارتباط برقرار کنم، در حالی که «پست عادی» هفته‌ها طول می‌کشد تا به‌دست او برسد.

پس ایـــن همه وقت «اضافی» (نه ذخیره شـده) کجا می‌رود؟ ما آن را برای چیزهای دیگر صرف می‌کنیم. پیشـــرفت‌های تکنولوژیکی ***توقع*** ما را از آنچه می‌توانیم انجام دهیم ***بالا برده اسـت***، به همین‌خاطر بر برنامه‌های کاری‌مان افزوده‌ایم. به کارهای‌مان اضافه می‌کنیم تا به پای دیگران برسیم یا از آنها پیشی بگیریم. اگر نتوانیم از مانع بالا برویم، عقب خواهیم ماند، تولید کمتری خواهیم داشت و در نتیجه احساس اهمیت کمتری خواهیم کرد.

نور چشم صَرفِ چه می‌شود

ما جملهٔ «نور چشـــم صَرفِ چه شد!» را مدیون جان میلتون، شاعر نامدار هستیم. میلتون ســالخورده این کلمات را زمانی نوشت که داشت در اثر کهولت بینایی‌اش را از دســـت می‌داد. او برگشته به زندگی‌اش نظر می‌افکند و در اندیشه غوطه‌ور می‌شود که عمر و نور چشمش را صَرفِ چه کرده اســت. بگذارید آزمایش کنیم که وقت‌مان را چطور صرف می‌کنیم. یک فرد امروزی به‌طور میانگین عمرش را این‌طور صرف می‌کند:

- شش ماه پشت چراغ راهنمایی
- هشت ماه برای باز کردن آگهی‌های پستی

- یک سال برای جستن آنچه دنبالش هستیم در میان خرت و پرت‌های روی میز تحریر
- دو سال در تلاش برای تماس گرفتن با کسانی که پشت خط نیستند
- سه سال برای حضور در جلسات
- پنج سال انتظار در صف

هر آمریکایی در طول یک روز به‌طور میانگین

- چهل‌وپنج دقیقه را صرف رفت و آمد می‌کند
- هفتادوسه بار برایش مزاحمت ایجاد می‌شود
- ششصد پیام تبلیغاتی دریافت می‌کند
- چهار ساعت به تماشای تلویزیون می‌نشیند

جای شگفتی نیست که دامنهٔ توجه ما تا این اندازه کوتاه است. حال چگونه از پس این ضایعاتِ ناشی از سودجوییِ جامعه برآییم؟ باید از وقت خانواده و سلامت خود بگذریم. مشکلات مربوط به تندرستی سر به فلک می‌زنند و خانواده‌ها وقت کمتری را با همدیگر می‌گذرانند. در واقع، یک پدر یا مادر شاغل دو برابر زمانی را که با فرزندانش می‌گذراند، صرف رسیدگی به ایمیل‌هایش می‌کند. کارل اونوره (Carl Honoré) در کتاب فوق‌العاده‌اش، ***در ستایش کُندی*** (In Praise of Slowness) تعریف می‌کند که چطور ***قصه‌های یک‌دقیقه‌ای موقع خواب*** به یاری والدینی آمده که نمی‌توانند به کودکان‌شان وقت کافی بدهند. در این کتاب قصه‌های پریان نویسندگان کلاسیک به‌صورت لقمه‌های شصت‌ثانیه‌ای فشرده و خلاصه ارائه می‌شود.

بعضی چیزها که نمی‌توان در آنها عجله به خرج داد

نمی‌توان از کنار چیزهای مهم زندگی با عجله رد شد. نمی‌توانیم با عجله محبت کنیم، بیندیشیم، بخوریم، بخندیم و یا دعا کنیم. یک بار شخصی به من گفت: «می‌دانی محبت کردن یعنی چه؟ یعنی وقت

گذاشتن.» فرزندان من بیش از هر چیز دیگر وقت مرا می‌خواهند. دخترم به من می‌گوید که روزهای محبوبش آنهایی هستند که من روزهای تعطیل را با آنها در خانه می‌مانم. ما با هم کاردستی درست می‌کنیم، بستنی می‌خوریم و بازی می‌کنیم. من گیتار می‌نوازم و او عاشق این کار است (مهم نیست اگر من یک نت را جا بیندازم، که اغلب می‌اندازم). ما با هم آشپزی می‌کنیم (از غذای حاضری رستوران خبری نیست!). وقت دادن به دخترم برابر است با گفتن: «دوستت دارم. تو مهم هستی.»

وقت گذاشتن به‌طور خاص در زندگی روحانی ما اهمیت پیدا می‌کند. ***در زندگی روحانی خود نمی‌توانیم هیچ کار مهمی را با عجله انجام دهیم.***

وقتی عجله می‌کنیم -کاری که ناشی از مشغولیت‌های بسیار است- دیگر نمی‌توانیم با هشیاری و مهربانی زندگی کنیم. خوشبختانه، به قول ریچارد فاستر، خدا هرگز ما را نمی‌خواند تا: «ملتهب و نفس‌زنان زندگی کنیم.» وقتی بیش از اندازه مسئولیت پذیرفته و مدام در شتابیم، ممکن است احساس کنیم که بسیار مؤثریم و از همین‌رو خدا به ما افتخار می‌کند. خدا خیلی خوب می‌داند که زندگی پریشان و دست‌وپاگیر، ما را از مهمترین نیازمان، دور می‌سازد.

روایت عیسی: طریق مریم بهتر است

بگذارید به داستان مریم و مارتا بازگردیم و ببینیم عیسی در مورد سراسیمه نفس‌نفس زدن چه نظری دارد. پس از آنکه مارتا از عیسی خواست که مریم را به‌خاطر کمک نکردن در کارهای خانه توبیخ کند، عیسی با ملایمت مارتا را سرزنش کرد: «مارتا! مارتا! تو را چیزهای بسیار نگران و مضطرب می‌کند، حال آنکه ***تنها یک چیز لازم است***؛ و مریم آن نصیب بهتر را برگزیده، که از او بازگرفته نخواهد شد» (لوقا ۱۰:۴۱-۴۲).

من به این خاطر می‌گویم عیسی با ملایمت مارتا را سرزنش کرد، چون عیسی دو بار نام او را به زبان آورد: «مارتا! مارتا!.» او چنین کرد زیرا مارتا مستحق آن نیست که به‌خاطر عجله داشتن مورد انتقاد قرار

بگیرد. قصد مارتا خیر اســت. او در تکاپو اســت تا به میهمان‌ها خدمت کند.

اکثر ما لازم نیست برای از شــتاب انداختن سرعت زندگی و دست یافتن به تعادل، چیزهــای بد را از زندگی‌مان حــذف کنیم، مثلاً اینکه: ***باید کدام را نگه دارم؟ خواندن کتاب‌مقدس یا کشــیدن سیگار؟*** بلکه ما ناگزیریــم میان چندین فعالیت خوب یکی را انتخاب کنیم. موضوع این است که ما برای همهٔ کارهایی که دوست داریم انجام دهیم، وقت نداریم. زمانی که چیزهای زیادی را بــه زندگی‌مان اضافه می‌کنیم، ناچار چیزی دیگر باید حذف شود. متأسفانه آدم‌های پرمشغله اغلب مهمترین چیزها را قربانــی می‌کنند: روابط، انضباط‌های روحانی و مراقبت از خود (برای مثال درست غذا خوردن و ورزش کردن) را.

عیســی به مارتا فرمود: «تنها یک چیز لازم است.» آن یک چیز گوش دادن به سخنان عیسی است. عیسی نگفت که آن «یک چیز» اطاعت کردن از فرمان‌های اوســت (هرچند که نوبت آن هم خواهد رسید). اولین چیز، یعنی لازم‌ترین چیز گوش دادن به تعالیم او است. جهان سعی می‌کند ما را از این چیز مهم دور سازد. طریق مارتا خوب بود، اما طریق مریم بهتر بود. نگاه مریم به موقعیت بود و آنچه را که مهمترین بود ارزیابی می‌کرد. عیسی در خانهٔ او بود، و بودن با او مهمترین کاری بود که می‌توانست انجام دهد.

شــعر جورج هربرت (نگاه کنید به فصل ۵) را به خاطر دارید؟ نَفْس به خدا می‌گوید: «پس ای عزیز، خدمتت خواهم کرد.» و خدا در پاسخش گفت: «باید بنشــینی و گوشت مرا بچشــی.» آنچه که انگیزهٔ مارتا و البته مایهٔ پریشانی‌اش شــده بود، لزوم خدمت بود. خدمت کردن، به خودی خود چیز بدی نیست، ولی همیشــه هم بهترین کار محسوب نمی‌شود. در آن موقع، در آن روز به‌خصوص بهترین کاری که مارتا می‌توانســت بکند، نشستن کنار پاهای عیسی و گوش دادن به سخنان او بود. خیلی از ما سعی می‌کنیم بدون گوش دادن به خدا، او را خدمت کنیم. زمان برای خدمت کردن فرا خواهد رسید، اما گوش دادن به سخنان عیسی همیشه بر هر کار دیگری مقدم است.

فصل نهم

ضرب‌آهنگ عیسی

بهترین نمونه از زندگی خوش‌آهنگ را عیسی به ما می‌دهد. در اناجیل می‌بینیم که عیسی در مواقعی از مردم کناره می‌گیرد تا تنها باشد (این موضوع در انجیل لوقا نُه بار ذکر شده). زندگی عیسی در همه حال از ریتمی کامل و ضرب‌آهنگی مناسب برخوردار است. او هیچ‌گاه عجله نمی‌کند. هرگز کاری را با شتاب انجام نمی‌دهد. من این عبارت از انجیل مرقس را بسیار دوست دارم:

> بامدادان که هوا هنوز تاریک بود، عیسی برخاست و خانه را ترک کرده، به خلوتگاهی رفت و در آنجا به دعا مشغول شد. شمعون و همراهانش به جستجوی او پرداختند. چون او را یافتند، به وی گفتند: «همه در جستجوی تو هستند!» عیسی ایشان را گفت: «بیایید به آبادی‌های مجاور برویم تا در آنجا نیز موعظه کنم، زیرا برای همین آمده‌ام.» پس روانه شده، در سراسر جلیل در کنیسه‌های ایشان موعظه می‌کرد و دیوها را بیرون می‌راند. (مرقس ۱:۳۵-۳۹)

به تعادل میان اندیشه و عمل، یا به قول جان وسلی: «پارسایی و رحمت» توجه کنید. عیسی پیش از سپیده‌دم به گوشهٔ خلوتی می‌رود تا دعا کند. او زمانی را در تنهایی با پدر آسمانی‌اش می‌گذراند.

ولی شاگردانش چون عیسی را نمی‌یابند، دچار وحشت می‌شوند، به‌خصوص که می‌بینند کلی کار هست که باید انجام داد. پطرس از او می‌پرسد: «کجا بودی؟» عیسی در پاسخش به‌سادگی می‌گوید: «بیایید برویم.» او بدون عجله مژدهٔ فرارسیدن پادشاهی خدا را اعلام می‌کند، و به‌وسیلهٔ آیات و عجایب قدرت آن پادشاهی را به ثبوت می‌رساند. آیا متوجه تعادل کامل می‌شوید؟ او استراحت و تجدیدقوا می‌کند و دوباره به‌کار و خدمت می‌پردازد.

> در زندگی عیسی استراحت و کار از تعادل کامل برخوردار بودند. در زندگی شما چه؟

هویت عیسی در دوره‌های سکوت و خلوت بود که عمق می‌یافت، در خلوت کردن با پدر آسمانی‌اش. راز او در ایجاد تعادل میان اندیشه و عمل، استراحت و کار بود. او نسبت به هویت خود شناخت کافی داشت. برای آنهایی که «مسیح در وجودشان سلوک دارد» نیز آهنگ زندگی باید این‌چنین باشد. وقتی ما کنار پاهای عیسی زمانی را در سکوت و آرامش صرف تفکر و تأمل می‌کنیم، قدرت می‌یابیم تا در دنیای پرغوغا و شلوغ با حکمت عمل کنیم. با کم کردن سرعت زندگی می‌توانیم به زمزمه‌های روح‌القدس گوش بسپاریم که از محبت خدا نسبت به ما می‌گوید، و بعد شروع می‌کنیم به بازتاباندن جلال مسیح که در درون ما است؛ و تبدیل به آن دسته از کسانی می‌شویم که این دنیای خسته و هراسیده، بیش از همه به وجودشان نیاز دارد.

عجله را با بی‌رحمی ریشه‌کن کنید

هنگامی که دوستم جان اورتبرگ (John Ortberg) به منصب جدید و دشواری در خدمت گمارده شد، از دالاس ویلارد درخواست مشاوره کرد. جان در حالی که قلم و دفتر یادداشتی در دست داشت، آماده بود تا دست‌کم شش هفت مورد کلیدی یا بیشتر را یادداشت کند. دالاس با این جمله آغاز کرد: «با بی‌رحمی عجله را از زندگی‌ات ریشه‌کن کن.» جان سخنش را یادداشت کرد.

جان با لحنی پرسشگرانه گفت: «خب، نکتهٔ بعد؟»

«نکتهٔ بعدی وجود ندارد. فقط همان یکی را انجام بده، جان. همه چیز درست خواهد شد.»

دالاس می‌دانست که جان از همهٔ چیزهایی که برای مسئولیت جدیدش نیاز دارد، برخوردار است. جان یکی از برجسته‌ترین و متعهدترین پیروان مسیح است که من تا کنون دیده‌ام. او شناخت وسیعی

از کتاب‌مقدس، درکی جامع از الاهیات و خدمت، و سال‌ها تجربه در سازماندهی روحانی دارد و روح‌القدس را راهنمای خود قرار می‌دهد. جان به بینش یا تکنیک جدیدی نیاز نداشت. تنها چیزی که لازم بود انجام دهد غلبه کردن بر دشمن شمارهٔ یک زندگی روحانی بود: بیماری عجله.

چرا حذف کردن عجله از زندگی‌مان تا این اندازه حیاتی است؟ وقتی ما عجله را حذف می‌کنیم، حاضر می‌شویم، یا به بیان دقیق‌تر، در لحظهٔ حال با همهٔ جلالش حاضر می‌شویم؛ از آنچه در اطراف‌مان می‌گذرد آگاه می‌شویم؛ رنگ‌ها را می‌بینیم و بوها را استشمام می‌کنیم؛ خلاصه، «حضور داریم» و پری زندگی را تجربه می‌کنیم. و این شامل حاضر بودن در محضر خدا هم می‌شود. من برای اینکه بتوانم همچون مسیحی زندگی کنم، لازم است پیوسته با خدا در ارتباط باشم. در زندگیِ خوب و درست عجله جایی ندارد.

می‌توان بدون عجله هم با سرعت عمل کرد. اگر من فقط ده دقیقه فرصت داشته باشم تا از یک طرف فرودگاه به طرف دیگرش بروم، می‌توانم با سرعت حرکت کنم، بدون آنکه عجله کنم. عجله یک وضعیت درونی است مبتنی بر ترس: «اگر به پروازم نرسم، همه چیز خراب خواهد شد. آن دنیایی که من می‌شناسم، دیگر به آخر خواهد رسید!» اما وقتی با خدا راه می‌روم، یاد می‌گیرم که بگویم: «اگر به پروازم هم نرسم جای نگرانی نیست. خدا با من است. همه چیز درست خواهد شد. قدم‌هایم را تندتر برمی‌دارم، اما با روحیه‌ای شاد و بدون عجله.»

کارل یونگ (Carl Jung) می‌گوید: «عجله کار شیطان نیست؛ خود شیطان است.» وقتی در شتاب و عجله هستیم، نمی‌توانیم زندگی را با همهٔ پری و تمامیتش تجربه کنیم؛ همچنین نمی‌توانیم با خودِ حقیقی‌مان و نیز احساسات واقعی‌مان ارتباط برقرار کنیم. و از همه مهمتر، از خدا هم جلو می‌زنیم. زمانی که از سرعت‌مان می‌کاهیم به خودمان اجازه می‌دهیم که یافت شویم، یعنی زندگی و خدا ما را بیابند. وقتی سرعت را کاهش می‌دهیم، حرکت‌مان با ضرب‌آهنگ خدا تنظیم می‌شود. وقتی

عجله را حذف می‌کنیم (این سهم ماســت، در پاسخ به دعوت پرفیض خدا برای داشتن زندگی عمیق‌تر)، روح‌القدس دوشادوش ما قرار گرفته به ما نیرو می‌بخشد.

پادشاهی خدا در حیاط‌خلوت من

روزی درتلاش برای کاستنِ ســرعت زندگی و قرار گرفتن در زمان حال، تصمیم گرفتم یک بعدازظهر را به‌قول هنری دیوید تورو (Henry David Thoreau) «ســنجیده» زندگی کنم. آن روز در اواسط ماه فوریه، هوا به‌طرز عجیبی گرم بود، از ایــن‌رو در حیاط‌خلوت خانه‌ام روی صندلی ســادۀ چوبی نشستم. البته مدت‌ها بود که برگ درختان ریخته بود، اما هنوز تک‌درختی پربرگ خودنمایی می‌کرد. به‌طور معمول من هرگز به این درخت توجهی نمی‌کردم، و در طول یک ســال گذشــته بیش از دقایقــی از وقتم را در حیاط‌خلــوت نگذرانده بودم. اما این بار فرق می‌کرد؛ همۀ توجهم جلب آن درخت شده بود.

بعد از چند دقیقه علاوه بر برگ‌های آن درخت، متوجه نکتۀ عجیب دیگری در مورد آن شــدم: درخت پر بود از میوه‌هــای ریزِ انگورمانند. از این که درخت در آن موقع از ســال پر از میوه بود، شــگفت‌زده شدم. از آنجایــی که تمام آن بعدازظهر را در درون و بیرون خانه ســرگرم دعا بودم، توجهم به خدا جلب شد و پرسیدم: «خدایا، چرا این درخت پر از میوه است؟» درست ســر بزنگاه، یک پرندۀ کوچک، به اندازۀ گنجشک، پروازکنان آمد و روی درخت نشست و میوه‌ای به منقار گرفت و به‌سمت بوته‌ای در همان نزدیکی پرید. روح‌القدس در گوشــم نجوا کرد: «***به این دلیل*** درخت پر از میوه است!»

گویی کســی داشــت موعظۀ بالای کوه مســیح را در حیاط‌خلوت خانــۀ من وعظ می‌کرد. «پرندگان آســمان را بنگرید که نه می‌کارند و نه می‌دروند و نه در انبار ذخیره می‌کنند و پدر آســمانی شما به آنها روزی می‌دهد. آیا شــما بس باارزش‌تر از آنها نیستید؟» (متی ۲۶:۶). اما موعظه هنوز تمام نشــده بود. پس از آن روح‌القدس توجه مرا به تعداد میوه‌های

سر درخت معطوف کرد. هزاران میوهٔ ریز. بعد مرا به یاد کوچکی آن پرندگان انداخت. آنها آن‌قدر کوچک بودند که به‌راحتی در مشت من جا می‌شدند. نکته: خدا بیش از نیاز پرندگان، برای‌شان تدارک دیده است. کاربرد: وقتی با خدای خوب و زیبا زندگی کنیم، به منابعی بیش از احتیاج‌مان دسترسی داریم.

اگر آن روز به‌جای کار بیشتر به حیاط‌خلوت نرفته بودم، این موعظهٔ قدرتمند را از دست می‌دادم. رابین مایرز (Robin Myers) می‌نویسد: «در هر ساعت از وقت بیداری ما نمایشی مقدس بر صحنه و در حال اجرا است، منتها اکثر تماشاچیان نابینایند.» من می‌خواهم که هر روز عمرم به تماشای این نمایش مقدس بنشینم. هیچ دوست ندارم از آنچه خدا بر صحنه آورده، چیزی را از دست بدهم.

آیا تا به حال تجربه‌ای مشابه درخت پرمیوه داشته‌اید، جایی که بایستید و به آنچه پیرامون‌تان می‌گذرد توجه کنید و چیزی عجیب را کشف کنید؟ آن تجربه را توضیح دهید.

چنین گنجی را فقط در لحظهٔ حال می‌توان یافت. همان‌گونه که دو نویسنده، ریچارد بیلی (Richard Bailey) و جوزف کارلسن (Josef Carlson) تشریح کرده‌اند: «زندگی به‌راستی چیزی نیست جز زنجیره‌ای از لحظاتِ حال- درست یکی پس از دیگری- که باید تجربه کرد ... شما همیشه در این لحظه زندگی می‌کنید: آیا در این لحظهٔ زندگی حاضرید یا غایب؟» من می‌خواهم حاضر باشم.

چگونه خیارشور درست کنیم

برای رشد در زندگی روحانی، نه تنها لازم است از سرعت خود بکاهیم، بلکه لازم است بدانیم که رشد روحانی فرایندی کند و آهسته است. تشبیه خیارشور درست کردن به رشد شاگردان مسیح می‌تواند قیاس مناسبی باشد. برای درست کردن خیار شور باید اول خیار تهیه

کنیم. بعد لازم است محلول آب‌نمک و سرکه درست کنیم و خیارها را در آن محلول بخوابانیم. اگر خیارها را درون محلول فروکنیم و زود دربیاوریم، چیزی به‌دست نمی‌آید جز تعدادی خیار آب‌کشیده. برای خیارشور، لازم است خیار حدود شش هفته در محلول آب‌نمک و سرکه بماند. محلول به آهستگی و به‌طور نامحسوس کار خود را درون خیار می‌کند، و آن را به خیارشور تبدیل می‌سازد.

درست کردن خیارشور شش هفته طول می‌کشد، اما برای شاگرد مسیح شدن زمان خیلی بیشتری لازم است. گراهام سکروجی (Graham Scroggie)، واعظ برجسته چنین می‌نویسد: «احیای روحانی فرایندی تدریجی است. هر رشدی تدریجی است. هرچه ترکیب موجود زنده عالی‌تر باشد، این فرایند طولانی‌تر خواهد بود.» انسان موجود زنده‌ای عالی‌تر از خیار است؛ در دگردیسیِ ما عوامل بسیاری دخیل‌اند. ذهن، احساس و بدن چندوجهی هستند. روح انسان کلّیتی عظیم است که بسیار کند تغییر می‌یابد.

من این داستان قدیمی را که ای. اچ. استرانگ (A. H. Strong) تعریف کرده، بسیار دوست می‌دارم:

> دانشجویی از رئیس دانشکده‌اش پرسید که آیا امکان دارد دوره‌ای کوتاه‌تر از دورهٔ تعیین‌شده بردارد. رئیس پاسخ داد: «بله، اما این بستگی دارد به این که تو می‌خواهی چه باشی. وقتی خدا می‌خواهد درخت بلوط درست کند، یکصد سال زمان می‌برد. ولی وقتی می‌خواهد کدو درست کند، فقط شش ماه وقت لازم است.»

استرانگ در ادامه توضیح می‌دهد که رشد روحانی، علاوه بر اینکه فرایندی کند است، ***یکنواخت*** هم نیست. شاید برای چند سال رشدی شگرف را تجربه کنیم و بعد تا مدتی تغییرات بسیار اندک باشند. به گفتهٔ استرانگ، درخت بلوط تنها دو ماه از سال را به‌گونه‌ای قابل اندازه‌گیری، رشد می‌کند. باقی سال، یعنی ده ماه دیگر را صرف استحکام بخشیدن به آن رشد می‌نماید.

قاعدهٔ ده هزار ساعت

ملکم گلَدوِل (Malcolm Gladwell) در کتابش به‌نام **آدم‌های پرت** (Outliers)، کشفیاتش را در رابطه با آدم‌های استثنایی- یعنی آنهایی که به‌طرزی غیرمعمول دروغ می‌گویند- با خواننده در میان می‌گذارد. با وجود اینکه به‌نظر می‌رسد عده‌ای با استعداد استثنایی به دنیا آمده‌اند، اما تحقیقات گلَدوِل وی را به نتیجه‌گیری زیر رهنمون شده‌اند:

> مطالعات نشان داده‌اند که برای رسیدن به درجهٔ استادی و داشتن تخصص در هر رشته‌ای در سطح جهانی، به ده هزار ساعت تمرین نیازاست ... با انجام بررسی‌های متعدد روی آهنگسازان، بسکتبالیست‌ها، شطرنج‌بازان، جانیان حرفه‌ای و غیره، بارها و بارها همین رقم به‌دست آمده است ... ظاهراً مغز برای جذب و پذیرش هرآنچه لازم است بداند و در آن خبره شود، به چنین مدت زمانی نیاز دارد.

او به‌عنوان نمونه از موتزارت نام می‌برد. بسیاری می‌دانند که موتزارت کار آهنگسازی را در سن شش سالگی شروع کرد. وی اولین اثر ارزشمندش را در سن بیست‌ویک سالگی و پس از پانزده سال کار سخت، و بهترین اثرش را حدود سی سالگی تصنیف نمود. به این ترتیب، موتزارت به‌زعم هرولد شونبرگ (Harold Schonberg) منتقد موسیقی، به تعبیری شخصی «عقب‌افتاده» بوده است!

خبره شدن در هر کاری مستلزم صرف زمان زیاد است. اما اگر کسی می‌خواهد استثنایی باشد، لازم است ده هزار ساعت تمرین داشته باشد. خواهش می‌کنم از این حرف من دلسرد نشوید! من این موضوع را مطرح کردم تا فرایند دگردیسی را به‌گونه‌ای صحیح بیان کنم. بسیاری از مسیحیان امیدوارند که تنها با گذشت چند ماهی از مطالعهٔ کتاب‌مقدس یا دعا، شاهد تغییرات چشمگیر باشند. آنها وقتی تغییر چندانی نمی‌بینند،

معمولاً احساس می‌کنند که مرتکب اشتباهی شده‌اند یا به اندازهٔ کافی نکوشیده‌اند و به همین دلیل سرخورده می‌شوند.

حقیقت از این قرار است: هرآنچه ما در جهت تغییر انجام می‌دهیم، حتی قدم‌های کوتاه، بر ما تأثیر دارند. خواندن این کتاب با دقت و کوشش برای جایگزین کردن روایات نادرست با روایات عیسی به ما کمک می‌کند تا در راستای تغییر گام‌های مهمی برداریم. من یقین دارم که وقتی با اخلاص خود را وقف تمرین‌های آموزش روحانی می‌کنیم، روح‌القدس کنار ما آمده روح‌مان را احیا و تازه خواهد کرد.

برای مثال، من بیش از بیست‌وپنج سال روی این روایت‌ها کار کرده‌ام و با این تمرین‌ها مشغول بوده‌ام، و با وجود این هنوز در حال رشد هستم. اما در هر ماه از هر سال در زندگی‌ام با خدا رشدی مثبت مشاهده کرده‌ام. دلگرم باشید. سرعتِ تغییر کند است، ولی اتفاق می‌افتد. برای بسیاری از شما تغییر از همین حالا آغاز شده است. خدا در درون شما کارهای خوبی انجام می‌دهد و شما این را می‌دانید. مطمئن باشید که این تازه آغاز زندگی جدید در مسیح است. نباید به این کتاب یا هیچ کتاب دیگری متکی باشید، بلکه تنها اتکای شما باید به خدای خوب و زیبایی باشد که در شما مشغول کار است و برای زندگی‌تان نقشه‌ای دارد: «یقین دارم آن که کاری نیکو در شما آغاز کرد، آن را تا روز عیسای مسیح به کمال خواهد رسانید» (فیلیپیان ۱:۶).

این تازه آغاز کار است

این کتاب با هدف کمک به شما نوشته شد تا عاشق خدایی شوید که عیسی می‌شناسد. ما تا زمانی که خدا را نشناسیم و دوستش نداشته باشیم، نمی‌توانیم وارد زندگی عمیق‌تری شویم. این فصل حلقهٔ اتصالی است میان این کتاب و مجلد دوم، **زندگی خوب و زیبا**، که از الگویی مشابه همین کتاب پیروی می‌کند: جایگزین کردن روایت‌های نادرست با روایت‌های عیسی و پرداختن به انضباط روحانی که به شکل‌گیریِ روایت‌های جدید در روح و جان ما کمک می‌کند. مجلد

دوم به حیطه‌هایی از ناکامی انسان، مانند خشم، دروغ‌گویی، شهوت و نگرانی خواهد پرداخت. آنچه عیسی دربارهٔ موارد یاد شده می‌گوید، با روایت‌هایی که ما از دنیا می‌شنویم مغایرت دارد.

وقتی طبق روایت‌های عیسی در مورد خدا، «خیارشور» شدن را آغاز کردیم، آنگاه می‌توانیم دل و زندگی‌مان را تفتیش کنیم. اکنون که به شناخت خدای خوب و زیبا نایل آمده‌ایم، از ما دعوت می‌شود تا به زندگی خوب و زیبا قدم بگذاریم. در این اثنا، می‌باید از سرعت خود بکاهیم و اجازه بدهیم که روایت‌های عیسی در دل و ذهن و روح‌مان جای گیرند.

پرورش روح

کاهش سرعت زندگی

شیوهٔ جان، کاستن از سرعت است. روبرت بارون (Robert Barron) می‌گوید: «عمیق‌ترین قسمت جان، دوست دارد **آهسته حرکت کند**، زیرا جان، بیش از آنکه در پیِ به انجام رساندن باشد، در پی مزه کردن است؛ می‌خواهد به‌جای شتابان رفتن، گوشه‌ای آرام بگیرد و در نیکویی تأمل کند.» این تکلیف شما است: از سرعت کم کنید، مزمزه کنید، آرام بگیرید و تأمل نمایید. کاستن از سرعتِ روند زندگی یعنی حذف کردن عجله و محدود کردن خواسته‌ها و فعالیت‌ها. آن‌وقت است که بیشتر از زندگی لذت می‌بریم و برای وقت داشتن با خدا فضای مناسب می‌یابیم.

در دوره‌های گذشته، مسیحیان به تمرین‌های زاهدانه (از قبیل روزه‌های بلندمدت، ریاضت بدن) می‌پرداختند و بدین‌ترتیب خود را تحت انضباط قرار می‌دادند تا رشد کرده به خدا نزدیک‌تر شوند. ما در فرهنگ مدرن به چیزی کاملاً متفاوت نیاز داریم. پل اِودوکیمف (Paul Evdokimov) به‌درستی می‌نویسد:

> امروزه نبرد دیگری در جریان است. دیگر لازم نیست ما به دردهامان چیزی بیفزاییم. جامهٔ پشمین، زنجیر و تازیانه فقط شکنندگی ما را بالا می‌برند. امروزه ریاضت کشیدن یعنی رهایی از انواع اعتیادها: اعتیاد به سرعت، سروصدا، الکل، و همه‌گونه مواد محرک. **رهبانیت یعنی ضرورتاً استراحت کردن**، انضباط دوره‌های منظم آرامش و سکوت، تا شخص بتواند حتی در دلِ همهٔ سروصداهای دنیا، برای دعا و تفکر دمی فراغت بیابد.

من فکر می‌کنم که در مورد شیوهٔ جاری زندگی ما، حق با اوست. سرعت و محرک‌ها ما را به هر سو بخواهند می‌کشانند، و از این رو ضروری‌ترین انضباط برای ما این است که از سرعت بکاهیم، آرام بگیریم و زمانی را برای استراحت و تفکر اختصاص دهیم.

حاشیه و آهستگی

تا زمانی که نحوهٔ اِعمال حاشیه در زندگی را یاد نگیریم، نمی‌توانیم از سرعت‌مان بکاهیم. (به همین‌خاطر است که پیش از موضوع کم کردن سرعت، در این کتاب به مبحث حاشیه پرداختیم.) برای تغییر دادن سرعت زندگی باید پیش از هر چیز با حذف کردن تعدادی از فعالیت‌ها شروع کنیم. مت جانسون (Matt Johnson)، یکی از همکارانم در دروس شاگردی، نمونه‌ای است زنده از حاشیه و کاستن از سرعت. مت که سال‌ها دستیار شبان موفقی بود، هر سال مسئولیت‌های بیشتری را تقبل می‌کرد؛ عمدتاً به این دلیل که در خیلی کارها خبره است. او در مقطع خاصی دریافت که شغل و خدمتش بر زندگی روحانی او تأثیر گذاشته است. مت پس از مشورت با همسرش، از شبان ارشد کلیسا پرسید که آیا امکانش هست قدری از مسئولیت‌هایش را کم کند. پر واضح است که پذیرش این درخواست به معنای پایین آمدن حقوقش نیز بود و خود مت این پیشنهاد را مطرح نمود.

اکنون مت روزهای دوشنبه و جمعهٔ هر هفته زمان زیادی دارد تا نزد پاهای عیسی بنشیند. من به‌عنوان یکی از دوستان مت می‌توانم بگویم که مسیح - که در وجود مت سلوک دارد - من و بسیاری دیگر را به‌واسطهٔ او برکت فراوان داده است. او اکنون «دستاورد» کمتری دارد و پول کمتری هم درمی‌آورد، اما روحش به‌طرز چشم‌گیری رشد کرده است. کدام مهم‌تر است؟ مت بر این باور است که آنچه قربانی کرده در برابر آنچه به‌دست آورده هیچ است. مت با سرعت درستی زندگی می‌کند، در جایی که هست «حضور» دارد و مسیح را در همهٔ جنبه‌های زندگی‌اش وارد کرده است.

چگونه کاهش سرعت زندگی را تمرین کنیم

• در مـورد فعالیت‌های روز آینده فکر کنیـد. به‌جای منتظر نشســتن تا دقیقهٔ آخر برای رفتن به ســراغ فعالیت بعدی، ده دقیقه زودتر رفتن را امتحان کنید. آهسته‌تر راه بروید. آهسته‌تر راننـدگـی کنید. هر وقت اندکی زودتر به مقصد می‌رسـید از وقت اضافی خود برای توجه کردن به مردم و اشیاء اطرافتان استفاده کنید. نفس بکشید.

• از عمد کندترین باند سرعت را برای رانندگی، و طولانی‌ترین صف صندوق را هنگام خرید انتخاب کنید. در این یک مورد برای‌تان آرزوی موفقیت می‌کنم!

• با یکی از دوستان یا گروهی از دوستان برنامهٔ شامی ترتیب دهید. به آهستگی آشپزی کنید. از کار آشپزی و بوی غذا لذت ببرید. در هنگام خوردن غذا درنگ کنید. برای صرف آهسـتهٔ غذا یکی دو ســاعت وقت صرف کنید. با دوســتان به گفتگو بنشینید و از برکت خدا لذت ببرید.

• امروز ســاعتی مثل لاک‌پشــت حرکت کنید (جانورانی که خیلی آهســته حرکت می‌کنند، گاهی ده دقیقه طول می‌کشد تا از جایی به اندازهٔ سی سـانتی‌متر بالا بروند). خیلی آهسته حرکت کنید. فقط برای رفتن از اتاق نشیمن به آشپزخانه پنج دقیقه وقت صرف کنید. قدمی بردارید و بایستید. به چیزهای اطراف‌تان توجه کنید. نفس‌های عمیق بکشید. در لحظهٔ کنونی حاضر باشید. هر کاری را از قصد با سرعتی کمتر انجام بدهید.

• یــک روز کامل را به‌عنوان «روز کُنــدی» تعیین کنید. کمی زودتر بیدار شوید تا وقت داشته باشید آهسته صبحانه بخورید. اگر سر کار هسـتید، کارتان را با سـرعتی پایین‌تر و روندی آهنگین‌تر انجام دهید (فرض کنید کارتان این امکان را به شما می‌دهد؛ اگر لازم اســت تند عمل کنیـد، آن را بدون «عجله»

انجام دهید). آن روز تلویزیون و همهٔ اَشـــکال دیگر رسانه را حذف کنید. برای تماشای غروب خورشید وقت بگذارید، با فراغ بال قدم بزنید؛ بچه‌ها را که در پارک سرگرم بازی هستند تماشا کنید. گاهی آخر شب در مورد اینکه زندگیِ کُندشده چه شکلی است، با حوصله به تفکر بپردازید.

«چنیــن می‌نماید که اکثر ایمانداران بــا رویارویی و درک این واقعیتِ اجتناب‌ناپذیر مشکــل دارند که خدا در تحول زندگی مســیحی ما هیچ عجله‌ای ندارد. او از ازل تا ابد مشــغول کار است! مایلز جی. ستنفورد

زمانی که ســرعت را تغییر می‌دهید، سیســـتم درونــی (جان‌تان) از سرعت معمول خلاص می‌شود و احساساتی از جنس استیصال نمایان‌تر می‌شوند. برای مثال، وقتی خودتان را وادار به رانندگی در باند کم‌سرعت می‌کنید، در شـکم‌تان اندکی احســاس تلاطم می‌کنید، و ممکن است دندان‌های‌تان را برهم بفشارید. بدن‌تان خواهد گفت: «بجنب. زود باش عجله کن. تکان بخور!» چراکه این‌طوری تربیت شده است. ولی باید این نیاز درونی را به‌کلی نادیده بگیرید. نگران نباشـید؛ می‌توانید از عهده‌اش برآیید. تا حالا کسی در اثر چنین رفتاری نمرده است!

برای تأمل

صرف‌نظر از اینکه ایـــن مطالب را با دیگران می‌خوانید یا در تنهایی، پرسش‌های زیر به شما در تأمل و تفکر در مورد تجربه‌تان کمک خواهند کرد. در هر حال، شاید ایدهٔ بدی نباشد که در دفترچه‌تان به این پرسش‌ها پاســخ دهید. اگر با گروهی جمع می‌شــوید، دفترچهٔ یادداشت را همراه خود ببرید تا به شما در به یاد آوردن تجارب‌تان کمک کند و بتوانید آنها را با دیگران در میان بگذارید.

۱) آیا توانستید در این هفته تمرین خود را انجام دهید؟ اگر توانستید، توضیح دهید که کار چگونه پیش رفت و در موردش چه احساسی دارید.

۲) از طریق این تمرین، در مورد خدا یا خودتان چه چیزهایی یاد گرفتید؟

۳) کاستن از سرعت امری است ضدفرهنگ. چالش‌هایی را که با آن روبه‌رو هستید، تشریح کنید. آیا در آینده هم به تلاش برای کند کردن سرعت خود ادامه خواهید داد؟

پیوست

راهنمای بحث در گروه‌های کوچک

متیو جانسون با همکاری کریستوفر جیسن فاکس

در پاییز سال ۲۰۰۶ از ما دعوت شد تا در کلاسی آزمایشی شرکت کنیم که هدایتش بر عهدۀ جیمز براین اسمیت (James Bryan Smith) بود. او نام این کلاس را کلاس شاگردی گذاشته بود. ما دکتر اسمیت را از قبل می‌شناختیم- از مهارت او به‌عنوان معلم، و بصیرتش در مورد شکل‌گیری روحانی باخبر بودیم- ولی هیچ‌یک نمی‌دانستیم که این کلاس چه تأثیری بر زندگی و خدمت‌مان خواهد گذاشت. فوق‌العاده بود! چندی بعد به‌دنبال راه‌هایی گشتیم تا همان کلاس و تعالیم را در کلیساهای خودمان نیز برگزار کنیم. نتایج این کلاس‌ها نیز عالی و پربار بود. پیشتر، در فصلِ یک کتاب شاهد حقایقی بودیم که جیمز اسمیت در باب اجتماع به‌عنوانِ یکی از اجزای کلیدی دگردیسی بیان می‌کند. ما که در گروه‌های کوچک روی این کتاب کار کرده‌ایم- اعم از خواندن، تمرین کردن و سپس بحث کردن در مورد تجربیات‌مان- عملاً این حقیقت را زندگی کرده‌ایم. نتیجه‌اش روایت‌هایی عمیقاً شفادهنده، شادمانیِ برقرار کردن ارتباط با دیگران در سطحی شخصی، و زندگی تغییریافته و شباهت بیشتر به عیسی بوده است. از لابلای همین تجربیات بود که این راهنمای بحث به‌وجود آمد تا به همۀ کسانی که در گروه‌های دوستانه، جمع خانوادگی، گروه جوانان، یا هر گروه کوچک دیگری از قبیل کلاس کانون شادی یا انجمن کتاب گرد هم می‌آیند، کمک کند.

تعداد اعضای گروه می‌تواند از دو تا دوازده نفر باشد. ما دریافته‌ایم که تعداد ایده‌آل برای یک گروه پنج یا شش نفر است. شما با گروهی با این تعداد می‌توانید به آسانی پرسش‌های مندرج در راهنما را بخوانید

و افکار و جواب‌های‌تان را در میان بگذارید. بعضی گروه‌ها به تجربه متوجه می‌شوند که با رهبری مشترک، یا شاید هدایت دوره‌ای گروه- بدین‌ترتیب که هر هفته یکی از اعضا رهبری گروه را در دست می‌گیرد- کارشان بهتر پیش می‌رود. اگر تعداد اعضای گروه دوازده نفر یا بیشتر باشد، بهترین کار این است که برای گروه یک رهبر دائمی تعیین شود.

هر جلسه به چند قسمت تقسیم می‌شود. از این قسمت‌ها به هر شیوه‌ای که راحت‌تر هستید استفاده کنید. اگر خواستید می‌توانید از پرسش یا قسمتی خاص بگذرید، یا پرسش‌هایی از خودتان بدان اضافه کنید. به‌علاوه، شاید مایل باشید به‌طور گروهی زمانی را صرف پرداختن به پرسش‌هایی کنید که در سراسر متن هر فصل پراکنده‌اند، و آن نکاتی را که به‌طور خاص مفید یا چالش‌انگیز تشخیص داده‌اید، مطرح کنید.

بسته به تعداد اعضای گروه، می‌توانید از روی راهنمای بحث، شصت تا نود دقیقه وقت صرف کنید. ما برای هر قسمت زمان‌هایی را برآورد کرده‌ایم. اگر گروه‌تان بیش از شش نفر شرکت‌کننده دارد، انتظار آن را داشته باشید که جلسه طی نود دقیقه به پایان برسد.

اگر شما رهبری تعیین‌شده برای یک گروه کوچک هستید که بر مبنای این کتاب پیش می‌رود، می‌توانید از این راهنما به‌عنوان نقطهٔ آغاز استفاده کنید. شما به همت خود می‌توانید در آن تغییراتی خلاقانه به‌وجود بیاورید یا می‌توانید به وب‌سایت www.apprenticeofjesus.org مراجعه کرده مواد درسی اضافی مندرج در وب‌سایت را مورد مطالعه قرار دهید. این مواد درسی اضافی گزینه‌های بیشتری برای کلاس و تجربیات مورد بحث فراهم می‌کنند. رهبران از طریق این سایت می‌توانند با یکدیگر به تعامل بپردازند و منابع اضافی دیگری هم پیدا کنند.

باشد که این راهنمای ساده بتواند به‌عنوان ابزاری در دستان روح‌القدس برای هدایت شما به محبتی عمیق‌تر نسبت به خدای خوب و زیبا، عمل کند.

متیو جانسون
با همکاری کریستوفر جیسن فاکس

فصل ۱: به دنبال چه هستید؟

دعای آغاز جلسه [۵ دقیقه]
با پنج دقیقه سکوت و سپس دعایی مختصر شروع کرده، از خدا بخواهید که هدایت گفتگوها را در دست بگیرد. **چرا ۵ دقیقه سکوت؟** چون ما در دنیایی زندگی می‌کنیم که پر از جنجال و سروصدا است. به آسانی می‌توان در حالی که گفتگویی در جریان است، وارد گفتگویی دیگر شد. در این همه مشغله مشکل بتوان صدای نجوای خدا را هم شنید. زمانی که با دوستان جمع می‌شویم تا در سفری روحانی سهیم گردیم، آنچه می‌خواهیم این است که صدای خدا را در زندگی اطرافیانمان بشنویم. ما با اندکی سکوت برای شنیدن آماده می‌شویم؛ بنابراین یکی از گزینه‌ها این است که گردهمایی را با قدری سکوت آغاز کنیم.

تربیت نَفْس [۱۰-۱۵ دقیقه]
اگر در گروهی هستید که هفت عضو یا بیشتر دارد، آنها را به گروه‌های کوچکتر سه یا چهار نفره تقسیم کنید. ده دقیقه را صرف بحث پیرامون آنچه که از تجربهٔ «خواب» در تربیت نَفْس آموخته‌اید، بکنید. برای اینکه به همه کمک کرده باشید، در آغاز افکار خودتان را در مورد این پرسش‌ها با گروه در میان بگذارید.

۱) آیا این هفته توانستید انضباط خواب را تمرین کنید؟ اگر توانستید، توضیح بدهید که چه کردید و چه احساسی در رابطه با آن دارید.

۲) از طریق آن تمرین چه چیزی در مورد خدا یا خودتان یاد گرفتید؟

پرداختن به مطالب فصل ۱ [۳۰-۴۵ دقیقه]
موضوع اصلی این فصل آن است که اکثریت مردم می‌خواهند تغییر کنند، اما موفق نمی‌شوند؛ نه بدین‌خاطر که **سعی** نمی‌کنند، بلکه چون درست **آموزش** نمی‌بینند.

[توجه داشته باشید: هر هفته پیش از شروع بحث، پرسش‌های زیر را مرور کنید. به هر پرسشی که می‌خواهید به‌طور خاص مورد بحث قرار دهید، توجه ویژه مبذول دارید. بسته به تعداد اعضای گروه و میزان مکالمات، شاید فرصت کافی برای بحث در مورد همهٔ این پرسش‌ها نداشته باشید.]

۱) آیا تاکنون سعی کرده‌اید چیزی را در خودتان تغییر دهید؟ از چه فرایندی استفاده کرده‌اید؟ در این تغییر تا چه اندازه موفق بوده‌اید؟

۲) نگارندهٔ کتاب نموداری برای دگردیسی در اختیار ما قرار می‌دهد. این نمودار بر اساس روایت‌های شخصی، تمرین‌های تربیت نَفْس، اجتماع و روح‌القدس تنظیم شده است. آیا هیچ‌یک از اینها در تغییر شما در گذشته نقشی داشته‌اند؟ توضیح بدهید.

۳) روایت‌های ما داستان‌هایی هستند که شیوهٔ زندگی ما را شکل می‌دهند. برای کمک به درک بهترتان از مفهوم راویت‌ها، به داستانی از زندگی خودتان فکر کنید که موفقیت را برای شما تعریف می‌کند. در مورد آن با گروه صحبت کنید.

۴) خیلی از مردم در معرض این وسوسه قرار دارند (و چنین آموزش دیده‌اند) که انجام انضباط‌های روحانی، در صورتی که باعث دگردیسی روح انسان شود، خدا را خشنود می‌سازد. این عقیده چگونه رویکرد شما را نسبت به اعمالی که تا کنون انجام داده‌اید، تغییر داده است؟

۵) چه زمانی بوده که گروهی کوچک از مردم عامل تشویق و انگیزش شما در سفرتان شده باشند؟

۶) از بخش موسوم به "کار روح‌القدس"، در مورد روح‌القدس چه بینشی به‌دست آورده‌اید و او چگونه بر روایت‌های ما، تربیت نَفْس یا حس جمعی ما تأثیر می‌گذارد؟

پرداختن به کلام [۱۰-۱۵ دقیقه]

[توجه داشته باشید: وقت کافی در نظر بگیرید تا هر هفته کسی از روی متن کلام خدا با صدای بلند بخواند. خیلی خوب است که حتی با اینکه کتاب‌مقدس در برابر دیدگان‌تان گشوده هست، باز کسی با صدای بلند آن را بخواند و شما آن را بشنوید.]

یوحنا ۱:۳۸-۳۹ را با صدای بلند بخوانید.

۱) به کلام عیسی گوش بسپارید؛ تصور کنید که شما یکی از شاگردان هستید که پرسشی مطرح می‌کند. در جستجوی چه هستید؟

۲) زمانی که عیسی به شما می‌گوید «بیا و ببین»، چه احساسی در شما برانگیخته می‌شود؟

جمع‌بندی [۵ دقیقه]

جلسهٔ خود را بدین‌ترتیب جمع‌بندی کنید که از یکی از اعضا بخواهید عبارات زیر را از فصل یکم با صدای بلند بخواند.

وقتی روح‌القدس روایت‌های ما را به قدر کافی تغییر داد، کم‌کم به‌گونه‌ای متفاوت فکر می‌کنیم. در نتیجه شروع می‌کنیم به ایمان داشتن و اعتماد کردن به خدای نیکو و پرمحبتی که نیرومند است. شروع می‌کنیم به دیدن اینکه چگونه عیسی زندگی کاملی را که ما از پَسِ آن برنمی‌آییم، زندگی کرد، و با تقدیم آن به خدا از جانب ما، ما را از لزوم کسب محبت و خشنودی خدا آزاد کرد. و در حینی که به انجام تمرینات تربیت نَفْس می‌پردازیم- مخصوصاً وقتی این تمرینات را در جمعی مسیحی انجام می‌دهیم- اعتماد ما به اینکه خدا در ما و در میان ما عمل می‌کند، افزایش می‌یابد. این تغییری درونی در ما پدید می‌آورد که ثمرهٔ آن در رفتارهای بیرونی ما نمایانگر می‌شود.

حال، وقتی با تأخیر زمان پرواز در فرودگاه مواجه می‌شویم، می‌توانیم نفسی عمیق بکشیم و به‌یاد آوریم کِه هستیم. مثل کریگ، ما هم می‌توانیم

در این آزمایش‌ها، با محبت و خوشی و آرامش و صبر و مهربانی، تحمل کنیم.

با این خبر خوش از این مکان بروید که خدا در شما و میان شما مشغول کار است. آمین.

هفتهٔ بعد

در فصل بعد، نیکویی خدا را مورد بررسی قرار خواهیم داد. تربیت نَفْس روح برای هفتهٔ آینده پنج دقیقه سکوت در روز و توجه کردن به دنیایی است که خدا آفریده.

فصل ۲: خدا نیکو است

دعای آغاز جلسه [۵ دقیقه]

با پنج دقیقه سکوت و در پی آن دعایی کوتاه جلسه را شروع کنید.

تربیت نَفْس [۱۰-۱۵ دقیقه]

اعضای گروه را به گروه‌های کوچک سه یا چهار نفره تقسیم کنید و زمانی را صرف بحث پیرامون آنچه که از دو تمرین تربیت نَفْس آموخته‌اید، کنید. برای اینکه به همه کمک کرده باشید، برای شروع، افکار خودتان را در مورد این پرسش‌ها با گروه در میان بگذارید.

۱) آیا این هفته توانستید از طریق تمرین‌ها چیزی در مورد خدا یا خودتان یاد بگیرید؟

۲) در تمرین پنج دقیقه سکوت روزانه، چه موردی را برای خودتان دشوار یافتید؟

۳) وقتی از نزدیک به جهان آفریده شدهٔ پیرامون خودتان توجه کردید، چه چیزی برای‌تان آشکار شد؟

پرداختن به مطالب فصل ۲ [۲۰-۳۰ دقیقه]

تمرکز اولیهٔ این فصل بر دست و پنجه نرم کردن با روایتی متداول است که می‌گوید خدای ما خدایی خشمگین است و ما را به‌خاطر گناهان‌مان مجازات می‌کند، در صورتی که خدایی که عیسی می‌شناسد و مکشوف می‌سازد، نیکو است؛ یعنی هیچ چیز بدی در وجود خدا نیست.

۱) نگارنده داستان رویارویی با دوستی را با خوانندگان در میان می‌گذارد که می‌گوید گناه خودش یا همسرش موجب ابتلای دخترش مادلن به بیماری شده است. واکنش شما به این داستان چه بود؟

۲) آیا تا به حال برای‌تان پیش آمده که احساس کنید خدا دارد شما را به‌خاطر گناهی مجازات می‌کند؛ یا شاید یکی از دوستان‌تان این مطلب را به شما گفته باشد؟ اگر پیش آمده، در مورد تجربهٔ خود قدری صحبت کنید.

۳) نگارنده خاطرنشـــان می‌سازد که بسیاری با این روایت زندگی می‌کنند که می‌گوید: «خدا داوری خشمگین است. اگر گناه کنـــی مجازاتت خواهد کرد.» آیا این روایت هرگز بر شـــما تأثیری داشته است؟ اگر داشته، این روایت از کجا سرچشمه گرفته است؟

۴) به عقب برگشـــته به بخش موسوم به «خوبی‌ای که تنها خوبان از آن برخوردارند» نگاهی بیندازید. آگوستین قدیس زمانی که مبحث مزبـــور را از قاعدهٔ «علت و معلولی» گناه و رنج دور کرد، به شـــناختی عالی از مفهوم نیکویی رسید و در عوض چنین تعلیم داد کـــه «نیکویی ویژه» به آنهایی تعلق دارد که نیکو هســـتند، و بدی هم نتیجهٔ بدی اســـت. برای مثال، کســـی که در پی خوبی کردن اســـت، برکتی را تجربه خواهد کرد که برای بدکاران ناشـــناخته است؛ نظیر خرســـندی درونی، حس خوبِ کمک کـــردن به دیگری، اعتماد کردن و غیره. اگر وقت اجازه داد، داســـتان افرادی را بازگو کنید کـــه خودتان می‌شناســـید و به‌خاطر خوب بودنشان «خوبی» دریافت کرده‌اند.

پرداختن به کلام [۱۵-۳۰ دقیقه]

یوحنا باب ۹ را با صدای بلند بخوانید.

۱) به‌عنوان تماشـــاگر، چه می‌بینید، می‌شنوید یا احساس می‌کنید؟

۲) با تماشای عیســـی در حین عمل در یوحنا ۹، از او چه می‌آموزید؟

۳) از طریق فریسیان، شـــاگردان و مردی که کور مادرزاد بود، در مورد طبیعت بشری چه می‌آموزید؟

۴) آیا در حیطهٔ دیگری از زندگی‌تان احســـاس می‌کنید که خدا شما را مجازات کرده است؟ اگر چنین است، خودتان را جای کور مادرزاد بگذاریـــد. به خودتان اجازه دهید که

سخنان عیسی را چنان بشنوید که گویی آن را خطاب به شما بر زبان می‌آورد.

جمع‌بندی [۵–۱۰ دقیقه]

از میان گروه یک داوطلب پیدا کنید تا نقل‌قول زیر را از فصل دوم بخواند. سپس با هم در سکوت بنشینید و روی این کلمات قدری تعمق نمایید و با همین جلسه را خاتمه بدهید.

عیسی گفت پدرش خوب و نیکوست. او این ایده را نیز رد کرد که خدا بر مبنای کارهای خوب یا بد ما، به ما پاداش یا مجازات علنی می‌دهد. باران بر سر پارسایان و شریران می‌بارد. گاهی دعا می‌کنیم باران ببارد (برای محصولاتی که کاشته‌ایم) و گاهی نیز دعا می‌کنیم باران نبارد (چون می‌خواهیم به گردش برویم). باران بر سر پارسایان و شریران، چه بخواهند و چه نخواهند، خواهد بارید. وقتی عیسی بر صلیب بود، با رنج و طردشدگی و جدایی مواجه شد و مردم با تمسخر این را که خدا واقعاً با او بود، زیر سؤال بردند. در آن وقت، عیسی ایمان داشت و امروز هم او برای ما ایمان دارد. حتی زمان‌هایی که ما نمی‌توانیم ایمان داشته باشیم، او ایمان دارد. حتی وقتی ما نمی‌توانیم دعا کنیم، او دعا می‌کند. ما در ایمان او شریک هستیم.

اگر راحت هستید، دعاهای شکرگزاری و ستایش خود را به‌خاطر نیکو بودن خدا، تقدیم نمایید.

هفتهٔ بعد

در فصل بعد، قابل اعتماد بودن خدا را مورد بررسی قرار خواهیم داد. تمرین تربیت نَفْس برای هفتهٔ آینده شمردن برکاتی است که از آنها برخوردار هستید.

فصل ۳: خدا قابل اعتماد است

[توجه کنید: در جلسهٔ این هفته بخش تربیت نَفْس در دنبالهٔ مبحث مطالب فصل مورد بررسی قرار می‌گیرد.]

دعای آغاز جلسه [۵ دقیقه]

با پنج دقیقه سکوت و در پی آن دعایی کوتاه جلسه را شروع کنید.

پرداختن به مطالب فصل ۳ [۲۵-۴۵ دقیقه]

تمرکز این فصل بر این نکته است که ما می‌توانیم به خدا اعتماد کنیم، زیرا عیسی به خدا اعتماد داشت؛ حتی زمانی که وارد دورهٔ رنج‌هایش شد.

۱) آیا تا کنون تمرین تیم‌سازی را انجام داده‌اید؟ اگر انجام داده‌اید، تجربهٔ خودتان را با گروه در میان بگذارید. آیا تمرین مزبور اعتماد به‌وجود آورد؟ اگر پاسخ مثبت است، در مورد «اعتماد داشتن به اعضای تیم‌تان» چه احساسی دارد؟

۲) نگارنده معتقد است که خدا از این جهت قابل اعتماد است که خدایی که عیسی مکشوف می‌سازد، هرگز کاری نمی‌کند که به ما آسیبی بزند. خدا هیچ منظور بدخواهانه یا شریرانه‌ای ندارد. این مطلب را چگونه می‌توانید با تعریف خودتان از قابل اعتماد بودن مقایسه کنید؟

۳) در دعای ربانی با خدایی مواجه می‌شویم که حاضر است، پاک است، قدرتمند است، مهیا می‌کند، می‌بخشاید و محافظت می‌کند. کدام‌یک از این جنبه‌های خدا بیش از همه برای شما تسلی‌بخش است؟ درک کدام‌یک برای شما از همه دشوارتر است؟

۴) اگر در گروهی شش نفره یا بیشتر هستید، آن را به گروه‌های سه یا چهار نفره تقسیم کرده روی پرسش‌های زیر بحث کنید. [ده تا پانزده دقیقه را به گفتگو و دعا اختصاص دهید.]

- «جام» آن جنبه از زندگی ما است که اعتماد کردن به خدا را برای‌مان دشوار می‌سازد.
- آیا می‌توانید «جامی» را از زندگی خودتان نام ببرید؟ از طریق آن تجربه چه چیزی را در مورد خدا یا خودتان یاد گرفته‌اید؟
- نگارنده به ما می‌گوید که عیسی به پدرش اعتماد داشت، و من هم به خدایی که می‌دانم نیکو است، اعتماد خواهم کرد. دانستن این مطلب که لازم نیست خودتان را «مجبور» به گفتن «همه چیز خوب است» بکنید، چه حسی دارد؟
- چه در بطن رویدادی غم‌انگیز باشیم، چه نباشیم، خیلی جالب است که ببینیم داستان‌مان با داستان خدا در هم تنیده است. این خبر خوش چگونه دیدگاه شما را برای صرف وقت و انرژی عوض می‌کند؟
- اگر مایلید، زمانی را به دعا برای یکدیگر بگذرانید، و خدا را دعوت کنید تا داستانش را به داستان شما گره بزند.

تربیت نَفْس [۱۰-۱۵ دقیقه]

نزدیک به پایان فصل، تمرکز روی برکاتی که دریافت کرده‌ایم معطوف می‌شود. اگر گروه به اندازهٔ کافی بزرگ است، آن را به گروه‌های *جدید* سه تا چهار نفره تقسیم کنید و پیرامون آنچه از تمرین تربیت نَفْس، مبتنی بر شــمردن برکات آموخته‌اید به بحث بپردازید. لازم نیست که حتماً فهرست را با گروه در میان بگذارید. برای کمک به شروع بحث از پرسش‌های زیر استفاده کنید:

۱) از طریــق آن تمرین چه چیزی در مورد خدا یا خودتان یاد گرفتید؟

۲) چه مواردی در فهرســت خود دارید کــه حتی باعث غافلگیری خودتان هم شدند؟ چرا؟

۳) میان فهرســت همهٔ اعضای گروه چه تشــابهی وجود دارد؟

پرداختن به کلام [۱۰-۱۵ دقیقه]

متی ۲۶:۳۶-۴۴ را با صدای بلند بخوانید.

۱) رویدادهای این متن را در ذهن خود به تصویر بکشید. این صحنه چه حسی را در درون شما برمی‌انگیزاند؟

۲) این لحظه از زندگی عیسی چگونه بر توانایی شما در اعتماد کردن به خدا تأثیر می‌گذارد؟

جمع‌بندی [۵ دقیقه]

برای خواندن فهرست شش صفت خدا (خدا حاضر است، خدا پاک است، خدا قدرتمند است، خدا مهیا می‌کند، خدا می‌بخشاید و خدا محافظت می‌کند) دو یا سه داوطلب پیدا کنید. از هر نفر بخواهید که به آهستگی یکی از صفات را نام ببرند و بعد دقایقی را به سکوت بگذرانید.

با این کلمات به سکوت خاتمه بدهید: با اطمینان نزد خدایی بروید که می‌توانید بدو اعتماد کنید.

هفتهٔ بعد

در فصل بعد، سخاوت خدا را مورد بررسی قرار خواهیم داد. تمرین تربیت نَفْس برای هفتهٔ آینده زندگی و تأمل عمیق در مزمور ۲۳ است؛ خوش بگذرد!

فصل ۴: خدا سخاوتمند است

دعای آغاز جلسه [۵ دقیقه]
از یکی از اعضای گروه بخواهید که از روی فهرست خصوصیات خدا، مندرج در فصل سه، بخواند (خدا حاضر است، خدا پاک است، خدا قدرتمند است، خدا مهیا می‌کند، خدا می‌بخشاید و خدا محافظت می‌کند)، و بعد پنج دقیقه را در سکوت سپری کنید. با دعایی کوتاه به سکوت خاتمه بدهید.

تربیت نَفْس [۱۰-۱۵ دقیقه]
در گروه‌های سه یا چهار نفره در مورد تمرین تربیت نَفْس مبتنی بر زندگی و تأمل کردن روی مزمور ۲۳ به بحث بنشینید. برای کمک به مکالمات خود از پرسش‌های تأمل‌برانگیز ذیل استفاده کنید:

۱) آیا این هفته توانستید تمرین مورد بحث را انجام دهید؟ اگر توانستید، تعریف کنید که چه کردید و چه احساسی در ارتباط با آن دارید.

۲) از طریق آن تمرین چه چیزی در مورد خدا یا خودتان یاد گرفتید؟

۳) پرمعناترین آیه یا عبارت مزمور ۲۳ از نظر شما کدام است؟

پرداختن به مطالب فصل ۴ [۲۵-۴۵ دقیقه]
تمرکز اولیهٔ این فصل بر این نکته است که ما محبت، لطف، آمرزش یا پذیرش خدا را به‌دست نمی‌آوریم. خدا سخاوتمند است و همهٔ اینها را رایگان به ما می‌بخشد.

۱) روایت نادرست مورد بررسی در این فصل چنین می‌گوید: «محبت و بخشایش کالاهایی هستند که می‌توان آنها را در ازای عملکرد مناسب به‌دست آورد. محبت، پذیرش و بخشایش خدا، چیزهایی هستند که برای به چنگ آوردن‌شان، باید شایستگی داشت، شایستگی‌ای که

از طریق زندگی صحیح میسر می‌شود. خدا بیش از هر چیز از ما انتظار دارد که گناه نکرده، در عوض کارهای نیکو انجام دهیم. این روایت چه تأثیری بر رابطهٔ شما با خدا دارد؟

۲) نگارنده خاطرنشان می‌سازد که: «گفتن اینکه گناه پیامدهایی به دنبال دارد، یک چیز است و گفتن اینکه خدا ما را به‌خاطر گناهانمان به‌کلی رد کرده، چیزی دیگر.» این موضوع را که گناه پیامدهایی دارد اما منجر به رد شدنمان از سوی خدا نمی‌شود، با کلمات خود چگونه بیان می‌کنید؟

۳) داستانی که بر سراسر کتاب‌مقدس سایه افکنده، آشکارکنندهٔ فیض خدا است. برخی روایات فرعی ممکن است با این روایت غالب و اصلی در تناقض به نظر برسند، اما روایات فرعی را تنها باید در چارچوب محبتی تفسیر کرد که نه انسان سزاوار آن است و نه می‌تواند به‌دستش آورد. این روش خواندن کتاب‌مقدس در گوش شما چه طنینی دارد؟ به چه طرقی در خواندن کتاب‌مقدس به شما کمک می‌کند؟ از چه جهاتی درک آن برای شما راحت نیست؟

۴) ما اطمینان داریم که محبت خدا به‌دست آوردنی نیست، و اینکه آنچه خدا از ما می‌خواهد فقط همین است که محبتش را بنشاسیم، و این شناخت هم طبیعتاً ما را به ابراز محبت متقابل سوق می‌دهد. اگر این سخن حقیقت دارد که محبت خدا به‌دست آوردنی نیست، از فردا چه چیزی را متفاوت انجام خواهید داد؟ چرا؟

۵) ای. دبلیو. توزر می‌نویسد: «وقتی به این فکر می‌کنیم که خدا مهم‌ترین چیز برای ماست، چه چیزی به ذهن‌مان خطور می‌کند.» اگر در گروهی شش نفره یا بیشتر هستید، آن را به گروه‌های سه یا چهار نفره تقسیم کنید. برای گروه

کوچک خود تعریف کنید که وقتی به خدا فکر می‌کنید، اولین چیزی که به ذهن‌تان خطور می‌کند، چیست. این فکر به چه طرقی زندگی روزمره شما را شکل می‌دهد؟

پرداختن به کلام [۱۵-۲۰ دقیقه]

متی ۱:۲۰-۱۵ را با صدای بلند بخوانید.

۱) اگر این تنها داستانی بود که در مورد خدا می‌دانستید، چه نتیجه‌ای می‌گرفتید؟

۲) در سکوت در مورد تجربهٔ خودتان از سخاوتمندی خدا فکر کنید. وقتی رویدادها و برکات به ذهن‌تان خطور می‌کنند، آیا متوجه چیزی می‌شوید که در درون‌تان تغییر کرده است؟

جمع‌بندی [۵ دقیقه]

از میان گروه داوطلبی پیدا کنید تا داستان زیر را با صدای بلند بخواند. سعی کنید در حین شنیدن داستان این صحنه را در ذهن خود مجسم سازید:

همین بهار گذشته، یک روز صبح در سالن خروجی فرودگاهی، توجهم به زوج جوانی جلب شد که کودکی همراه خود داشتند. کودک با دقت به مردم خیره می‌شد و به محض اینکه می‌دید آن شخص هم به او خیره شده، بی‌آنکه برایش مهم باشد که او کیست، پیر است یا جوان، زشت است یا زیبا، غمگین است یا شاد، با شادمانی کامل به نگاه او پاسخ می‌داد. صحنهٔ زیبایی بود. سالن کسل‌کنندهٔ فرودگاه تبدیل شده بود به بهشت. در همان حالی که بازی کردن کودک را با بزرگسالان تماشا می‌کردم، مانند یعقوب وحشت‌زده شدم، چون دریافتم که خدا هم دقیقاً همین‌گونه به ما نگاه می‌کند، به چهرهٔ ما خیره می‌شود تا از دیدن آفریدهٔ

نیکوی خود، در کنار باقی آفرینش شادمان گردد ... به گمان من تنها خدا و کودکانِ محبت‌شده می‌توانند این‌گونه ببینند.

در آرامش بروید و با شــادمانی در شناخت سخاوتمندی خدا نسبت به خودتان زندگی کنید.

هفتۀ بعد

در فصل بعد، محبت تمام‌عیار خدا را مورد بررسـی قرار خواهیم داد. تمرین تربیت نَفْس برای هفتۀ آینده «رازگاهان» مطالعۀ روحانی lectio divina خواهد بود، که در پایان فصل توضیح داده شده است. شاید مایل باشید در هفتۀ آینده مطالعۀ روحانی را چندین بار تمرین کنید.

فصل ۵: خدا محبت است

دعای آغاز جلسه [۵ دقیقه]
با پنج دقیقه سکوت و در پی آن دعایی مختصر جلسه را شروع کنید.

تربیت نَفْس [۱۰-۱۵ دقیقه]
در گروه‌های سه یا چهار نفره در مورد تمرین تربیت نَفْس «رازگاهان» مطالعهٔ روحانی lectio divina به بحث بنشینید. برای کمک به مکالمات خود از این پرسش‌های تأمل‌برانگیز استفاده کنید:

۱) آیا این هفته توانستید تمرین lectio divina را انجام دهید؟ اگر توانستید، تعریف کنید که چه کردید و چه احساسی در ارتباط با آن دارید.

۲) از طریق آن تمرین چه چیزی در مورد خدا یا خودتان یاد گرفتید؟

پرداختن به مطالب فصل [۲۵-۴۵ دقیقه]
تمرکز اولیهٔ این فصل بر این مطلب است که اکثریت مردم معتقدند که محبتْ مشروط است، یعنی به رفتار شخص مقابل بستگی دارد. بدین‌ترتیب، اکثر آدم‌ها اعتقاد دارند که خدا ما را تنها زمانی دوست دارد که خوب باشیم. عیسی از خدایی سخن گفت که بدون قید و شرط محبت می‌کند؛ خدایی که حتی گناهکاران را دوست دارد.

۱) روایت نادرست مورد بررسی در این فصل آن است که خدا تنها وقتی ما را دوست دارد که خوب باشیم. نگارنده تصویری مجازی از خدا، نشسته بر صندلی گردان ارائه می‌دهد که هر وقت ما «خوب» هستیم رویش را به‌سوی ما می‌گرداند و وقتی «بد» هستیم از ما رویگردان می‌شود. شما برای توصیف واکنش خدا به گناهتان چه تصویری را به‌کار می‌برید؟

۲) این فصل با نگاه کردن به عبارات گوناگون از کلام خدا، واقعیت محبت خدا نسبت به گناهکاران را بازمی‌کند. از

اینکه بدانید خدا درست همان‌طور که هستید دوست‌تان دارد، چه حسی به شما دست می‌دهد؟

۳) یوحنا ۱۶:۳ به ما می‌گوید که خدا جهان را محبت می‌کند، یعنی خدا همه را، اعم از دشمنان ما، آنهایی که به ما زخم زده‌اند و آنها که ما را می‌رنجانند، محبت می‌کند. دانستن این موضوع که خدا کسانی را دوست دارد که شما دوست‌شان ندارید، چه حسی در شما ایجاد می‌کند؟ شما می‌توانید در سکوت به کسانی (از جمله خودتان) فکر کنید که با ابراز محبت نسبت بدیشان مشکل دارید.

اگر در گروه‌های شش نفره یا بیشتر هستید، آنها را به گروه‌های کوچک سه یا چهار نفره تقسیم کنید تا بتوانید افکار خود را در مورد پرسش‌های چهار و پنج مندرج در ذیل، با گروه در میان بگذارید. اگر لازم بود، بخش «پسر ولخرج» و «برادر بزرگ‌تر و من» فصل ۵ را مرور کنید.

۱) در مَثَل پسر ولخرج (پسر گمشده) با کدام‌یک از پسران بیشتر می‌توانید همانندپنداری کنید؟ آیا می‌توانید با پدر همانندپنداری کنید؟ اگر می‌توانید، به چه ترتیب؟

۲) نگارنده می‌نویسد: «حق به جانب گرفتن، خدا را از ما رویگردان نمی‌کند، بلکه روی ما را از خدا برمی‌گرداند. این گناه من نیست که مرا از خدا دور می‌سازد، بلکه عدم پذیرش فیض از سوی من- چه نسبت به خودم و چه نسبت به دیگران- است که از خدا دورم می‌کند.» واکنش شما به این عبارت چیست؟ حق به جانب گرفتن به چه ترتیبی شما را از خدا دور می‌سازد؟ چگونه می‌توانیم این حق به جانب گرفتن را در زندگی‌مان تشخیص دهیم؟

۳) اگر به گروه‌های سه یا چهار نفره تقسیم شده‌اید، دوباره جمع شوید و از یکی از اعضای گروه بخواهید شمرده و با صدای بلند شعر «محبت» را بخواند، و از دیگر اعضا نیز بخواهید این محبت را مجسم کنند.

پرداختن به کلام [۱۵-۲۰ دقیقه]

lectio divina یا *مطالعهٔ روحانی* را می‌توان به‌صورت گروهی نیز انجام داد. متن زیر از کلام خدا را به‌عنوان مبنای قرائت به‌کار ببرید (متی۹:۱۲-۱۳). پیش از آغاز، تصمیم بگیرید که هر بار چه کسی قرار است کلام را بخواند.

- اولین باری که آیات خوانده می‌شوند، بگذارید کلام در ذهن‌تان بنشیند. چند دقیقه‌ای را در سکوت سپری کنید.
- بار دومی که کلام خوانده می‌شود، به هر کلمه‌ای که به‌نظر می‌رسد مورد تأکید خدا است، توجه کنید. پس از دومین قرائت هر یک از اعضای گروه می‌توانند کلمه یا عبارتی را که با قلب‌شان صحبت کرده با دیگران در میان بگذارند، اما نیازی نیست به تفصیل توضیح دهند.
- برای بار سوم عبارت مورد نظر را بخوانید. این بار به خدا اجازه دهید که اهمیت این کلام را برای شما آشکار سازد. سه تا پنج دقیقه را در سکوت بگذرانید و با خدا حرف بزنید. پس از سکوت، هر کس مایل است می‌تواند آنچه را که احساس می‌کند خدا از طریق عبارت مذکور به وی گفته، با جمع در میان بگذارد.
- «بیمارانند که به طبیب نیاز دارند، نه تندرستان. بروید و مفهوم این کلام را درک کنید که "طالب رحمتم، نه قربانی." زیرا من برای دعوت پارسایان نیامده‌ام، بلکه آمده‌ام تا گناهکاران را دعوت کنم.» (متی ۹:۱۲ -۱۳)

جمع‌بندی

به سلامتی بروید و با شادمانی در شناخت محبت خدا نسبت به خودتان زندگی کنید.

هفتهٔ بعد

در فصل بعد، قدوسیت خدا را مورد بررسی قرار خواهیم داد. تمرین تربیت نَفْس برای هفتهٔ آینده «حاشیه‌سازی» است، که در پایان فصل

به‌طور مبسوط توضیح داده شده است. حاشیه چیزی است که تا پیش از گردهمایــی دوباره و بحث پیرامون آن یک هفتهٔ کامل فرصت نیاز دارید تا رویش تمرین کنید. بنابراین برای خواندن فصل پنجم و بخش تمرین تربیت نَفْس برنامه‌ریزی کنید.

فصل ۶: خدا قدوس است

دعای آغاز جلسه [۵ دقیقه]

با پنج دقیقه سکوت و در پی آن دعایی کوتاه جلسه را شروع کنید.

پرورش روح [۱۰-۱۵ دقیقه]

در گروه‌های سه یا چهار نفره در مورد تمرین تربیت نَفْسِ ایجاد حاشیه به بحث بنشینید. برای کمک به گفتگوها از این پرسش‌های تأمل‌برانگیز استفاده کنید:

۱) آیا این هفته توانستید به هر ترتیب بر حاشیهٔ زندگی خود بیفزایید؟ اگر توانستید، تعریف کنید که چه کردید و چه احساسی در ارتباط با آن دارید.

۲) در حالی که سعی می‌کردید به حاشیهٔ زندگی خودتان اضافه کنید، چه کاری از همه دشوارتر بود؟ چه چیزی از همه مفیدتر بود؟

۳) در آینده تصمیم دارید برای اجرای انضباط حاشیه از چه برنامه‌ای پیروی کنید؟

۴) از طریق آن تمرین چه چیزی در مورد خدا یا خودتان یاد گرفتید؟

پرداختن به مطالب فصل ۶ [۲۵-۳۵ دقیقه]

تمرکز این فصل بر این مطلب است که خدا محبت و قدوس است. غضب خدا نسبت به گناه واکنشی است که محبت و قدوسیت او را بازتاب می‌دهد.

۱) فصل شش کتاب از دو روایت نادرست یاد می‌کند. اولی این است که خدا همیشه نسبت به ما خشمگین و غضبناک است. دومین روایت نادرست آن است که خدا اصلاً به گناه اهمیت نمی‌دهد و بیشتر به یک «عروسک ملوس» می‌ماند. شما با کدام‌یک از این دو روایت بیشتر همانندپنداری می‌کنید؟ چرا؟

۲) به قول دالاس ویلارد، محبت یعنی «خوبی دیگری را خواستن.» وقتی این مفهوم از محبت با گناه ما برخورد می‌کند، نتیجه‌اش برانگیخته شدن غضب خدا است، چون «خدا با هر چیزی که قوم ارزشمندش را به نابودی می‌کشاند، قویاً و شدیداً برخورد می‌کند.» شما به دوستی که می‌خواسته بفهمد چرا خدای پرمحبت می‌تواند خشمگین شود، چه جوابی می‌دهید؟

۳) نگارنده مثال MADD را به‌عنوان نمونه‌ای نادر از زمانی بیان می‌کند که می‌توان غضب بشر را با غضب خدا مقایسه کرد. آیا نمونهٔ انسانی دیگری را می‌توانید به یاد بیاورید؟

۴) در کتاب این نقل‌قول ارزشمند از جورج مک‌دونالد آمده: «محبت تا حد پاکی، محبت می‌کند.» وقتی به این فکر می‌کنید که خدا مشتاق آن است که هر چیز ویرانگری را از زندگی شما دور کند، چه حسی پیدا می‌کنید؟

۵) «خدا به تصمیمات ما احترام می گذارد. شاید مردم تصمیم بگیرند خدارا به زندگی خودشان راه ندهند. در این صورت درهای جهنم از داخل قفل می‌شوند.» این تصویری که نگارنده از جهنم ارائه می‌دهد تا چه اندازه با درک خودتان از جهنم شباهت یا تفاوت دارد؟

۶) فصل ششم با این نکتهٔ مهم به پایان می‌رسد که ما اول باید به محبت و بخشایش خدا اعتماد کنیم و بعد شروع به درک قدوسیت خدا نماییم. پنج فصل اول این کتاب به تشریح محبت و نیکویی خدا می‌پردازند. پنج فصل گذشته چه تأثیری در آماده‌سازی شما در فهم قدوسیت خدا داشته‌اند؟

پرداختن به کلام [۱۵-۲۰ دقیقه]

عبرانیان ۱۲:۱۸-۲۹ را با صدای بلند بخوانید.

۱) این بخش از عبرانیان با مقایسهٔ عهد سینا با عهدی که به‌واسطهٔ خون مسیح بسته شد، آغاز می‌شود. در سرتاسر

این بخش، چه تصاویری از قدوسیت خدا مشاهده می‌کنید؟

۲) یکی از روش‌های تفسیر این بخش آن است که قسمت‌هایی از زندگی‌مان را که ممکن است «متزلزل» باشند، شناسایی کرده آنها را همچون تکه‌های مخالف خدا از خود دور کنیم. از سوی دیگر، پادشاهی‌ای که نصیب ما می‌شود، پادشاهیِ تزلزل‌ناپذیر خدا –«زندگی با خدا»– است. آیا تا کنون در زندگی احساس تزلزل کرده و در نهایت از آن تطهیر و رها شده‌اید؟ آیا در آن موقعیت متوجه شده‌اید که دست خدا در کار بوده است؟ اگر چنین است، بگویید به چه ترتیب؟

۳) دانستن اینکه تطهیر شدن در عین حال که می‌تواند دردناک باشد، در نهایت به صمیمیت عمیق‌تر با خدا منجر خواهد شد، چه احساسی دارد؟

جمع‌بندی [۵ دقیقه]

از میان اعضای گروه داوطلبی پیدا کنید تا نقل‌قول زیر را از فصل ششم بخواند. سپس در سکوت بنشینید و در این کلمات تأمل کنید تا زمانی که زمان جلسه به پایان برسد.

مک دونالد می‌خواهد این را بگوید که خدا مخالف گناه است، زیرا او طرف من است. و اگر من طرف گناه باشم، خدا در برابر آن امیال و خواسته‌ها می‌ایستد، چون امیال و خواسته‌های گناه‌آلود باعث تباهی من می‌شوند. حالت دیگری وجود ندارد. برای اطمینان بیشتر، من آماده‌ام که گناهم را توجیه کنم یا ضعف‌هایم را منطقی جلوه بدهم، اما خدا خودش را درگیر این بازی‌ها نمی‌کند. با وجود اینکه اکنون از طریق مسیح میان خدا و من مصالحه ایجاد شده است، خدا نسبت به گناه من بی‌تفاوت نیست. گناه خدا را ناراحت می‌کند، زیرا خدا محبت است.

نقش خدا در تغییر رفتار من و ایجاد رفتار بهتر چیست؟ خدا برای این کار هرگز از دادن احساس بد، شرم، ترس و حس تقصیر به‌عنوان

حربه استفاده نمی‌کند. روش خدا برای ایجاد تغییر برترین روش است. محبتِ مقدس خدا تفالهٔ گناه را در زندگی ما می‌سوزاند. این مهربانی خداست که به توبهٔ واقعی می‌انجامد (رومیان ۴:۲). به قول مک دونالد: «محبت تا حد پاکی، محبت می‌کند.»

محبت خدا شـما را «تا حد پاکی» محبت می‌کند. با اطمینان از اشتیاق عمیق خدا برای خیریت شما، روانه شوید.

هفتهٔ بعد

در فصل بعد، فداکاری خدا را مورد بررسی قرار خواهیم داد. تمرین تربیت نَفْس برای هفتهٔ آینده خواندن کل انجیل یوحنا است. برای این تمرین به زمان کافی نیازمند هستید (یک تا سه ساعت). بعضی از گروه‌ها این قرائت را دسته‌جمعی و با صدای بلند انجام داده‌اند؛ شاید شما هم این روش را بپسندید.

فصل ۷: خدا فداکار است

دعای آغاز جلسه [۵ دقیقه]

با پنج دقیقه سکوت و در پی آن دعایی کوتاه جلسه را شروع کنید.

تربیت نَفْس [۱۰-۱۵ دقیقه]

در گروه‌های سه یا چهار نفره تقسیم شده در مورد تجربهٔ خواندن انجیل یوحنا به بحث بنشینید. برای کمک به گفتگوی خود از این پرسش‌های تأمل‌برانگیز استفاده کنید:

۱) با خواندن انجیل یوحنا متوجه چه چیزی شدید که تا پیش از این، هنگام قرائت این انجیل متوجهش نشده بودید؟

۲) تأثیر قرائت این هفته را برخودتان، چگونه توصیف می‌کنید؟

۳) اگر وقت اجازه می‌دهد، دقایقی را صرف تمرین‌های قبلی تربیت نَفْس کنید. چه تمرینی را هنوز انجام می‌دهید؟ این استمرار در تمرین چه تأثیری بر زندگی‌تان گذاشته است؟

پرداختن به مطالب فصل ۷ [۲۵-۳۵ دقیقه]

تمرکز این فصل بر این مطلب است که ازخودگذشتگی بخشی ذاتی و جدانشدنی از شخصیت خدا است.

۱) این فصل با داستانی از عدم اطمینان خواهر نگارنده از ضرورت صلیب، آغاز می‌شود. تا پیش از خواندن این فصل، ضرورت مرگ عیسی بر صلیب را چگونه توضیح می‌دادید؟

۲) نگارنده بر اساس کتاب ***در باب تجسم***، گفتگویی خیالی میان خود و آتاناسیوس ترتیب می‌دهد. دوباره به این بخش از فصل هفتم نگاهی بیندازید و قسمت‌هایی را که واقعاً از

آنها لذت برده‌اید و نیز قسمت‌هایی را که برای‌تان پرسش ایجاد کرده‌اند با گروه در میان بگذارید.

۳) نگارنده این ایده را مطرح می‌کند که خدا هم احساس شادی می‌کند و هم احساس درد. در این مورد که خدا درد را احساس می‌کند، چه فکر می‌کنید؟ چرا؟

۴) «قدرت حقیقی در آسیب‌پذیری است.» این نظریه بر خلاف روایت‌های فرهنگی‌ای است که بسیاری از ما بدان‌ها باور داریم. در زندگی‌تان چه کسی را دیده‌اید که نمونهٔ قدرت از طریق آسیب‌پذیری بوده باشد؟

۵) «در قلب جهان هستی یک اصل وجود دارد: ***فداکاری بزرگترین کار است.*** دانهٔ گندم باید بمیرد تا زندگی ببخشد. نظام هستی بازتاب‌دهندهٔ ماهیت خدایی است که آن را آفریده است.» آیا می‌توانید نمونه‌های دیگری از آفرینش نام ببرید که آشکارکنندهٔ این اصل باشند؟ آیا هرگز به فداکاری به‌عنوان یکی از خصایص ذاتی خدا توجه کرده‌اید؟ این گفته چه تأثیری بر احساسات شما نسبت به خدا دارد؟

۶) واکنش شما به داستان برنان منینگ (صفحهٔ ۱۶۹-۱۷۰)، به‌ویژه پس از فهمیدن اینکه عیسی دیگر بیش از این چه باید برای ما می‌کرد، چه بود؟

پرداختن به کلام [۱۵-۲۰ دقیقه]

بررسی کتاب‌مقدس به روش زیر از ساختار lectio divina پیروی می‌کند. آیات زیر را به‌عنوان متن مورد استفاده قرار دهید (فیلیپیان ۲:۶-۱۱). پیش از شروع، تصمیم بگیرید که هر بار چه کسی متن کلام خدا را بخواند.

- اولین باری که آیات خوانده می‌شوند، بگذارید کلام در ذهن‌تان بنشیند. چند دقیقه‌ای را در سکوت سپری کنید.
- بار دومی که کلام خوانده می‌شود، به هر کلمه‌ای که به نظر می‌رسد مورد تأکید خدا است، توجه کنید. پس از دومین

قرائت هر یک از اعضای گروه می‌توانند کلمه یا عبارتی را که با قلب‌شان صحبت کرده با دیگران در میان بگذارند، اما نیازی نیست به تفصیل توضیح بدهند.

- برای بار سوم عبارت مورد نظر را بخوانید. این بار بگذارید خدا اهمیت این کلام را برای شما آشکار سازد. سه تا پنج دقیقه را در سکوت بگذرانید و با خدا حرف بزنید. پس از سکوت، هر کس مایل است می‌تواند آنچه را که احساس می‌کند خدا از طریق عبارت مذکور به وی گفته، با جمع در میان بگذارد.

او [عیسی] که همذات با خدا بود،
از برابری با خدا به نفع خود بهره نجست،
بلکه خود را خالی کرد
و ذات غلام پذیرفته،
به شباهت آدمیان درآمد.
چون در سیمای بشری یافت شد
خود را خوار ساخت
و تا به مرگ،
حتی مرگ بر صلیب مطیع گردید.
پس خدا نیز او را به‌غایت سرافراز کرد
و نامی برتر از همهٔ نام‌ها بدو بخشید،
تا به نام عیسی هر زانویی خم شود،
در آسمان، بر زمین و در زیر زمین،
و هر زبانی اقرار کند که
عیسای مسیح «خداوند» است،
برای جلال خدای پدر. (فیلیپیان ۲:۶-۱۱)

جمع‌بندی [۵ دقیقه]

از میان اعضای گروه داوطلبی پیدا کنید تا نقل‌قول زیر را از فصل ششم بخواند. سپس در سکوت بنشینید و در این کلمات تأمل کنید تا وقتی که زمان جلسه به پایان برسد.

در اینجا یک اصل کلیدیِ مربوط به پادشـــاهی خدا وجود دارد: آنچه می‌گذاریم از دســـت برود، هرگز گم نمی‌شود بلکه تبدیل به چیز زیبایی می‌گردد. عجیب نیست که آخور و صلیب دو نمونه از زیباترین تصاویری هستند که جهان تاکنون دیده اســـت. در واقعهٔ تجسم، خدا که میلیون‌ها کهکشان در حال حرکت را آفریده، آسیب‌پذیرشدن را انتخاب کرد، و با این کار آسمان به زیر آمد و بر زمین بوسه زد. در رویداد صلیب، خدا که نامیرا بود، خویشـــتن را تابع مرگ ساخت، و با این کار کل جهان را نزد خود برافراشت. (صفحهٔ ۱۷۳)

خدا آن‌قدر شما را دوست دارد که حاضر شد به‌خاطر شما آسیب‌پذیر شود. با این خبر فوق‌العاده خوش روانه شوید.

هفتهٔ بعد

در فصـــل بعد چگونگی تبدیل ما توســـط خدا، مورد بررســـی قرار خواهد گرفت. تمرین تربیت نَفْس برای هفتهٔ آینده خلوت‌گزینی اســـت. لازم اســـت وقت‌تان را برای این تمرین برنامه‌ریزی کنید و به بستگان و دیگر افرادی که ممکن اســـت این برنامـــه روی وقت و امور آنها تأثیری داشته باشد، خبر بدهید که قرار است دست به چنین کاری بزنید.

فصل ۸: خدا تبدیل می‌کند

دعای آغاز جلسه [۵ دقیقه]
با پنج دقیقه سکوت و در پی آن دعایی کوتاه جلسه را شروع کنید.
تربیت نَفْس [۱۰-۱۵ دقیقه]
به گروه‌های کوچک سه یا چهار نفری تقسیم شده، ده تا پانزده دقیقه را به بحث در مورد تجربهٔ خودتان از خلوت‌گزینی بپردازید. برای کمک به گفتگوی خود از این پرسش‌های تأمل‌برانگیز استفاده کنید:

۱) با این شـروع کنید که وقت‌تان در زمان خلوت چگونه گذشت. به یاد داشـته باشید که این انضباط برای بعضی‌ها ممکن است بسـیار دشوار و حتی دلسـردکننده، و برای گروهی دیگر بسیار نیروبخش باشد.

۲) یکی از اهداف زمان خلوت، توانایی بخشـیدن به شما برای «برداشتن نقاب» و روبه‌رو شدن با خودِ حقیقی‌تان در حضور خدا است. این یک ایدهٔ نیرومند و پیچیده است، از این‌رو شاید خوب باشد به توضیحی که در بخش «تربیت نَفْس» فصل ۸ آمده، مراجعه کنیـد. آیا این توصیف‌کنندهٔ تجربه شما از تمرین خلوت‌گزینی هست؟ توضیح دهید.

۳) از طریــق آن تمرین چه چیزی در مورد خدا یا خودتان یاد گرفتید؟

پرداختن به مطالب فصل ۸ [۲۵-۴۵ دقیقه]
تمرکز اولیهٔ این فصل بر این است که رستاخیز عیسی ما را موجوداتی تازه (که مسـیح در آنها سـلوک دارد) می‌سـازد. و همین به ما قدرت می‌بخشد و هدایت‌مان می‌کند تا همچون مسیحیان ایماندار زندگی کنیم.

۱) نگارنده این فصل را با داستان یکی از دوستانش به نام کری آغاز می‌کند که نمی‌خواسـت گناه کند، با وجود این، گناه می‌کرد. آیا می‌توانید با کشمکش کری برای غلبه بر گناه همانندپنداری کنید؟ آن تلاش‌ها تا چه اندازه مؤثر بوده‌اند؟

۲) این را با صدای بلند بخوانید: «در مسیح من دیگر با گناه تعریف نمی‌شوم. من با خدا آشتی داده شده‌ام. گناه شکست خورده.» معنای ضمنی این عبارت در زندگی روزمرهٔ شما چیست؟

۳) «مسیحیان کسانی هستند که مسیح در آنها سلوک دارد.» به‌صورت گروهی دقایقی را در سکوت سپری کنید. پس از سکوت، اگر راحت بودید با دیگران در میان بگذارید که این واقعیت برای‌تان چه معنایی دارد.

۴) شما به‌عنوان کسانی که «مسیح در وجودشان سلوک دارد»، دیگر زیر شریعت نیستید؛ با این حال، همه چیز برای ما «مفید» نیست. دیگر این تصمیمات ما نیستند که هویت‌مان را **تعریف** می‌کنند؛ حالا این ما هستیم که **در پرتو** هویت‌مان تصمیم می‌گیریم. روی بیست و چهار ساعت گذشته زندگی‌تان تأمل کنید. چه تصمیماتی گرفته‌اید که «تعیین‌کنندهٔ هویت‌تان باشد»؟ «در پرتو هویت‌تان» چه انتخاب‌هایی کرده‌اید؟ اگر در پرتو هویت‌تان دست به انتخاب زده بودید، روزتان چقدر تفاوت می‌یافت؟

۵) نگارنده امری متناقض‌نما و عجیب را به ما خاطرنشان می‌شود: «ما در عین ضعف و شکستگی خدمت می‌کنیم. دیگران را از طریق آسیب‌پذیری خودمان شفا می‌دهیم، چون این درست همان جایی است که مسیح بیش از همیشه می‌درخشد.» ما از چه جهاتی ضعیف و شکسته هستیم؟ نور مسیح چگونه می‌تواند از طریق زخم‌های ما بدرخشد؟

پرداختن به کلام [۱۵-۲۰ دقیقه]
یوحنا ۱:۱۵-۵ را با صدای بلند بخوانید.

۱) نگارنده این تعریف را از «سلوک در مسیح» ارائه می‌دهد: «سلوک در مسیح یعنی آرام و قرار گرفتن و تکیه کردن بر

عیسی، همان عیسایی که بیرون از وجود ما به داوری‌مان نایستاده، بلکه در درون ماست تا به ما نیرو بخشد. هرچه عمیق‌تر نسبت به هویت خودمان در مسیح و حضور و قدرت او در خود آگاه باشیم، طبیعتاً بیشتر می‌توانیم در او سلوک کنیم. باید روایت درست را انتخاب کنیم، به تمرین‌های روحانی بپردازیم و آگاهی‌مان از حقیقت عمق بیشتری پیدا کند. در آخر این را هم اضافه کنم که راه عیسی آسان است. خود او گفت که یوغش راحت و بارش سبک است (متی ۱۱:۳۰). ما معمولاً سعی می‌کنیم با قوت خودمان کاری را انجام دهیم که فکر می‌کنیم عیسی از ما می‌خواهد؛ درست مثل تو که آن دستبند را به دستت بسته‌ای. اما این کار نشدنی است. در عوض، ما "قدرت هر چیز را داریم در او که ما را نیرو می‌بخشد" (فیلیپیان ۴:۱۳).»
بر اساس تعریف نگارنده، تعریف خودتان را از مفهوم «ماندن/ سلوک» در مسیح بنویسید. اگر مایلید، تعریف خودتان را با گروه در میان بگذارید.

۲) یوحنا ۱۵:۱-۵ را دوباره بخوانید. در زندگی‌تان دست به چه اقداماتی می‌زنید تا به «سلوک‌تان» در مسیح کمک کند؟

جمع‌بندی [۵ دقیقه]

با گفتن این خبر خوش به یکدیگر به جلسه خاتمه بدهید: قرار بر این بوده که شما مَسکنِ پُری خدا باشید.

هفتهٔ بعد

در فصل بعد فرایند آهستهٔ دگردیسی روحانی را مورد بررسی قرار خواهیم داد. تربیت نَفْس برای هفتهٔ آینده کاستن از سرعت زندگی است.

فصل ۹: چگونه خیارشور درست کنیم

دعای آغاز جلسه [۵ دقیقه]
با پنج دقیقه سکوت و در پی آن دعایی کوتاه جلسه را شروع کنید.

تربیت نَفْس [۱۰-۲۰ دقیقه]
به گروه‌های کوچک سه یا چهار نفری تقسیم شده، ده تا پانزده دقیقه را به بحث دربارهٔ تجربهٔ خودتان در مورد کاستن از سرعت زندگی بپردازید. برای کمک به مکالمات خود از این پرسش‌های تأمل‌برانگیز استفاده کنید:

۱) کاستن از سرعت در روزگار ما امری ضدفرهنگی به‌شمار می‌رود. توضیح دهید که با چه چالش‌هایی روبه‌رو هستید. آیا در آینده هم به تلاش برای کاستن از سرعت زندگی ادامه خواهید داد؟

۲) سطح عجله را در زندگی خود چگونه توصیف می‌کنید؟ عجله کردن چه تأثیری بر زندگی و روابط شما با خدا و دیگران دارد؟

۳) از طریق آن تمرین چه چیزی در مورد خدا یا خودتان یاد گرفتید؟

پرداختن به مطالب فصل [۲۵-۴۰ دقیقه]
تمرکز این فصل بر این مطلب است که برای داشتن زندگی مسیحیِ اصیل و مؤثر، باید از سرعت روند زندگی بکاهیم و نسبت به لحظهٔ حال آگاه و هشیار باشیم.

۱) بخش‌های اول این فصل به بررسی این نکته می‌پردازد که چطور نگرش ما به زمان در اثر «غول فوریت» دگرگون شده و حتی به انسان نیز همچون ماشین طراحی شده برای تولید با کارایی بالا نگاه می‌کنیم. در مورد تجربهٔ خودتان از بودن در محیط کار، و انتظاراتی که از شما برای انجام وظایف کاری‌تان دارند، بحث کنید.

۲) نگارنده به ما یادآور می‌شود که «ما نمی‌توانیم با عجله محبت کنیم، فکر کنیم، بخوریم، بخندیم و یا دعا کنیم.» با برگشتن به عقب و نگاه کردن به هفته‌ای که گذشت، برای پرهیز از عجله در کارهایی که نمی‌توان آنها را با عجله انجام داد، چه تلاشی کرده‌اید؟ چه زمانی از سرعت کاسته‌اید و برکات ناشی از کاستن سرعت را تجربه نموده‌اید؟

۳) «خیلی از ما سعی می‌کنیم بدون گوش دادن به خدا، او را خدمت کنیم. زمان برای خدمت کردن فراخواهد رسید، اما گوش دادن به سخنان عیسی همیشه بر هر کار دیگری مقدم است.» به نظر شما چرا ما وسوسه می‌شویم که بدون گوش دادن به خدا، او را خدمت کنیم؟ روایت قدیمی شما در ارتباط با خدا، چه تأثیری بر نیازتان به مشغول بودن با کار خدا می‌گذارد؟

۴) نگارنده این مثال را از ای. اچ. استرانگ می‌آورد: «دانشجویی از رئیس دانشکده‌اش پرسید که آیا امکان دارد دوره‌ای کوتاه‌تر از دورهٔ تعیین‌شده بردارد؟ رئیس پاسخ داد: «بله، اما این بستگی دارد به این که تو می‌خواهی چه باشی. وقتی خدا می‌خواهد درخت بلوط درست کند، یکصد سال زمان می‌برد. ولی وقتی می‌خواهد کدو درست کند، فقط شش ماه وقت لازم است.» استرانگ در ادامه توضیح می‌دهد که رشد روحانی، علاوه بر اینکه فرایندی کند است، یکنواخت هم نیست. شاید برای چند سال رشدی شگرف را تجربه کنیم و بعد تا مدتی تغییرات بسیار اندک باشند. به گفتهٔ استرانگ، «درخت بلوط تنها دو ماه از سال را به‌گونه‌ای قابل اندازه‌گیری، رشد می‌کند. باقی سال، یعنی ده ماه دیگر را صرف استحکام بخشیدن به آن رشد می‌نماید.» در ضمن تعمق بر سفر روحانی‌تان در یک سال گذشته، چه زمانی رشد روحانی را تجربه کرده‌اید و چه

زمانی قوام یا استحکام را تجربه کرده‌اید؟ در مورد پنج یا ده سال گذشته چطور؟

۵) برای خاتمه دادن به بخش پرداختن به مطالب فصل، از یکی از اعضای گروه بخواهید این نقل‌قول را با صدای بلند بخواند:

چرا حذف کردن عجله از زندگی‌مان تا این اندازه حیاتی است؟ وقتی ما عجله را حذف می‌کنیم، حاضر می‌شویم، یا به بیان دقیق‌تر، در لحظهٔ حال با همهٔ جلالش حاضر می‌شویم؛ از آنچه در اطراف‌مان می‌گذرد آگاه می‌شویم؛ رنگ‌ها را می‌بینیم و بوها را استشمام می‌کنیم؛ خلاصه، «حضور داریم» و پری زندگی را تجربه می‌کنیم. و این شامل حاضر بودن در محضر خدا هم می‌شود. من برای اینکه بتوانم همچون مسیحی زندگی کنم، لازم است پیوسته با خدا در ارتباط باشم. در زندگی خوب و درست، عجله جایی ندارد.

پرداختن به کلام [۱۵-۲۰ دقیقه]

لوقا ۱۰:۳۸-۴۲ را با صدای بلند بخوانید.

۱) ما اغلب وسوسه می‌شویم به مارتا و مریم به دیدهٔ دو تیپ شخصیتی نگاه کنیم: مارتا اهل عمل و پرمشغله، و مریم اندیشمند و اهل تفکر. اما بر اساس بینش نگارنده، موضوع اصلاً بر سر شخصیت آن دو نیست؛ بحث سر انتخاب‌هایی است که آن دو در لحظات خاص می‌کنند: مارتا خدمت کردن را برگزید، در حالی که مریم گوش دادن را انتخاب کرد. چه روش‌هایی برای گوش دادن به عیسی به‌طور مرتب و منظم وجود دارند؟ چه فعالیت‌هایی هستند که شما را وسوسه کرده از آن اوقات گوش دادن دور می‌کنند؟

۲) راه‌هایی را که افراد یک گروه می‌توانند با توسل به آنها یکدیگر را در جهت تداوم گوش دادن به عیسی حمایت و تشویق کنند، نام ببرید.

جمع‌بندی [۵-۱۰ دقیقه]

پانزده تا بیست دقیقه را به در میان گذاشتن آنچه که در این سفر گروهی به‌دست آورده‌اید، با اعضای گروه اختصاص دهید. در مورد این پرسش بحث کنید: در خلال این چند هفتهٔ اخیر، این گروه چگونه موجب برکت‌تان شده است؟

نگاه به جلو [۱۵ دقیقه]

مطالعهٔ کتاب ***خدای خوب و زیبا*** در اینجا به پایان می‌رسد، اما برای گروه‌تان گزینه‌های بسیاری وجود دارد. یکی از این گزینه‌ها آن است که از هفتهٔ آینده، کتاب بعدی از سری کتاب‌های شاگردی را تحت عنوان ***زندگی خوب و زیبا*** شروع کنید. این دو کتاب طوری طراحی شده‌اند که به دنبال هم مطالعه شوند. ***زندگی خوب و زیبا*** به بررسی روایت‌های عیسی می‌پردازد و نشان می‌دهد که چگونه «خیارشور شدن» در پیام او انسان را از دست و پنجه نرم کردن با خشم، شهوت، دروغ گویی، حق‌به‌جانب‌پنداری، و غیره آزاد می‌سازد. این کتاب از نزدیک نگاهی دارد به موعظهٔ بالای کوه عیسای مسیح.

گزینهٔ دیگر این است که اعضای گروه فعلی هر کدام گروهی جدید تشکیل داده، از دوستان‌شان دعوت کنند تا دورهٔ ***خدای خوب و زیبا*** را با همدیگر بگذرانند. گزینهٔ دوم روشی عالی برای تداوم «خیارشور شدن» در این روایت‌ها و هرچه عمیق‌تر دل باختن به خدا است. هر گزینه‌ای که انتخاب کردید، زمان مشخصی را برای شروع کار گروه‌تان تعیین کنید.